잊혀지지 않을 권리

학대 피해 아동들을 위해
애써온 모든 이들의 치열했던,
12년의 법정 기록

공혜정 지음

느린
서재

잊혀
지지
않을
권리

미안하다··· 몰라서··· 외면해서··· 도와주지 못해서···
우리 모두 아이 앞에서는 죄인이었다.

새우잠을 자는 고래의 꿈

2013년 울산 계모 사건을 계기로 나는 전혀 생각지도 못한 삶을 살아가고 있다. 서현이를 통해 알게 된 아동학대의 참상과 아동학대 가해자들의 참을 수 없이 가벼운 형량을 보고, '화가 나서' 이 일에 덤벼들었다가 원래의 밥벌이를 팽개치게 되었다. 덕분에 지독한 경제적 어려움 속에서 가족들에게까지 걱정을 끼쳤다. 하지만 10여 년이 넘도록 내가 활동할 수 있었던 건 거창한 사명감도 대단한 이타심 때문도 아니었다. 모자라는 내가 힘들어 주저앉으면 걷어차 일으키고 도망치는 나를 멱살 잡아끌고 가고, 더 이상 버티지 못하겠다고 드러누우면 내 등을 떠밀며 함께 울어준 많은 이들이 있어 여기까지 올 수 있었다.

2018년 사단법인 대한아동학대방지협회를 설립하고 정부와 지자체의 지원 한 푼 없이 자생적 시민단체로 활동하는 것은 경제적으로나, 심리적으로나 상당히 힘든 일이었다. 그렇지만 그래도 걷고 또 걷는 것은 '새우잠을 자더라도 고래 꿈을 꾸다 보면' '그날'이 오리라 믿기 때문이다. 사랑받고 자란 아이들이 행복한 사회를 만드는 날, 외롭고 고통스럽게 학대당하는 아이들이 사라지는 날이, 우리가 꿈꾸는 그날이다.

여전히 많은 아이들이 학대를 당하고 있고, 그로 인해 죽음에 이르기도 한다. 어느 때는 무기력에 시달리고 어느 때는 끔찍한 학대의 참상에 맞닥뜨려 분노로 몸살을 앓다 손을 놓고 싶을 때도 있었다. 하지만 많은 아이들이 죽음으로 남겨놓고 간 숙제를 풀어내는 것이 어른의 의무이고 사람으로서 밥값이라 여긴다.

그것이 외롭고 고통스럽게 하늘로 간 많은 아이들에 대한 미안함의 고백이며 또 다른 아이들을 지키는 일이기에 우리는 엄마 아빠라는 이름으로 묵묵히 이 길을 걸어가려고 한다.

끝내 구한 아이들

'누군가 목소리를 내지 않으면 아동학대는 반복될 수밖에 없다.

작은 힘이 모이고 또 모이면 큰 목소리가 될 수 있다.'

차례

2부   끝내 구한 아이들

1부

하늘로 소풍 간 아이

울산 계모 사건

희망이란 것은 있다고도 할 수 없고, 없다고도 할 수 없다.
그것은 마치 땅 위의 길이나 마찬가지다.
원래 땅 위에는 길이란 게 없었다.
걸어가는 사람이 많아지면 그게 곧 길이 되는 것이다.

—— 루쉰의 〈고향〉 중에서

2013년 10월 24일 오전 8시 30분경, 이날은 초등학교 2학년 서현이가 소풍을 가는 날이었다. 다음 날이면 울산에서 인천으로 전학을 가야 해서 소풍 가는 이날이 친구들을 만날 수 있는 마지막 날이었다. 박상분(가명)은 아이에게 전날 단골미용실 원장님께 작별 선물로 받은 2만 원을 내놓으라고 다그쳤다. 아이가 그중 2,300원을 헐어 젤리 과자를 사서 친구들과 나눠 먹었다고 하자 박 씨는 "너 같은 X은 소풍 갈 자격이 없다"며 닥치는 대로 서현이를 때렸다. 아이가 자신의 허락을 받지 않고 행동한 것을 용서할 수 없었던 박 씨는 학교에 전화를 걸어 서현이가 아파서 소풍을 갈 수 없다고 전했다. 그 후 인천에 있는 서현이 친부에게 전화를 해 서현이가 소풍을 갔다고 거짓말을 했다.

　얼마 후 서현이가 방에서 나와 핏기 없이 창백한 얼굴

17

로 말했다. "미안해요. 엄마. 그런데 소풍을 가고 싶어요."
그러자 박 씨는 반성하지 않는다며 한 시간 반 동안 주먹과
발로 서현이의 머리, 옆구리 등 신체의 주요 부위를 무차별
가격하였다. 서현이는 생니가 부러지고 갈비뼈가 16개 부러
지는 참혹한 폭행을 당한 끝에 흉부손상 및 폐 파열로 사망
하고 말았다.

당일 오전 11시 22분경, 박상분은 핏자국을 깨끗이 지
우고 119에 전화를 걸었다. 아이가 어지러움을 호소하여 욕
조에 물을 받아 반신욕을 하게 한 후 이삿짐 정리를 하다가
욕실 문을 열었더니 아이가 욕조에 얼굴을 박고 엎어져 있
었다고…. 박 씨는 다급하게 울부짖는 목소리로 말했다. "애
가 아홉 살인데요, 호흡이 안 되고 몸 색깔이 변하고 있어
요, 빨리 와주세요!"

서현이 장례식 날, 박 씨는 입관하는 서현이 시신을 끌
어안고 통곡했다. "채린아(가명/서현이 개명 후 이름) 먼저 가
있어, 엄마 금방 따라갈게."

장례식에 참석한 사람들은 박 씨의 통곡에 함께 눈물
지으며 '아이 잃은 엄마' 박 씨를 위로했다.

그날따라 막바지 가을볕이 무척 화창했다. 내가 새로 시작

한 사업이, 도 단위의 계약을 성공적으로 유치하여 입소문을 타고 여러 곳에서 제안서 요청이 밀려들던 때였다. 내 마음도 한껏 화창해 있을 무렵 S에게 전화가 걸려 왔다.

"혹시 탄원서 어떻게 쓰는지 아세요?"

그동안 법과 무관한 삶을 살았던 터라 탄원서가 뭔지 몰랐지만, 단어 자체가 법과 가까운 문서 같다는 느낌이 들었다.

"왜? 무슨 일인데?"

시간이 흐른 후 나는 가끔 생각했다. 그날 "뭔지 모르겠는데? 지식인에게 물어봐" 하고 전화를 끊었더라면 지금쯤 내 삶은 많이 달라졌을 것이라고…. 인생의 터닝 포인트는 무슨 일이냐고 묻는 오지랖 넓은 그 한마디에서 시작되기도 한다.

내게 전화하기 며칠 전, S는 5년 전 이혼하고 두고 온 딸 서현이의 죽음을 경찰로부터 전해 듣고 장례식장에 달려갔다고 한다. 그곳에선 이혼 전에 친하게 지냈던 이웃집 유부녀 박 씨가 오열하고 있었다. 그런데 다들 박 씨를 서현이의 친엄마로 알고 위로를 건네고 있었다. 더 놀라운 일은 서현이의 화장 직후 박 씨가 경찰에게 '상해치사죄'로 긴급 체포가 된 일이었다. 경찰은 119대원으로부터 아이의 죽음이 석연치 않다는 신고를 받고 철저한 초동수사를 거쳐 아이의 죽음이 타살임을 알고 있었다. 그러나 장례식이 무사히 치러지게 하기 위해 함구하고 있다가 서현이의 화장이 끝나마자 박 씨를 긴급 체포했다.

S는 그제야 부부끼리 친하게 지냈던 이웃집 유부녀 박 씨가 이혼 전부터 자신의 남편과 불륜 관계였다는 것, 남편이 왜 그리 이혼을 요구하며 자신을 못살게 굴었는지 그 이유를 알게 되었다. 박 씨는 자신의 두 딸은 전남편에게 맡기고 나온 후 서현이 친부와 동거하며 마치 친모인 듯 행세하다가 서현이를 학대 끝에 죽게 만들었다.

S의 전화를 받은 그다음 날부터 여러 방송국의 기자들이 서현이 친모인 S의 집으로 들이닥쳤다. 그리고 아침 방송과 뉴스, 인터넷에 '울산 계모'라는 제목으로 8세 여자아이가 소풍 가던 날, 계모에게 맞아 갈비뼈 16개가 부러져서 죽었다는 자극적인 기사가 쏟아지기 시작했다.

인터넷 기사에는 울산 계모 박 씨와 친부에 대한 욕설뿐 아니라 이혼 후 5년 동안 한 번도 서현이를 찾지 않은 친모를 비난하는 댓글이 넘쳐났다. S는 무섭다며 내게 옆에 있어 달라고 했다. 새로 시작한 일의 제안서 요청이 쇄도했

지키지 못한 아이들

지만 '아이 잃은 엄마'의 부탁을 차마 거절할 수 없었다. 게다가 혹시라도 그녀가 죄책감 때문에 잘못된 선택을 하게 될까 봐 걱정이 되어 죽을 사다 나르며 S의 곁을 지켰다.

서현이가 살던 동네 주민들과 학부모들은 범인 박 씨가 경찰에 구속되기 전까지 그녀가 계모일 거라는 생각을 꿈에도 해본 적 없다고 했다. 사건이 벌어지기 2년 전에 그 동네로 이사 온 박 씨는 워낙 성격이 싹싹하고 애교가 많아서 아파트 주민들뿐 아니라 서현이가 다니던 학교의 학부모, 교사들과도 친하게 지냈다고 한다. 박 씨의 지인 중에는 박 씨가 계모이고 서현이를 죽인 범인이라는 것을 알고, 충격으로 기절해 병원에 입원한 사람도 있었다.

아무도 보지 못한 아이의 외로움

서현이는 학대받는 아동의 신체적, 심리적 징후를 고스란히 드러내고 있었다. 하지만 그걸 알아차린 사람은 아무도 없었다. 몸 여기저기에 자주 드는 멍들, 아파트 단지 안 마을도서관에서 시간을 보내며 집에 가는 시간을 늦추던 날들, 식탐이 심한데도 점점 말라가는 몸, 박 씨에 대해서 극도로 위축된 행동을 하는 서현이를, 사람들은 그저 말 잘 듣고 책 좋아하고 공부 잘하는 아이가 덜렁거리는 탓에 자주 부딪혀 다치는 것이라고 생각했다고 한다.

아동학대는 가난하고, 못 배운 가정에서 벌어지는 일일 뿐 평수 넓은 신축 아파트에 살며 학부모 회장까지 맡고 있는 싹싹한 성격의 엄마, 모든 교과마다 백 점을 맞는 똑똑하고 말 잘 듣는 아이에게는 일어나지 않을 거라는 편견이 그들의 눈을 가렸기 때문이었을까. 그들은 울면서 말했다.

"지금 생각하니까 이상한 점이 많았는데 왜 그땐 의심조차 안 해봤을까요. 그때 관심을 가졌더라면 서현이가 죽지 않았을 텐데… 서현이에게 너무너무 미안해요."

일주일에 한 번씩 방문하던 과외 선생님이 수업 중 서현이 얼굴의 멍을 발견하고 "어디 다쳤니?" 하고 물어보면 갑자기 박 씨가 닫힌 방문을 벌컥 열고 "서현이가 혼자 넘어져서 다쳤어요"라고 대답하는 일이 가끔 있었다고 한다. 박 씨는 자신의 학대 사실이 발각될까 봐 늘 방문 밖에서 엿듣고 있었던 것 같았다. 서현이는 박 씨의 허락이 없으면 냉장고 문도 열 수 없고, 정수기 물도 못 마셨다고 한다. 서현이는 그동안 박 씨에게 철저히 통제당하며 살아왔다.

박 씨는 친엄마 행세를 하면서도 '서현이가 거짓말을 잘하고 도벽이 있다'는 거짓 소문을 내고 다녔다. 또한 '개

차반'이라며 흉을 자주 보았다. 서현이가 죽기 한 달 전쯤, 담임 선생님과 상담을 한 박 씨는 서현이가 가정환경 조사서에 '부모님과 친하다' '행복하다'라고 적어놓은 것을 보고 돌아와서 입 꼬리를 올리고 비웃는 표정을 지었다. 그리고는 "야시(여우) 같은 게 거짓말도 잘하네. 안 행복할 건데~?"라고 말했다고 한다. 이 말을 들은 지인은 '딸한테 왜 저런 말을 하지?'라는 생각을 했지만 그 이유를 물어보지 않았다며 많이 울었다.

무슨 이유에선지 모르겠지만 박 씨는 자신의 말에 무조건 복종하는 서현이를 상당히 증오하고 있었던 것만은 틀림없다. 아동학대 사망 사건은 우발적이거나 계획된 여타의 살인과 다르다. 아동학대는 가족 내 은폐되어 있는 경우가 대부분이다. 주변의 누군가가 신고를 해주지 않으면 계속 학대가 지속되다가 마침내 사망으로도 이어질 수 있다. 아동학대를 발견하기 위해 주변의 관심과 신고가 무엇보다도 중요한 까닭이다.

이해할 수 없는 친부의 행동

친부에 대해 이해할 수 없는 이야기를 들었다. 서현이 친부는 '아이가 집안 욕조에서 익사했다'는 전화를 받고 인천에서 울산으로 바로 내려갔다. 하지만 친부는 그 몇 시간 전에 이미 '아이가 소풍을 갔다'는 박 씨의 전화를 받았던 터였다. 보통의 아빠라면 소풍을 갔다던 아이가 왜 집의 욕조에 빠져 죽었느냐고 이상하게 생각했을 텐데 그는 그 부분에 대해 일언반구도 없이 오히려 박 씨를 위로했다. 게다가 경찰이 집을 압수수색하고 박 씨의 핸드폰을 압수하자 "과잉 수사다. 변호사를 부르겠다"라며 몹시 화를 내더니 아이의 죽음은 사고사일 뿐, 조용히 덮고 싶으니 무혐의로 사건을 종결해 달라는 요청을 했다고 한다.

이상한 점은 이뿐만이 아니었다. 사건을 취재하던 김지웅 피디가 119 신고 시의 박 씨 목소리를 따야 하는데 친권자인 친부의 허락이 필요하다고 하여 나는 친모의 요청으로 함께 친부를 만났다. 이때 이미 박 씨는 서현이가 자신의 폭행으로 인해 사망했음을 자백했고 경찰에 의해 친부와 친모에게도 이 같은 사실이 전해졌을 때였다. 나는 친부에게 서현이의 멍든 모습을 주변 사람들이 자주 보았다고 하는데 알고 있었느냐고 묻자, 전혀 몰랐다고 했다. 아이가 한여름에 긴 옷을 입고 다녔던 것도 멍 자국을 가리기 위해서가 아니라 추위를 많이 타서였고, 급식이나 간식을 허겁지

지키지 못한 아이들

겁 먹더란 이야기에도 식탐이 많아서 그런 거라고 말했다. 아이 몸이 비정상적으로 말랐다는 말에 자신도 어렸을 때 많이 말랐었다며 박 씨의 학대 사실을 극구 부인했다. 그는 박 씨를 원망하기는커녕 '박 씨가 아이에게 아주 잘했다, 둘이 친했다. 박 씨가 봉사활동을 많이 다녔다'는 등 자기 딸을 죽인 박 씨를 오히려 두둔하는 말을 하기 시작했다.

소방서에 가기 전 주민들과 학부모의 진술서가 경찰에 제출되었다는 말을 들은 김지웅 피디의 요청으로 경찰서에 먼저 들르게 되었다. 그때 건장한 체격의 형사 서너 명이 급하게 나가고 있었다. 형사 팀장은 예고도 없이 들이닥친 우리를 보고 잠깐 생각을 하더니 의미심장한 표정으로 친부에게 물었다. "서현이가 포항에 살 때 아동보호전문기관에 학대로 신고가 되었었다고 하는데, 그 사실을 알고 있었습니까?" 친부는 당황한 얼굴로 대답했다. "전혀 몰랐습니다."

그 말이 새빨간 거짓말이라는 건 몇 시간 후 들통이 나고 말았다. 급파된 형사들의 연락을 기다리는 동안 나는 경찰서에서 서현이가 그 짧은 생애 동안 당했던 학대의 증거를 보게 되었다. 서현이는 박 씨와 살면서 수없이 많은 '상세 불명'의 타박상과 상해 때문에 병원 치료를 받았다. 그 자료를 보며 병원에 가지 않았을 정도의 폭행은 대체 얼마나 많았을까, 이 생각을 하니 몸서리가 쳐졌다.

　게다가 초등학교 1학년 때인 2012년 5월엔 몸에서 가장 단단하다는 허벅지 뼈가 두 동강이 났고 같은 해 10월에는 양손과 발등 정강이에 피부 이식 수술을 해야 하는 2도 화상을 입은 것도 박 씨의 짓임이 드러났다. 얼마 후, 포항으로 급파된 형사들에게서 "서현이가 포항에 살 때 유치원 교사가 학대 신고를 했으나 친부가 '집안일이다, 훈육이었다'라며 기관의 개입을 거부했다는 기록이 남아 있다"는 연락이 왔다. 서현이의 학대 사실을 몰랐다고 딱 잡아뗀 친부의 거짓말이 들통 난 순간이었다.

　경찰은 병원 진료기록, 포항에서의 학대 신고 기록, 대퇴부 골절과 화상 등을 근거로 박 씨를 상해치사에서 학대치사로 공소장을 변경했다. 아니다, 이건 아니다, 이것이 어떻게 학대치사인가? 이것은 살인이다!

　서현이가 당했던 끔찍한 일을 세상에 알려야겠다는 생각으로 카페를 개설해 '하늘로 소풍 간 아이를 위한 모임'을 만들었다. 그런데 얼마 후 나는 '알리는 일'뿐 아니라 전망 좋던 내 사업까지 팽개치고 사건의 전면에 나설 수밖에 없었다. 그 정도로 분노를 참지 못할 일이 벌어지고 말았다.

어떠한 경로를 통해 구치소에 수감된 계모 박 씨가 친부에게 보낸 편지가 입수되었다. 그중 '변호사는 5년 징역을 살 것 같다 하셨어요'라는 계모의 글이 있었다.

'설마, 박 씨의 변호사가 잘못 아는 거겠지. 항거불능의 어린아이를 5년 동안 고문보다 더한 학대를 하다가 갈비뼈 16개가 부러지도록 끔찍하게 폭행해 죽였는데 겨우 5년 형만 줄 리가 없잖아? 설마 우리나라 법이 그렇게 엉터리일 리가 있겠어?'

그러나 그것은 사실이었다. 2013년 기준, 우리나라 아동학대치사에 대한 형량은 5년 이하의 징역형이 대부분이었다. 게다가 초범, 우발적, 심신미약, 가족이나 친부의 탄원서 등등 감형 요인이 더해지면 3년 이내의 징역형도 가능하다고 했다. 어떻게 이럴 수 있나. 법이란 것이 이렇게 비상식적이었단 말인가? 게다가 편지의 또 다른 내용은 활활 타오르고 있는 내 분노를 폭발하게 했다.

"저의 죄명이 중개사 시험에 결격 사유가 안 된다면 여기 있는 동안 공부해서 자격증을 취득할까 생각합니다."

꽃 같은 아이를 죽여 놓고, 계모 박 씨는 교도소에서

공인중개사 공부를 하여 자격증을 취득한다는, 미래를 계획하고 있었다. 죄 없는 아이에게 5년간 지옥보다 끔찍한 학대를 가한 여자가, 서현이가 앞으로 가질 수 있었던 모든 것—성장하고 사랑하고 꿈을 꾸고 그 꿈을 향해 노력하는 아름다운 기회들—을 빼앗은 여자가 겨우 5년 이내의 형을 기대하고 감옥에서 자신의 미래를 꿈꾸는 파렴치한 일이 눈앞에서 벌어지고 있었다. 이런 비상식적인 일을 알려야 한다! 나는 사업 제안서를 모두 쓸어 쓰레기통으로 던져버렸고, 제안서 독촉 전화에는 다음번에 기회를 주십사 읍소하였다. 물론 다음 기회 따윈 없었다.

"우리가 무엇을 해야 할까요? 도저히 가만히 있을 수가 없어요."

이런 사건이 일어나면 집값 떨어진다고 쉬쉬하는 곳도 있다던데 서현이가 살던 동네 주민들이 먼저 나서주었다. 분노는 치솟았지만 평범한 아줌마들인 우리가 할 수 있는 게 뭐가 있겠는가. 궁리 끝에 피켓 시위라도 하자고 의견이 모아졌다. 주민들은 피켓을 준비해 놓고 무슨 내용을 써야 하냐며 내 얼굴을 빤히 쳐다보았다. 난 살면서 피켓이라는 걸 만들어 본 적이 없었다. 평생 살면서 시민단체와 관련된 일을 한 번도 해보지도 않았다. 그런데 이상하게도 내 입에

지키지 못한 아이들

서는 생각지도 않은 말들이 술술 흘러나왔다.

  ◦ 울산 계모를 살인죄로 처벌하라.
  ◦ 솜방망이 아동학대치사는 살인죄로 엄벌하라.
  ◦ 친부도 공범으로 처벌하라.
  ◦ 아동학대 신고 의무를 강화해 주세요.
  ◦ 아동학대 특별법을 조속히 시행하라.

맹세코 피켓을 만들던 2013년 11월 2일에는 아동학대와 관련된 특례법이 있는 줄도 몰랐다. 꿈에서도 법 같은 걸 생각해 본 일이 없던 내 입에서 아동학대 특별법을, 그것도 만들라는 것도 아니고 조속히 시행하라는 말이 나왔으니 지금 생각해도 이상한 일이다. 게다가 피켓에 쓰인 내용들이 나중에 모두 실현되었으니 이걸 어떻게 설명해야 할지 모르겠다.

　　마지막에 '저희도 모두 죄인입니다. 죄송합니다'라는 내용을 적어 넣었다. 그랬다. 우리도 죄인이었다. 이웃의 아이가 구타를 당해도 남의 가정사로 치부한 죄, 학대의 정황이 뚜렷함에도 애써 고개를 돌린 죄, 내 일 아니라고 나 몰라라 한 죄. 우리가 외면한 죄로 인해 아이들이 학대로 죽어갔던 것이다.

　　나는 비상식적인 법과 울산 계모 박 씨의 만행을 알리기 위해 카페에 글을 올리면서 주민들이 제보한 박 씨의 실명과 사진을 모자이크 처리 없이 올렸다. 사람들은 명예훼손으로 걸린다며 나를 만류했다. 하지만 '외국은 아동학대 범죄자의 실명과 사진을 방송에도 내보내는데 우리는 왜 범죄자의 얼굴을 가려주고 있느냐, 이것이 명예훼손죄에 해당한다면 벌금을 물고 말겠다'라고 주장하며 강행했다. 그러자 회원들이 벌금 내는 데 동참하겠다거나 혹시 내가 감옥에 가게 되면 특별 보양식을 사식으로 넣어주겠다며 나의 행동을 적극 지지해 주었다.

우리는 의병이다

울산 계모 사건을 정리하면서 서현이를 구할 기회가 여러 차례 있었음을 알게 되었다. 그래서 안타까움과 울분을 참을 수 없었다. 서현이의 대퇴부 골절 당시 계단에서 굴렀다는 아이가 다른 곳에 타박상이 하나도 없는 것을 정형외과에서 의심하고 신고했더라면, 서현이가 화상을 입었을 때, 샤워하다가 온수에 데었다고 하였지만 가정 내 온수로는 진피성 2도 화상을 입을 가능성이 적고, 화상을 입은 부위가 팔과 다리에만 집중되어 있었다는 것을 화상병원에서 의심하고 신고했더라면, 학교에서 담임선생님이 서현이의 아동학대 징후를 유심히 살펴보고 의심 상황을 신고했더라면, 지속적으로 집안에서 들리는 서현이의 울음소리와 멍을 의심하고 이웃들이 신고했더라면, 아이를 구할 기회가 반드시 있었을 것이다.

서현이를 살릴 수 있었던 가능성은 '관심'과 '신고'였다. 그래서 '울산 계모 사건의 진상'이란 PPT를 만들어 카페에 올리고 저작권이 없으니 마음대로 퍼가라고 하자 SNS와 타 카페로 이미지가 퍼지면서 '하늘로 소풍 간 아이를 위한 모임' 인터넷 카페에 사람들이 밀어닥치기 시작했다.

방송에서 쏟아져 나왔던, 상처와 학대로 얼룩진 몸과 처참한 검안 사진으로 기억되게 하지 말고 착하고 예쁜 아이로 기억되게 하자고 친모를 설득했다. 서현이의 살아생전 사진들을 카페에 올렸다. 사람들은 언론에 알려지지 않은 박 씨의 사진과 비하인드 스토리에 경악했다. 회원들은 서현이의 예쁜 사진과 상처가 있는 사진을 번갈아 보며 엉엉 울었다.

"사흘간 밥도 못 먹고 울었어요." "이렇게 끔찍한 줄 몰

랐어요." "우리 아이도 그 또래예요, 아이를 끌어안고 울고
또 울었어요." 그리고 사람들은 이렇게 말했다.

"우리가 무엇을 해야 할지 알려주세요."

나는 울산 계모 박 씨의 사건 번호를 입수하여 살인죄
로 다스려 법정최고형으로 엄벌해 달라는 서명지를 만들어
카페에 올렸다. 그러자 놀라운 일이 벌어졌다. '여기 서울
OO동인데 서명운동 같이하실 분.' '경주 OO에서 서명운동
함께 해요.' '천안에서 서명운동하실 분 없나요? OO시부터
가능요.' 카페에는 매일 전국 어디에선가 벌어지고 있는 서
명운동을 알리는 글과, 모인 서명지를 발송했다는 인증샷이
올라왔다. 카페를 개설한 지 불과 보름 만에 1만 1천 건 이
상의 진정서와 서명지가 해당 재판부에 쌓였다. 나는 카페
의 글을 들여다보며 눈시울이 붉어졌고 목이 뻐근해졌다.
가슴이 터질 듯 눈물을 한 아름 안고 카페에 글을 올렸다.

"여러분은 모두 이 '무례한 법' 앞에 우리 아이들을 지키
기 위해 떨치고 일어난 의병들입니다. 서명지 한 장이, 퍼
나르는 글 하나가, 여러분이 올리는 댓글 한 줄이 모두 우리
의 싸움입니다. 여러분 모두 자랑스러운 의병입니다"

누가 한국 사람을 끓는 냄비에 비유했는가? 많은 이들
이 우리의 분노를 '극성맞은 아줌마들이 며칠 하다가 마는

것'으로 폄하하였지만, 우리의 서명 열기는 날마다 더 폭발하였다.

"댁의 아이가 죽었수?" 눈물을 흘리며 사건을 설명하는 회원들은 한 번쯤 이런 말을 들었다고 한다. 우리도 다 맞고 컸다거나, 이런 거(서명) 한다고 뭐가 달라질 줄 아느냐는 말도 단골로 듣던 소리였다. "애가 맞을 짓을 했나 보지"라는 말에 멱살잡이 할 뻔 했다는 얘기도 여러 군데서 들렸다. 서명운동은 단지 서명만 받는 역할만 한 게 아니었다. 사건 내용을 설명하고 아동학대의 끔찍한 실상을 알리는 첨병 역할을 해주기도 하였다.

어느 날 울산 계모 살인죄 처벌 피켓 시위를 하는 내게 누군가 이렇게 말했다. "우리나라 아동학대 사건 재판에서 살인죄로 판결난 적이 한 번도 없습니다. 힘 빼지 마시고 아동학대치사죄로 최고 형량을 끌어내는데 주력하십시오."

나는 힘주어 대답했다.

"판례가 없으면 이번 사건으로 새로운 판례를 만들면 됩니다. 우린 무식해서 법 같은 거 모릅니다. 그러나 상식을 믿습니다. 작은 아이를 갈비뼈 16개가 부러지도록 때려서 결국 죽였는데 어떻게 살인이 아닙니까? 이건 살인입니다!"

우리 활동이 언론을 통해 알려지자 한 방송사에서 '울

산 계모 살인죄 적용 가능한가?'라는 토론 자리를 만들었다. 그때 패널로 나온 법조계 관련 인사는 울산 계모 사건이 살인죄로 성립되기가 우리나라 법으로 어렵다고 하였다. 또 다른 교수는 법은 그렇게 쉽게 바꿀 수 있는 게 아니라고 말했다. 그래도 낙담하지 않았다. 우리는 이 나라의 몰상식한 법과 제도를 바꾸어 아이들을 지키자고 나온 전투병임을 자처했다. 날마다 서명 열기는 더해갔다. 우린 지치지 않았다. 살인죄 요구 서명 운동과 법원 앞 릴레이 시위 그리고 언론의 연타가 이어지자 학대치사로 기소했던 울산지검은 고민에 빠졌다.

2013년 11월 20일, 울산지검은 검찰 시민위원회를 개최하여 각계의 의견을 청취한 후, 다음 날 울산 계모의 공소장을 살인죄로 변경했다. 아동학대 사건 사상 최초의 살인죄 기소였다. 울산지검의 살인죄 기소 결단은 아동학대 사건에 대한 경종을 울림과 동시에 새로운 선례를 만든 서막이 되어주었다.

얼마나 더 많은 아이들이 죽어야 합니까?

한창 서명 활동이 타오르던 어느 날 당시 여성 인권위원회

특별위원인 조현순 관장에게 전화가 걸려 왔다. "이대로는 안 됩니다. 법을 바꿉시다." "네에? 법을 바꿔요? 우… 우리 가요?"

법이란 건 국회의원이 만들거나 인권운동가들이 몇십 년간 치열하게 싸워야만 바뀌는 것이라고 알고 있었기에 인권 운동은커녕 시민단체 활동 한번 해본 적 없던 내게 왜 그런 말씀을 하시는지 그저 황당하기만 했다.

"아니, 관장님! 저를 뭐로 보고 그런 말씀을 하십니까?"

"아동에 관한 법이 교육부, 복지부, 법무부 세 군데로 쪼개져 있어요. 그러니 무슨 일이 되겠습니까? 아동에 관한 법을 통합하는 상위 법안인 특별법 제정이 필요합니다."

반문하는 내게 조관장은 이렇게 말했다. 조 관장의 주선으로 2013년 12월 5일, 국회 '가족 행복특별위원회' 위원들을 만날 수 있었다. 그런데 회의 도중 이미 '아동학대 범죄의 처벌 등에 관한 특례법'이 발의가 되어 있지만, 법제사법위원회*에 통과되지 못하여 현재 15개월째 계류 중이라는 말을 들었다. 대표 발의자가 안홍준 의원이라는 소리를 듣자마자 조 관장이 핸드폰을 꺼내 들었다. 알고 보니 두

---

* 법제사법위원회는 법제·사법에 관한 국회의 의사결정기능을 실질적으로 수행하는 국회 상임위원회이다.

분은 예전에 시민 활동을 할 때부터 알던 사이라고 했다. 부랴부랴 국회 본청으로 가니 안홍준 의원이 특례법 발의안과 더불어 기존의 아동복지법과 상충되는 법안을 이미 복지부를 통해 개정하여 통과시켜 놓은 상태이기에 특례법은 법사위 통과만 되면 당장 시행될 수 있다고 말했다.

"반드시 이번에 특례법을 통과시키시오!"

"네? 아니, 제가 뭐라고 그런 말씀을….."

그러나 조 관장은 뒤도 안 돌아보고 지리산으로 표표히 떠나버리고 말았다.

아무것도 모르지만 뭐라도 해야 했다. 서울 회원들과 급하게 회동, 서울 회원들이 주축이 되어 민주당사 앞, KBS 별관 앞, 광화문에서 매일 릴레이 피켓 시위를 벌이기로 했다. 12월의 엄동설한에 매일 피켓을 들고 한자리에서 꼼짝하지 않고 시위를 하는 건 보통 일이 아니다. 하지만 아이들이 학대로 죽어가는 것을 더 두고 볼 수 없다는 그 한마음으로 서울, 경기 회원들은 때론 진눈깨비 속에서, 발끝을 에이는 맹추위와 사투를 벌이며 날마다 시위를 이어 나갔다.

특례법의 원래 이름은 '아동학대 범죄의 처벌 등에 관한 특례법'이란 긴 이름이다. 그런데 이걸 편하게 말하기 위해 '아동학대 특례법'으로 줄이다 보니 간혹 '아동을 학대하

지키지 못한 아이들

는 법을 만들자는 거냐'라는 핀잔을 듣기도 했다. 그래서 지금은 아동학대 처벌법으로 줄여서 지칭하고 있다.

아동학대 가해자 엄벌과 더불어 특례법 통과를 요구하는 전국의 서명운동이 뜨겁게 달아올랐다. "아줌마들이 뭔 법을 바꾼다고 이래?" "이런다고 대한민국이 달라지는 게 있겠어요? 헛수고하시네요." 비아냥에도 우린 굴하지 않았다. 결과를 염두에 두고 행동하지 않았다. 지금 여기서 최선을 다할 뿐이었다.

나는 법사위 소속 국회의원들을 정당별, 지역구별로 구분하여 사무실 전화번호와 홈페이지, SNS 주소를 작성하여 카페에 게시하고 회원들에게 연일 글을 올려 독려하였다. "우리가 무관심해서, 우리가 외면해서 아이들이 죽어갔습니다. 미안해서, 불쌍해서 눈물만 흘리는 것은 아무런 도움이 되지 않습니다. 움직여 주십시오. 여기서 울지 말고 그들을 붙잡고 울어주십시오. 얼마나 더 많은 아이들이 죽어야 이 법을 통과시켜 주겠느냐고 물어봐 주십시오!"

이 글을 각 지역 카페, 맘카페, 각종 SNS로 퍼 날라 달라고 부탁하였다. 회원들은 일심동체가 되어 놀라운 행동력을 보여주었다. 법사위 소속 국회의원 사무실은 우리 회원들의 전화로 업무가 마비될 정도가 되었다. 전화를 하면 대부분 통화 중이고, 통화 연결이 되어 이쪽에서 "여보세요"라는 말만해도 해당 의원 사무실에서 먼저 덮어놓고 "예예. 열심히 하겠습니다. 저희도 노력하겠습니다"라는 말을 할 정도였다.

우리의 활동이 맹렬해지자 언론에서도 주목했다. 각 언론사 사설과 논설에서 특례법 제정을 촉구하는 기사가 쏟아졌다. 2013년 12월 16일, 국회 법사위는 국민의 여론을 견디다 못해 특례법을 1순위로 심사했으나 부결시키고 말았다. 공청회와 간담회를 거치지 않았다는 것이 부결 이유였다. 12월 말일까지 통과되지 않으면 임기만료로 법안 자체가 폐지되고 만다. 낙담하고 있는데, 법을 제정할 때 공청회를 열어야 하긴 하지만 필수는 아니라는 귀띔이 들려왔다.

"이제부터 전쟁입니다, 무차별 폭격을 부탁드립니다!"

다시 카페에 법사위 소속 의원들 전화번호를 올렸고 수천 명의 회원들은 일제히 전화기를 들었다. 카페는 통화 후기로 뒤덮였다.

법사위 심사 마지막 날인 2013년 12월 23일 새벽, 비장한 마음으로 국회 결사대원 16명을 뽑아서 국회 의원회관으로 달려갔다. 회원들이 조를 짜서 오전 9시부터 법사위 국회의원들을 개별 방문해 특례법 통과를 부탁드리기 위해

지키지 못한 아이들

서였다.

2013년 12월 23일 오전 11시경, 국회의원회관 로비는 우리 회원들의 환호성으로 뒤덮였다. 특례법이 법사위를 통과했다는 소식이 들려왔던 것이다. 그리고 2013년 12월 31일 밤 10시 반 경, 특례법은 국회 본회의를 통과하였다. 아무도 관심을 갖지 않아 15개월째 계류 중이던, 사라질 뻔했던 '아동학대범죄의 처벌 등에 관한 특례법'이, 심사 순위권 안에도 들지 못했던 이 법안이 제정 통과 촉구 운동을 벌인 지 26일 만에 국회 본회의에서 단 한 표의 반대도 없이 통과가 된 것이다. 특례법이 통과되고 난 후 관계자 한 분이 이런 말을 전해왔다.

"여러분은 '법'만 통과시킨 것이 아닙니다. 각 정부 부처에 아동학대에 대한 인식 전환을 시켰습니다. 법 통과보다 더 크고 대단한 일입니다. 정말 대단한 일을 해내셨습니다. 감사합니다."

나라가 하지 못한 일, 국민이 나섰다

"피고는 피해자의 대퇴부 뼈를 부러뜨리고 끓는 물을 부어 심재성 2도 화상을 입히고…."

박양호 검사가 기소 내용을 읽어내려가자 전국 각지에서 모인 1백여 명의 회원들이 방청석에 앉아 흐느꼈다. 박 씨는 모든 내용에 순순히 "네"라고 대답하였다. 그러나 살인의 고의성 부분에는 아니라고 답했다.

첫 공판은 기소 내용만 확인하고 금방 끝났다. 계모 박 씨가 퇴정하는 순간 나도 법정 밖으로 냅다 뛰쳐나갔다. 호송버스가 시동을 걸고 방향을 바꾸기 위해 후진하는 참이었다. 뭘 어쩌겠다는 생각도 없이 일단 버스를 가로막았다. 그사이 달려 나온 회원들 수십 명이 버스를 에워싸고 두들기며 일제히 "사형! 사형"을 외치며 울기 시작했다. 그 모습을 카메라 기자들이 촬영, 언론에 수십 개의 기사로 퍼져나갔다. 결국 내가 경찰에 의해 끌려 나오자 버스는 속력을 냈고 줄행랑을 쳤다. 이후 울산 계모 박 씨의 재판이 열릴 때마다 우리 회원들은 호송버스를 에워싸고 경찰과 대치하며 법정 마당에서 "사형! 사형!"이라고 외쳤다. 당시 울산지검의 봉욱 검사장은 강연을 통해 다음과 같이 말했다.

"구속된 피고인이 법정으로 들어갈 때 '사형! 사형!' 하고 외치는 시민들의 함성이 검사장 사무실까지 쩌렁쩌렁 울렸습니다. 문제는 이제까지 아동학대로 사망한 사건에 대해 한 번도 살인죄가 인정된 선례가 없었다는 것입니다. 비

지키지 못한 아이들

숫한 사건 판례를 살펴봐도 형량이 10년을 넘지 못하였습
니다. 국민의 단호한 법 감정과 법원의 엄격한 법리적 판단
사이의 간격을 없애기 위해 무엇을 할 수 있을까 고민하게
되었습니다."

숨 돌릴 새도 없이 2014년 3월 4~5일 양일간 국회 의
원회관 로비에서 아동학대 사례 국회 사진전을 열었다. 아

동학대의 참상과 심각성을 국회의원들이 알아야 아동학대 관련 법안이 제정, 개정되는 데 도움이 될 것이라는 생각 때문이었다. 이때 당시 염동열 의원실의 윤미혜 비서관이 의원회관 로비를 빌리고 보건복지부와 중앙아동보호전문기관의 협조를 끌어내는 커다란 역할을 해주었다. 정치색을 배제하기 위해 당시 새누리당 염동열 의원, 민주당 서영교 의원이 공동 주최하고 우리 협회(당시 '하늘소풍')가 사진전을 주관하였다.

각계각층의 사람들이 사진전을 찾아왔고, 아동학대의 참상을 보고 경악을 금치 못하였다. "저 사진에 있는 아이들이 우리나라 아이들 맞아요?" "정말 우리나라에서 이런 일이 일어나고 있어요?" 사진전 내내 우리는 이런 말을 들어야만 했다.

사진전을 보고 충격을 받은 국회의원 및 보좌진, 관계자들 총 1,057명이 서명에 동참, 별도로 만든 국회의원 청원서에는 78명의 여야 국회의원들이 서명하여 울산, 서울, 칠곡 사건 재판부에 제출하였다.

사진전이 끝난 후, 염동열 의원이 특례법 개정안을 대표 발의하였고 여야 30여 명의 국회의원이 공동발의에 참여하였다. 아동학대에 관심을 갖고 관련 법률을 제정, 개정

지키지 못한 아이들

하는 국회의원들이 많아진 것은 사진전의 가장 큰 수확이었다고 자부할 수 있다. 하지만 일부 사진전을 반대하는 사람들로 인해 엄청난 마음고생을 한 것도 사실이다. 무사히 사진전을 끝낸 후 윤 비서관과 둘이 끌어안고 눈물을 펑펑 쏟았다.

사형을 구형합니다

2014년 3월 11일 울산지방법원 101호 법정, PPT를 이용하여 길고 긴 기소 내용 설명을 마친 박양호 검사는 계모 박씨가 앉아 있는 피고석 앞으로 다가갔다. 그리고 정중하고 깍듯하게 인사를 하였다. 박 검사는 제자리로 돌아온 후 나지막하지만 힘주어 말하였다.

"피고인에게 사형을, 구형합니다."

울음소리와 박수 소리가 법정을 뒤흔들었다. 계모 박씨는 비틀거리며 퇴장했다. 우리는 그날 호송버스를 붙잡는 대신 떠나는 버스를 향해 잘 가라며 손을 흔들어주었다.

"지금껏 선례가 없었던 일이기에 우리도 고민이 많았습니다. 그러나 아동학대에 대해 사회적 경종을 울린다는 의미로 사형을 구형하였습니다." 당시 사건을 맡았던 부장 검사의 말처럼 아동학대사범에게 사형을 구형한 것은 우리나라 역사상 초유의 일이었다. 이 일은 매스컴을 뜨겁게 달구었고 국민들에게 놀라운 충격을 안겨주었다.

하지만 한 달 뒤 우리는 법정에 주저앉아 눈물을 흘리고 말았다.

"피고가 살인의 고의성을 일관되게 부인한 점, 머리와 몸통을 구분하여 때려 치명적이지 않은 점, 흉기를 사용하지 않은 점, 피고가 출혈, 호흡 곤란이 있었다고 인지하지 못한 점, 사회적, 제도적 문제를 도외시한 채 피고인에게 책임을 묻기 어렵다는 점"을 들어 설명하던 판사는 "피고인이 피해자를 살해하려는 확정적 또는 미필적 고의가 있었다고 보기 어렵기에 상해치사죄로 징역 15년에 처한다"라고 선고하였다.

멍하게 앉아 있는데 사람들의 울부짖는 소리가 먼 곳의 메아리처럼 귀를 붕붕 울렸다. 누군가 '대표님, 이제 그만 가셔야죠' 해서 정신을 차리고 보니 법정이 텅 비어 있었다. 일어서는데 다리가 푹 꺾였다. 살인죄로 사형을 구형했기에 최소 30년은 나오겠지, 하던 기대가 더 깊은 절망을 안겼던 것인지 걸어가는데 팔다리가 따로 노는 것 같은 이상한 느낌을 받았다. 그야말로 전부를 내던지고 달려왔기에 그 허탈함과 실망을 감당할 수 없었다.

법원 마당에서 회원들이 나를 기다리고 있었다. 회원들을 보자 눈물이 터져 나왔다. 발끝이 오그라드는 추위를 견디며 피켓 시위를 하고 볼펜을 겨드랑이에 끼고 녹여 가며 장갑조차 끼지 않은 채 곱은 손으로 서명을 받던 회원들, 학대의 참상이 끔찍하여 외면하고 싶어도 나마저 외면하면 누가 나설 것이냐며 울면서 달려왔던 우리 회원들.

"이토록 거대한 벽을, 우리의 힘으로 바꿀 수 있다고 의병 여러분에게 외치며 헛된 희망을 심어 ,여러분을 고생시켰습니다. 죄송합니다."

회원들 손을 하나하나 잡으며 대한민국 법원의 거대한 철벽 앞에서 울고 또 울었다. "우리가 자발적으로 한 일입니다, 울지 마세요. 우린 다시 시작할 것입니다."

회원들이 피켓을 들고 내게로 모여들었다. 회원들 손을 잡고 일어서다 법정을 바라보는 순간, 온몸의 피가 솟구치는 느낌이 들며 나도 모르게 외쳐대기 시작했다.

"국민의 분노와 아동학대 근절에 대해 경각심을 심지도 못하는 이따위 판결을 저희는 인정할 수 없습니다!"

나를 둘러싼 회원들도 눈물을 흘리며 목이 터져라 살인죄 사형을 외쳐댔다.

살인죄 미인정, 징역 15년의 선고는 우리 회원들만 실망시킨 게 아니었다. 전국의 누리꾼들 역시 '얼마나 더 잔인해야 살인이냐?'며 들끓었다. 법조계에서는 국민들의 법 감정을 고려하지 않았으며 피해 아동의 두려움과 고통을 반영하지 않고 일반 성인 폭행 사건과 같은 잣대로 법조문을 해석, 양형 기준을 핑계로 면피성 판결을 내린 '기계적 판결'이라며 비판하였다. 울산 계모의 살인죄 적용을 위해 최선을 다한 울산지검 검사들의 실망도 이만저만이 아니었다. 하지만 울산지검은 당장 항소를 하였고 부산고법의 항소심까지 재판을 진행하였다.

울고만 있을 수 없었다. 울산지검 검사들에게 편지를 보내고 방문을 통해 응원을 하는 한편, 부산고등법원 해당 재판부에는 우리 협회 이름으로 국민의견서를 제출하였다. 항소심 날짜가 정해지자 다시 전국 서명운동에 불이 붙었다. 전국의 회원들은 진정서 모임을 통해 재판부에 몇 천 장의 진정서 제출을 하였다. 우리 회원들은 돌아가며 매일 부산고법 앞에서 울산 계모 살인죄 적용을 요구하는 피켓 시위를 하였다. 나도 새벽마다 부산고법에 달려가 시위에 동참하였다. 항소심 선고를 앞두고는 부산고법 앞에 모여 이틀에 걸쳐 아동학대 사진전시회와 촛불 집회를 개최하였다. 울산지검 검사 4분도 재판마다 혼신을 다하는 것이 느껴질 정도였다. 모두 치열하게 재판에 임했다.

검사들은 1심 판사의 판결을 조목조목 반박하며 논리정연하게 주장하였다. 법의학자들의 감정서 제출, 증인 신문, 포렌식 팀의 도움으로 지속적 학대 과정이 녹음된 계모 박 씨의 휴대폰 파일을 찾아 복구, 법정에서 공개하였다.

서현이 생전 목소리가 녹음된 증거 자료가 법정에 공개되던 날, 법정은 또 한 번 울음바다가 되었다. 카랑카랑한 계모 박 씨가 소리를 지르며 수없이 '퍽!' 하고 때리는 소리에 서현이는 비명 한 번 지르는 일 없이 마치 로봇처럼 감정 없는 목소리로 '잘못했습니다'라는 말만 반복했다. 아이가 얼마나 폭력에 길들여져 있는지 알 수 있는 부분이자 증거였다.

2014년 10월 16일, 부산고등법원 301호실. "피고인이 이 사건의 폭행 과정에서 피해자의 사망이라는 결과 발생을 충분히 인식 또는 예견하였고, 나아가 미필적으로나마 그 결과 발생을 용인하였다고 넉넉히 인정된다. 피고인을 살인죄로 징역 18년에 처한다." 구남수 판사의 선고는 아동학대

지키지 못한 아이들

에 대한 법의 엄중 처벌을 선포하는 첫 포문이었다. 흉기를 사용하지 않고 맨손 맨발로 아동을 학대, 사망에 이르게 한 사건에서 처음으로 살인죄를 인정함으로써 이 사건은 아동학대 사건에 큰 획을 긋는 판결로 평가받고 있다. 이 판결이 선례가 되어 이후의 많은 아동학대 사망 사건에서도 가해자가 직접적인 흉기를 사용하지 않아도 살인죄로 처벌이 가능해지고 있다.

걸어가는 사람이 많아지면 그게 곧 길이 된다. 1년 간 울산 계모의 살인죄 처벌을 위해 혼신의 힘을 다해 달렸던 우리 회원들은 그렇게 작은 길 하나를 만들었다. 그러나 이 것이 끝이 아니었다. 하늘로 소풍을 간 한 아이로 인해 만나고 달렸던 우리들은 이제 아동학대 전체로 시야가 넓어졌고 아이들을 지키기 위해 해야 할 일들이 더 많음을 알게 되었다.

서현의 친부 이 씨는 학대 사실을 전혀 몰랐다고 주장하였다. 그러나 수사 결과 아동보호전문기관의 개입 거부와 계모 박 씨에게 회초리 30여 개를 사다 주고 다 부러지면 또 사다 주었다는 사실이 드러났다. 우리는 친부 이 씨의 재판에서도 서명운동, 온라인 서명, 진정서 제출, 국민 고발인 제출 등으로 엄중 처벌을 요구하였다. 친부 이 씨는 사선 변호인 2명을 선임하고 재판에 임했으나 1심에서 징역 3년, 항소심에서 징역 4년이 선고되었다.

친부 이 씨에 대해 울산지검은 수사 공판 자료집에 다음과 같이 기재하였다.

'박 OO의 피해자에 대한 학대 행위의 전말이 드러나 살인죄로 재판을 받고 있던 중에도 피고인은 박 OO의 학대 행위에 대한 분노나 원망의 감정을 전혀 표출하지 아니하고 계속 의존적 태도를 보이며 박 OO과 심리적 지지 관계를 유지하는 모습을 보였다는 점에서 (구치소 접견 녹취록, 피고인과 박 OO의 검찰 진술) 피고인은 박 OO과 위와 같이 강한 유대관계를 맺고 있어 박 OO의 피해자에 대한 학대 행위를 보고도 친부로서 이를 방지하여야 할 보호책임을 다하지 아니하고 묵인하여 온 것으로 보입니다.'

이제는 출소하여 우리들 속에 섞여 살고 있을 친부, 그가 서현이의 죽음에 일말의 가책이라도 느끼고 있는지, 아니면 속 편히 제 삶을 꾸려나가고 있는지는 모르겠다. 하지만 나는 그가 끔찍한 학대를 묵인하고 방관하여, 그로 인해 죽은 서현이에게 평생 미안해하며 살기를 바라고 있다.

꽃 같은 서현이가 하늘로 소풍을 떠난 지 벌써 11년이

지키지 못한 아이들

지났다. 살아 있다면 한껏 젊음을 누리고 있을 아름다운 나이다. '죽은 자식 나이 세기'라는 말이 있지만 나는 학대받는 아이들을 위해 하나의 초석이 되어주고 떠난 서현이의 나이를 세고 또 세며 그 아이를 계속 기억할 것이다.

어리석은 모정

통영 큰딸 암매장 사건

"다 제 죄입니다. 시키는 대로 했다고 해도 제 죄고
그냥 모든 건 제 죄입니다. 벌주셔서 감사합니다."

통영지원 법정 앞에 막 도착했을 때, 카키색 수의를 입고 굵은 포승줄로 몸이 묶인 여죄수를 에워싸고 가는 교도관들과 마주쳤다. 보통 다른 법원은 범죄자가 다니는 통로가 따로 있기에, 눈앞에서 범죄자와 딱 마주친 것이 그때가 처음이라 상당히 놀랐다. 검은 얼굴의 아주 다부지고 강인한 인상에 카리스마까지 느껴지는 그 여죄수가 피고인석에 섰을 때야, 당시 '통영 큰딸 암매장'으로 알려진 사건의 주범 이경희(가명)란 것을 알게 되었다.

2015년도에 발생한 인천 탈출 소녀 사건을 계기로 정부는 대대적으로 장기 미출석 아동에 대한 전수조사를 실시하였다. 이 과정에서 경남의 장기결석아동 점검팀은 2016년 1월, 충남의 한 막걸리 공장 기숙사에 숨어 살던 박제영(가명)과 3년간 미취학 상태였던 그녀의 딸 영인(가명)

을 발견하였다. 애초에 영인이의 미취학에 대해서만 조사하던 경찰은 영인이보다 세 살 위인 수인(가명)의 행방이 묘연한 것을 알고 박 씨를 추궁하였다. 박 씨는 '놀이터에서 잃어버렸다' '종교시설에 맡겼다' '야산에 버렸다'는 등 말을 바꾸다가 결국 2011년 10월에 당시 일곱 살이었던 수인이를 때려죽여 암매장했다고 자백하였다.

이는 어린 여아의 죽음에 성인 6명이 관련, 법의 심판을 받게 된 보기 드문 사건이었다. 사건 발생 후 5년이 지나 백골로 발견된 수인이 외에는 그 어떤 증거도 없었기에 창원지방법원 통영지원에서 열린 1심은 10회의 재판, 13명의 증인이 출석, 재판마다 네 시간가량 걸리는 치열한 공방전으로 진행되었다.

하나님의 은사를 받은 사람

주범 이경희는 애초 백미진(가명)의 자녀들을 가르치던 학습지 교사였다. 이경희는 자신이 하나님의 은사를 받은 사람이라고 꾀어 백 씨로 하여금 자신을 믿게 했고 백 씨와 남편 간에 불화가 생기자 자기 아파트로 들어오게 한 후 이혼하게 만들었다. 그리고 백 씨의 친엄마 유 씨 할머니에게

지키지 못한 아이들

도 집을 담보로 사채를 쓰게 한 후 자신에게 상납하게 하였다. 그것을 유 씨 할머니 남편과 아들이 알게 되어 난리가 나자 자신의 집으로 그녀를 데리고 오게 했다. 모녀는 신용대출, 사채, 전세대출 등 온갖 방법을 동원, 2억 원 가까이를 마련하여 이경희에게 갖다 바쳤다.

그 무렵, 사망한 피해 아동의 친모인 박제영 역시 가정불화로 인해 수년째 심각한 우울증에 시달리고 있었는데 대학 동창 백미진이 '신앙심 깊고 재력 있는 선생님'이라며 이경희를 소개했다. 이른바 포교 활동을 한 것이다. 자존감이 낮고 의사 결정력이 심하게 저하되어 있던 박 씨는 당당하고 확신에 찬 조언으로 자신을 위로해 주는 이경희에게 의존하게 된다. 이 씨는 자신이 하나님의 은사를 받은 사람이기에 자신을 거스르는 사람들은 죽거나 다치는 등 잘못되었다고 말했는데, 박 씨와 백 씨는 이 말을 굳게 믿었다. 심지어 그들은 이 씨가 죽은 사람도 살릴 수 있다고 믿었다. 특히 박제영은 이경희에게 끊임없이 매달렸고 어떤 일이든 이 씨의 명령과 조언을 들은 후에 결정을 내렸으며, 불쾌한 지시를 받아도 반대 의견을 표명하지 못했다고 한다.

재판 도중 이러한 증언을 들으며 나는 박 씨와 백 씨가 지능이 떨어지는 사람들이 아닐까 의심을 했다. 그러나 둘다 국내 유수의 대학을 졸업, 평균 이상의 생활을 하던 사람들이었음이 드러나 더 어처구니가 없었다. 범죄심리학자들은 이경희가 상당한 자기중심적 사고와 비현실적인 자신감 그리고 자기 능력에 대한 과시적 태도를 가지고 있다고 보았다. 그것이 박제영, 백미진의 의존적 종교관과 맞아 떨어져 숭배를 끌어냈고, 지배·종속 관계로까지 발전된 것 같다고 분석했다.

이경희는 '하나님께서 너희들을 부자로 만들어주라고 하셨다' '하나님께서 내 아들은 장차 대통령이 될 것이고 백미진의 아들 최군은 국무총리가 될 것이라고 말씀하셨다'라며 형제들도 사탄이니 왕래하지 말라고 지시하였다. 듣는 사람은 어이없어 헛웃음이 나올 지경인데 박 씨와 백 씨는 이 말을 철석같이 믿었다고 한다.

친모 박 씨는 남편 몰래 살던 집을 전세로 돌린 후 전세금을 빼돌렸다. 미국으로 이민 간 부모님 대신 관리하던 친정집을 담보로 대출받아 약 9억 원 정도 되는 돈을 들고 어린 두 딸과 함께 이경희의 집으로 들어갔다. 이경희는 박 씨와 백 씨에게 거의 11억에 달하는 돈을 상납받아 경기도에 자기 이름으로 72평짜리 대형 아파트를 구입, 박 씨 가족과 백 씨 가족, 그리고 자기 가족 등(남편과 아들, 이 씨의

지키지 못한 아이들

언니) 11명이 한 집에서 공동생활을 하였다. 그리고 나머지 돈으로 휴대폰 가게를 개업하였다.

박 씨와 백 씨는 주민등록 전입신고도 하지 않고 자기들 명의의 휴대폰도 개설하지 않은 채 이 씨의 휴대폰 가게에서 열네 시간씩 무급으로 일하며 모든 인간관계를 단절하였다. 그리고 백 씨의 친모 유 씨 할머니는 무급 가정부로 일했다. 하나님께서 부자로 만들어주라고 했다는 이경희의 말과 정반대로, 박 씨와 백 씨는 무일푼에 신용불량자로 추락했다. 그러나 그들은 여전히 이 씨를 숭배하고 전적으로 의존하며 절대적인 순종을 바쳤다.

수인이의 죽음이 밝혀지고 사건 조사가 시작된 초기만 해도 공동체 사람들은 여전히 이경희에 대한 믿음을 버리지 않고 있었다. 하지만 경찰 조사 당시 이경희가 '나한테 영적 능력이 어디 있느냐, 그런 말 한 적 없다. 돈은 휴대폰 가게 투자금으로 받은 것이다. 아이를 때려죽인 것은 친엄마 박제영이다'라며 펄쩍 뛰고 자신의 영적 능력을 부인했다. 그렇게 거짓말 하는 모습을 보고 나서야 그들은 모두 이 씨에게 속은 것을 알게 되었다고 말했다.

유 씨 할머니는 재판의 증인으로 나와 집 안 가구에 흠집이 나 있으면 이경희가 하나님께 기도하였고 하나님께서

'아이들이 그랬다, 아이들 버릇을 고쳐주라'라고 응답하였다 며 아이들을 많이 때렸다고 증언했다.

이경희는 아이들을 베란다에 감금하고 못 나오게 하거 나 하루 한 끼만 주었다. 그마저도 물에 밥을 말아 간장을 타서 주라고 시켰다. 유 씨 할머니가 안타까워서 밥을 많이 담으면 이경희가 질책해서 그대로 따를 수밖에 없었다고 한다. 특히 수인이는 아이들 중 나이가 많고 똑똑하고 기질 상 쉽게 기가 꺾이지 않는 아이였기에 제일 많이 맞았다.

이경희를 만나기 전 박제영은 두 딸을 귀하게 키우던, 보통의 엄마였다. 수인이도 엄마인 박 씨를 몹시 따랐고 엄 마 없이 못 사는 아이였다고 했다. 그런 그녀가 이경희를 만난 후 딸을 수시로 폭행하고 방치하게 되었으니, 사이비 종교가 얼마나 사람을 세뇌시키는 것인지… 두려움마저 느 껴졌다. 검사가 유 씨 할머니에게 물었다.

"왜 그렇게까지 이경희를 믿게 되었습니까?"

"이 선생님이 자신을 전 세계에서 영적으로 손꼽히는 사 람이라고 해서 그냥 믿었습니다. 또 선생님이 안수기도를 하면 허리가 후끈후끈했고 낫는 것 같았습니다. 그래서 믿 게 되었습니다."

그러자 이경희의 변호사가 "혹시 플라시보 효과 아십

니까? 그건 본인이 낫는다고 믿어서 나은 겁니다"라며 어이없어하였다.

증언이 계속되는 동안 피고석의 이경희가 계속 노려보자, 유 씨 할머니는 아직도 이 씨에 대한 두려움이 남았는지 피고인석은 쳐다보지도 못하고 고개를 숙이고 있었다. 하지만 줄곧 속은 게 후회스럽다는 말을 중얼거렸다.

법정에서 난동을 부리는 하나님의 사람

또 다른 증인으로 나선 프로파일러 L교수는 이경희가 친모들로 하여금 상납금을 포기하게 하고 집에서 나가게 하려는 의도가 있어, 가구 훼손 등의 이유로 아이들을 폭행하도록 유도한 것이라고 분석했다. 가구 흠집 등의 손실을 아이들 책임으로 돌리면, 친모들이 상납금을 돌려받지 않을 수도 있다는 계산을 했고 또한 아이들을 학대하면 친모들이 알아서 집에서 나갈 거라 생각한 게 아닌가 하고 분석했다.

판사가 궁금한 듯 L교수에게 물었다. "박제영에게 돈을 안 주고 내쫓으려고 수인이를 학대한 것이 아닌가 추정하고 있는데요, 박제영이 의존적 성격이기 때문에 스스로 안 나간 것 아닌가요?"

L교수가 답했다. "박제영의 모든 인간관계가 끊기고 남은 것이 이경희뿐이었기에 매달린 것 같습니다."

이 씨의 변호사는 "집주인이니 아이들이 가구에 흠집을 내면 사회상규상 훈육 차원으로 때릴 수 있지 않습니까?"라고 말했다.

"절대로 그래서는 안 됩니다!"

L교수는 몹시 격앙되어 큰소리로 말했다. 아이를 때리는 게 사회상규상 훈육이라고 여기는 변호사라니! 아무리 죄인을 변호하는 일이 직업이라 해도 어떻게 저럴 수 있는가. 잘못한 것은 잘못했다고 하고 반성하고 선처를 구하는 것이 변호사가 해야 할 일이 아닌가?

판사가 여전히 이해가 안 되는 듯 다시 L교수에게 물었다.

"(박제영의 행동이) 상식적으로 납득하기 어렵습니다. 반사회적 성격과 의존적 성격의 조합이 흔한 경우인가요?"

"흔하지 않습니다. 하지만 유사한 경우로 자신의 과외 제자를 폭행하여 살해한 사건이 있습니다. 이런 조합의 경우 집단생활 시 결국 극한 상황으로 몰고 가는 경우가 드물지만 생깁니다."

"종교적인 것도 영향을 미쳤을까요?"

"이경희가 (하나님의) 직답을 받는 사람이라고 여겼다고 합니다. 종교적 신념에 의한 위계가 있었을 것입니다."

보통 피고인들은 변호사가 대신하여 자신의 입장을 대변하기에 법정에서 심문하기 전에는 말하는 법이 거의 없다. 그런데 이경희는 직접 판사를 향해 소리 지르며 "판사님 억울합니다. 애가 죽은 것은 박제영이 한 짓인데 내가 왜 살인자가 됩니까? 저는 남편에게 버림받은 여자를 거둔 것밖에는 없습니다. 그게 죄가 됩니까?"라며 온몸을 흔들며 거세게 항변했다. 성깔머리를 보니 이 씨가 얼마나 자기중심적이며 거친 성격으로 타인을 통제하고 살아온 사람인지 한눈에 이해가 되었다.

다음 증인으로 백미진이 나왔다. 이경희가 "하나님이 말씀하시길 네 살 된 아들에게 음란 마귀가 들어 있다, 마귀를 쫓아내기 위해서 하루에 몇 차례씩 매질하라"고 지시했다고 한다. 백 씨는 그 지시에 따라 매일 자신의 아들을 때렸고, 이경희는 박제영에게도 "하나님이 수인이는 나중에 커서 세계평화를 위협하는 사람이 될 거라고 말씀하셨다"라며 이를 예방하기 위해 매질하라고 지시했다. 수인의 친모 박 씨는 매일 2~3회, 최소 10대에서 최대 100대까지 수인이를 때렸다.

또한 백 씨와 박 씨에게 '하나님의 말씀(이경희 본인의 말)을 거역하면 너희 딸들이 모르는 사람들에게 성폭행을 당하게 될 것'이라며 위협을 했다고 한다. 이 씨 자신도 아이들에게 자주 매질을 했는데, "내 안의 성령님이 화가 나서 아이들을 때리라고 말씀하셨다"라거나 "하나님께서 기도의 응답을 주셨는데 아이들을 때리라고 지시하셨다"라며 폭행을 가했다고 했다.

백미진은 이 씨가 직접 자신의 아이를 때려주면 고마운 생각까지 들었다고 진술했다. 다른 사람이 자기 자식을 때린다면 자기도 맞서 싸웠을 것이지만 이경희는 하나님의 말씀을 전하는 사람이고 하나님의 권한이 엄마의 권한보다 더 높다고 생각했기에 거역하지 못했다는 것이다. 여러 재판을 지켜보며 매번 분노와 혈압이 치솟았지만 지금까지 내 기억으로는 이 사건이 가장 어이가 없었고 이해도 되지 않았다.

이경희는 백 씨에게 하나님께 기도하고 응답받은 내용이라며 프린트물을 주기도 했다. 거기에는 "이경희가 너의 자식들을 모질게 매질하는 것은 다 성령의 힘으로 하는 것이다. 너의 자식들을 이경희가 다스리게 허락하며 그렇게 지도하게 하라"라고 씌어 있었다. 이경희는 종이에 적힌 글

지키지 못한 아이들

을 외우고 찢어버리라고 하였으나 백 씨가 하나님의 말씀을 어떻게 찢냐며 이경희 몰래 소중하게 간직했던 것이 재판에서 증거물이 되었다. 검사가 이 문구를 화면으로 띄워 크게 보이게 해줘 아주 똑똑하게 볼 수 있었다. 디지털 시대에 맞춰 하나님의 말씀도 프린터로 응답하시는가 보다. 그러자 이경희가 피고인석에서 또 난동을 부렸다.

"내가 쓴 거 아니라고! 저 여자가(백 씨) 나한테 누명을 씌우는 거라고!" 그러자 백 씨는 증인석에서 푹 숙인 고개를 절레절레 흔들었다. 어리석은 자여… 백 씨는 간혹 이경희가 도덕적이지 못하다고 여겨도 '하나님의 규칙과 인간의 규칙이 다른 부분이 있기에 이경희가 비록 잘못된 행동을 해도 이유가 있기 때문일 것'이라고 생각했다고 한다. 아마 다른 사이비종교를 맹신하는 이들도 다 저렇게 생각하여 숭배의 늪에서 빠져나오지 못하는 건 아닐까.

검사와 변호사의 심문이 끝나고 판사가 이경희에게 할 말 있으면 해보라 하였다. 이경희가 증인석의 백 씨에게 달려들려고 하며 "이 나쁜 X, 미친X아, 내가 너한테 얼마나 잘해줬는데 나한테 이래!" 하며 악을 쓰는 바람에 법정 경위들이 달려가고 변호사는 피하고 판사는 한숨을 쉬는 등 법정이 아수라장이 되고 말았다. 자신도 모르게 스스로를 제어하지 못하는 순간이 있는데 바로 그때의 내가 그랬다. 정신을 차려보니 내가 방청석에서 큰 소리로 "저 미친 X이 진짜!"라고 말하고 있었다. 방청석에는 나 혼자 있었기에 법정 안의 모든 사람들과 이경희와 백미진까지 다 나를 쳐다보았다. 순간 장내가 조용해져 버렸다. '법정모독죄로 잡혀가는구나' 싶었는데 판사가 아무 말도 하지 않아 무사히 집으로 돌아왔다.

화롯불이 사그라지듯 죽어간 아이

수인이 사망 당일, 박제영은 이경희의 지시에 따라 수인의 입과 온몸을 테이프로 미라 감듯이 감아서 책상 사이에 막대기 걸쳐놓은 뒤, 수십 차례 때리고 출근하였다. 이경희는 수인이가 끝내 잘못했다는 말을 하지 않는다는 이유로 추가로 폭행하였고 이때 수인이가 '악' 소리를 지른 후 축 늘어졌다. 그러자 이경희의 친언니와 올케가 "너나 박제영이 아이를 왜 그렇게 때리느냐"라고 말했다. 이경희는 "하나님이 엄마나 딸이 못됐으니 내버려두라고 한다"고 말했다. 그들 중 누구도 119를 부르지 않았다. 한 시간쯤 지난 후에야 친모 박제영에게 집으로 오라고 전화를 했다. 이경희는 수인이 사망 후 친모 박 씨 때문에 아이가 죽은 것이라는 세뇌를 시켰고 시체를 드럼통에 넣어 불태워 증거를 없애고자 했다. 그러나 너무 끔찍하다는 여러 사람의 만류로 이 씨 시아버지 소유의 야산에 아이를 암매장하게 되었다.

저명한 법의학자인 이 모 교수가 증인으로 나왔다. 이 교수는 수인이의 사망에 대해 부검감정서와 관련인 진술 조서를 토대로 하여 수인이가 이경희와 박제영의 누적된 폭행으로 인한 외상성 쇼크로 '화롯불이 사그라지듯 사망'했다고 표현하였다

이경희의 변호사는 목소리가 크고 상당히 공격적이었다. 이 교수를 향해서도 그러했다. "하루 한 끼 밖에 먹지 못했다는 기간에 대한 증인의 판단은 무엇에 의한 거죠?"

"아이 눈에 다크서클이 있었다는 것, 아주 말랐다는 건 매우 안 좋은 상태였다는 걸 의미합니다."

변호사가 따지듯 다시 물었다. "아이에게 다크서클까지 생길 정도였다면 친모 박제영이 보살폈어야 하는 것 아닌가요?"

이 교수가 어이없다는 듯 답했다. "제게 물을 사항은 아닌 것 같습니다."

"살인의 고의성 여부에 관해 묻겠습니다." 이에 이 교수

가 좀 화난 목소리로 답했다.

"그것은 법원이 판단할 일이지요."

변호사가 다시 물었다. "통상 사망 시기는 언제인가요?"

친모가 도착하기 전 수인이가 사망했다면 보호조치를 안 한 이경희가 부작위에 의한 살인이 되고, 친모 도착 후 수인이가 사망했다면 친모가 보호 조치를 안 해서 친모가 부작위에 의한 살인이 되는 것을 의미하는 것 같았다. 변호사가 노린 것이 바로 이 부분이었다. 이 교수가 대답했다.

"숨이 끊어지고 맥박이 끊어지면 사망으로 봅니다."

"뇌사 사망도 있지 않습니까?"

변호사의 말에 이교수가 어이없다는 듯 물었다.

"뇌사에 대해 잘 아세요?"

"잘 모릅니다."

이 교수는 딱 잘라 말했다. "뇌사 판정은 특수한 전문가가 합니다. 일반적 사망은 심폐기능 정지가 불변의 진리입니다. 이 사건은 뇌사 적용이 안 됩니다!"

"뇌사여도 심폐소생술을 하면 살아날 수 있지 않은가요?" 의학지식이 없는 내가 들어도 변호사의 억지가 너무 심했다. 뇌사자에게 심폐소생을 하면 살아난다고? 역시 이 교수도 많이 화가 난 목소리로 딱 잘라 반말로 크게 말했다.

지키지 못한 아이들

"대부분은 죽지!"

변호사가 퉁명스럽게 다시 물었다. "김수인의 사망 시기는 언제로 추정되나요?"

이 교수도 퉁명스럽게 대답했다.

"의식이 없다, 숨을 안 쉰다, 맥박이 안 뛴다는 등 이상하다고 느껴질 때는 죽어가는 상황입니다."

검사가 이 교수에게 물었다. "유OO의 진술에 의하면 이경희의 지시로 피해 아동을 때렸고 박제영 출근 이후 또 이경희가 때렸다고 했습니다. 뇌사는 어떻게 판단합니까?"

"뇌사는 심정지 이전에 판단됩니다. 뇌사는 장기이식 때문에 1960년대부터 생긴 것입니다. 뇌사는 예외적인 경우에 인정되는 것이지 아무 때나 인정되지 않습니다. 호흡정지 후 다시 살아날 수 있는 시간을 골든타임이라고 하는데 이것도 산소공급이 되는 경우 15분 정도를 얘기합니다. 심장이 멎고 호흡이 멎으면 5분도 살 수 없습니다."

검사가 다시 물었다. "피해 아동 사망 당일, 친모 박제영이 도착했을 때 피해 아동의 얼굴이 창백했고 맥박과 호흡이 없고 차가운 상태라고 하는데, 이것은 어떤 상태를 의미합니까?"

그러자 이 교수가 짧고 단호하게 대답했다. "죽었습니

다." 이어 그는 차근차근 설명했다. "심폐기능 정지와 동시에 근육 이완이 일어나는데 이때 혈관근육도 이완되고 큰 혈관이 늘어나면서 피를 빨아들이게 됩니다. 그래서 창백해지는 것입니다. 창백했고 한기가 느껴졌다는 것은 이미 죽었다는 것을 의미합니다."

판사가 이 교수에게 질문했다. "외상성 쇼크 사망 추정의 신뢰도는 얼마나 됩니까?"

이교수는 단호하고 결연하게 대답했다.

"엑스레이를 봤을 때 뼈의 골절 소견이 하나도 없었고 아이가 마르고 다크서클이 있었다고 합니다. 애들 특징은, 영양이 없으면 금방 죽어갑니다. 죽어가는 상태에서 때리면 조직 내 출혈로 조금만 피가 모자라도 아이는 죽을 수 있습니다. 이것은 누적된 폭행으로 인한 조직 내 출혈일 가능성이 아주 큽니다. 여러 가지 상황을 배제하고 또 배제해서 내린 결론입니다. 또한, 출혈량이 많으면 흡수되어 심장이 막혀서 죽는데 고문당하고 죽는 경우가 이런 경우입니다."

어리석은 엄마의 때늦은 후회

그동안 수인이 친모 박제영은 정신병원 폐쇄병동에서 면밀

지키지 못한 아이들

하게 정신감정을 받고 있었다. 그 때문에 재판에 참석하지 못하다가 몇 번의 재판이 진행된 후에야 증인으로 출석하였다. 박제영은 큰 키에 예쁘고 순한 얼굴이었다. 민트색 죄수복에 하얀색 남자 고무신을 신고 있었는데 뒤로 질끈 묶은 그녀의 앞머리가 하얗게 세어 있었다. 이미 얼굴은 눈물범벅이었다.

증인으로 나온 박제영에게 변호사는 어떻게 엄마가 되어서 이경희가 1백 대씩 때린 것을 보고만 있을 수 있었겠나(즉 이경희가 1백 대씩 때린 것이 박제영의 거짓말이라고 몰아붙이는 것)라고 말하자마자 친모 박 씨는 앞으로 몸을 굽히고 오열을 시작했다. 맞는 말이다. 자식을 지키는 것은 엄마의 몫이다. 제 자식을 남이 1백 대씩 때리고 베란다에 감금하고 하루 한 끼만 주는데 그걸 보고만 있는 친모가 세상천지 어디 있겠는가. 박제영이 거짓말을 했다는 것이 아니라 그녀의 행동을 나는 이해할 수 없었다.

변호사가 다시 잡아먹을 듯 물었다. "부모라면 애를 풀어주고 출근했어야 하지 않았나요?"

박제영이 힘겹게 대답했다. "선생님(이경희)이 아이가 죄를 거듭하니 묶어놓으라 했습니다. 남에게 피해를 주는 것도 죄라고 난리 치지 못하게 묶어놓으라 했습니다. 악한 아이라서 사람들을 다 죽일 거라고 했습니다. 애가 그렇게 악한데 엄마가 그걸 모르고 착하다고 착각해서 애가 더 그런다고 했습니다."

변호사가 다시 따지듯이 물었다. "아이는 친어머니인 증인(박제영)이 보살펴야 하는 것 아닙니까?"

박제영은 흐느끼며 대답했다. "선생님이 하나부터 열까지 다 시켰습니다. 밥 주는 시간까지 일일이 지시했습니다. 아이들 아토피가 치료된 것도 자기가 기도했기 때문이라고 늘 얘길 했습니다."

변호사가 버럭 화를 내며 말했다. "말이 돼요? 기도해서 병이 나을 것 같으면 의사가 왜 필요하고 병원이 왜 필요합니까? 기도만 하지!!"

박제영은 눈물을 뚝뚝 흘리며 목에 굵은 핏줄이 튀어나오도록 울음소리를 끅끅 누르며 대답했다. "선생님도 그렇게 말했습니다…. 자기가 기도하면 하나님의 즉답을 받아서 병이 치료되니까 병원에 갈 필요가 없다고…."

변호사가 짜증난다는 듯이 다시 물었다. "됐습니다! 그럼, 증인은 애가 아프다는 전화를 받고 집에 왔다고 하는데 왜 119는 안 불렀어요? 아이가 아프면 당연히 친엄마가 119를 불러서 병원에 데리고 갔어야 하는 것 아닙니까?"

"아기를 제일 잘 치료할 사람이 이 선생님이라고 생각했습니다. 영적 치유 능력이 있다고 늘 말했기 때문입니다. 이 선생님이 기도하고 안찰해서 수도 없이 많은 사람을 고쳤다 했고 죽은 사람도 살렸다고 했기 때문에 믿었습니다."

이 말을 하다 말고 박 씨가 풋, 하고 하얗게 웃었다. 자신의 어리석음에 대한 자조적 웃음인 것을, 세상 다 내려놓은 듯한 그 표정이 말해주고 있었다. 변호사는 기가 찬다는 듯 박제영을 바라보다 말했다.

"증인이 어머니로서 책임을 다했어야 하는 것 아닙니까?" 박제영은 대답을 하지 못한 채 그저 흐느끼기만 했다.

검사가 심문을 했다. "피해 아동의 사망 당일, 증인이 집에 왔을 때 피해 아동이 살아 있다고 생각했습니까?"

박제영은 "다 고쳐주는…" 하고 말을 하다 또다시 푸… 하고 자조적으로 웃었다. 이내 흐느끼며 대답을 이어갔다.

"이 선생님이 있으니까요… 생명을 살리지, 죽이는 사람이 아니니까… 아이가 죽었을 리 없다고 생각했습니다. 이 선생님이 아이를 살리려면 기도하라고 제게 말했습니다, 회개기도를 하라고 했습니다."

그러더니 오열하느라 말을 제대로 잇지 못했다. "제가 어떻게… 기도해야… 수인이를… 살릴 수 있는지… 알려달라고 했습니다… 제가 도둑의 마음을 품고 있다고, 다 놓고 떠난다고 기도하라고…. 입으로 소리 내서 기도하라고 이 선생님이 그랬습니다. 그래서 기도했는데… 수인이가 살아나지 않았습니다."

오열은 이내 통곡으로 변했다. 이때 피고석에서 이경희가 소리를 질렀다.

"기도하라고 한 적 없어요! 저 여자가 거짓말하는 거예요!"

검사가 박제영에게 마지막으로 하고 싶은 말이 있으면 하라고 했다. 박제영이 흐느끼며 말했다.

"시키는 대로 했다고 하면 제가 이 선생님을 탓 하는 거다 그러는데, 다 제 죄입니다. 남 탓 아닙니다. 시키는 대로 했다고 해도 제 죄고 다 제가 한 것입니다…."

피고석의 이경희가 온몸을 뒤틀며 소리소리 질렀다. "판사님, 억울해요, 내가 왜 애를 죽여요? 난 안 죽였어요! 수인이를 죽인 것은 친모입니다, 나는 죄가 없습니다!"

이경희는 끝까지 자신의 잘못을 인정하지 않았다. 하나님의 계시를 즉답으로 받으며 치유의 능력으로 죽은 사람도 살려낸다던 이 씨가 사람의 법정에서 발버둥 치며 난동을 부리는 모습을 보며 친모 박 씨는 자조적으로 피식 웃다

지키지 못한 아이들

가 오열하고, 처연한 표정으로 바라보다 오열하기를 반복하다가 기절하듯이 쓰러져 법정 경위들이 쫓아가는 등 잠시 소란이 있었다. 아무리 후회하고 자책해 봐야 결과를 되돌릴 수 없었다. 맹신 때문에 자식을 죽인 어미는 처벌받아 마땅한 죄인일 뿐이다. 하지만 죄는 미운데, 어리석은 여자의 죄는 미운데, 엄마라는 이름으로 오열하고 있는 그 모습을 보니 답답함과 원망과 슬픔이 뒤섞여 나도 참지 못하고 울고 말았다. 내가 울고 있자, 판사가 물었다.

"그동안 계속 재판에 참석하셨는데 혹시 누구신지 물어봐도 되겠습니까?"

"저희는 아동학대방지 시민모임(2016년 당시 협회의 명칭)으로 가해자 엄벌을 주장하고 있습니다."

내 말이 끝나자, 판사는 진정서가 많이 들어오고 있다고 말해주었다.

살인자 남편과의 싸움

변호사는 최후 변론에서 이경희가 한 모든 짓에 대해 부인하면서도 훈육 차원에서 허벅지를 한차례 때린 적은 있다고 말했다. 그러자 이경희가 "그런 적 없어요!"라고 변호사에게 항의했다. 변호사가 "때린 건 때린 거잖아요!" 하고 짜증을 내며 이경희에게 소리쳤다. 살인죄보다 약한 아동복지법 위반으로 가려는 건데 이경희가 눈치가 없어서 화난 듯하였다. 변호사가 화를 내자 이경희가 "…한 대 때린 거 같아요…"라며 우물쭈물 말했다. 갑자기 방청석에 있던 유 씨 할머니가 "여기서 죽어도 할 말은 해야겠어요! 내가 실로폰 채 몇 번씩 사다 줬잖아! 많이 때렸잖아!"라고 소리를 질러 제지를 당했다.

검사는 이경희가 범행을 부인하고 있고 반성의 기미가 없다며 살인죄로 징역 30년, 박제영은 징역 15년, 백미진은 징역 3년, 유 씨 할머니에게는 징역 1년에 집행유예 2년을 구형하였다. 그러자 갑자기 이경희가 벌떡 일어났다. "판사님, 억울해요, 내가 왜 애를 죽여요? 안 죽였어요!"

이경희가 난동을 부리기 시작, 박제영을 보며 바락바락 악을 썼다.

"판사님 제 말 좀 들어주세요. 다 폭로할게요. 박제영에 대해 다 말할게요. 박제영의 거짓말을 다 폭로할게요."

법정 경위들이 달려들어 진정을 시켜도 몸을 틀어대며 소리를 질러대자 판사가 인상을 팍 썼다.

"이러면 양형에 대해 다시 상의하는 수가 있습니다!"(더 엄벌에 처하겠다는 뜻) 그제야 이경희는 순순히 끌려 나갔다.

　　재판이 끝나고 불구속 상태였던 유 씨 할머니와 함께 법원을 나왔다. 유 씨 할머니는 이경희에게 속아서 자신의 가정과 자신의 딸 백미진의 가정, 박제영의 가정이 모두 깨지고 돈도 모두 빼앗긴 것에 대한 억울함을 토로했다.

　　"우리 미진이는 어떻게 되는 거예요?" 하고 묻기에 징역 3년이 구형됐다고 했다. "아이고 어째요… 어떡해야 해요…" 하고 안타까워했다.

　　"할머니도 징역 1년이에요. 집행유예 2년이고요"

　　"그게 뭐예요?"

　　징역은 징역인데 2년간 죄를 짓지 않으면 감옥에 안 가는 거라고 쉽게 설명해드렸다. "아이구 우린 그게 죄인 줄도 몰랐어요. 철썩 같이 이경희를 믿었어요."

　　나는 냉정하게 "그게 죄입니다"라고 잘라 말했다.

　　한 달 후 1심 선고에서 이경희는 징역 20년, 박제영은 징역 15년, 백미진은 징역 2년 6월에 집행유예 4년, 사회봉사 120시간, 유 씨 할머니는 징역 8개월에 집행유예 2년이 선고되었다. 선고가 나자 이경희가 소리를 지르며 난동을 부리기 시작했다. 판사가 할 말이 있으면 항소해서 하라고 딱 잘랐다. 이경희는 계속 난동을 부리며 "판사님, 판사님 억울합니다. 박제영이 죄인입니다!"라고 소리를 질러대 결국 법정 경위에 의해 끌려 나가고 말았다.

나는 하도 열이 받아 "뻔뻔스러운 게!"라고 한마디하고 법정을 나오는데 어떤 여자가 그 말을 들었는지 "당신 누구야? 뭘 알고나 말해! 박제영이 죄인이지 왜 이경희가 죄인이야?" 하고 다다다 쏘아붙였다. 그러더니 나를 앞질러 밖으로 나갔다. 나는 그 여자를 따라잡았다. 초면에 반말을 하셨으니 같이 해드려야지.

"애가 죽었는데 죄가 없다고? 학대 안 했다고?"

법정에 두 번 정도 와서 유 씨 할머니가 이경희의 남편이라고 가리켰던 남자가 나를 보더니 팔을 치켜들고 다가왔다. "어~ 때리시게? 그래보시던지." 나는 함께 있던 한미영 회원에게 소리쳤다. "동영상 찍어!" 한미영은 즉각 휴대폰을 꺼내 동영상 촬영을 시작했다. 무슨 일이 발생할 때를 대비해서였다. 그 남자가 소리쳤다.

"당신 내가 누군지 알아?" 반말에는 반말로 대응하는 게 예의다.

"이경희 남편이라며?"

"왜 남의 일에 나서! 네가 뭔데?"

"애가 죽었으니까! 당신 마누라가 애를 죽였잖아! 나쁜 아니라 국민들이 다 공분하고 있어!"

"죽이긴 누가 죽여!" 남자가 내게 달려들었다. 나는 아주 잠깐, 같이 대응을 할까 그냥 맞고 저 남자를 고소할까 고민하고 있었다. 그러자, 아까 따지던 여자가 동영상을 찍고 있다며 남자를 말렸다. 남자가 다시 소리쳤다. "내가 아내랑 이혼해야 되냐!"

"그걸 왜 나한테 물어? 이혼하든 말든 그걸 왜 나한테 말해? 당신들이 이혼하든 말든 무슨 상관이냐고!" 하고 똑같이 소리를 질렀다. 여자가 남자를 뜯어말려서 데리고 가는 뒤통수에 한마디를 더해 주었다.

"마누라가 사기 쳐서 번 돈으로 호의호식해서 좋았냐!"

최후의 심판

항소심은 부산고등법원 창원재판소에서 열렸다. 우리 협회는 항소심에서도 국민의견서 제출, 회원들의 진정서 제출과 함께 공판마다 엄벌을 요구하는 피켓 시위를 하였다. 친모 박제영 측 국선 변호사는 항소 이유를 이렇게 설명했다.

"박제영은 딸을 지키지 못한 자책감으로 수용 생활도 사치라고 생각하지만 둘째 딸을 위해 염치불구하고 감형을 부탁하기 위해 변호사인 제가 항소하자고 했습니다. 이경희에게 조건 없이 9억을 주고 6년간 14시간씩 무보수로 일한 것만 봐도 이성적인 판단을 하는 사람이라고 볼 수 없지 않습니까. 자발적인 폭행도 없었고 모두 이경희의 지시에 따른 것뿐이니 이 점을 감안해 주십시오."

친모 박 씨가 마지막 진술을 했다.

"존경하는 판사님, 감사합니다. 큰 아이를 찾아주시려고 경찰 40~50명 정도가 다 같이 찾아주시고 챙겨주셔서 감사합니다…. 감옥도 황송합니다…. 수인이 따라가려고 했는데 진실을 밝히라고 해서 따라가지도 못 했습니다…. 벌주셔서 감사합니다…."

오열 속에서 띄엄띄엄 이야기하는 소리라서 다 알아듣지는 못했지만, 애끓은 진심 어린 눈물에 방청석 맨 앞자리에 앉아 있던 나도 따라 울었다. "진작에 수인이 좀 지키지 그러셨어요"라고 했더니 박제영이 통곡을 했다.

이경희는 햇빛을 못 봐서 그런지 얼굴은 좀 하얘졌지만 당당한 태도는 여전했다. 이 씨의 변호사는 수인이가 죽은 것은 친모의 책임이라고 계속 몰아갔다. 변호사가 이경희에게 물었다. "친모의 주장은 아이가 위급했어도 병원에 가지 않은 것은 피고의 영적 능력과 기도 때문이라고 했습니다. 맞습니까?"

이경희가 소리를 질렀다. "말도 안 됩니다!!" 말도 안 되는 짓을 해놓고 반성이 전혀 없는 이경희를 보며 친모는 또 오열했다.

항소심에서 이경희는 20년 형을 그대로 선고받았고, 친모 박 씨는 심신미약이 인정되어 10년으로 형이 줄어들었다. 사체은닉의 공범들은 집행유예를 선고받았다.

형이 선고된 후 또 난동을 부리며 끌려 나가는 이경희의 모습을 마지막으로 박제영의 국선 변호사와 법정에서 같이 나오게 되었다. 내가 변호사에게 박제영이 어리석다고 말을 건네자 변호사는 박제영이 병에 걸렸다고 생각해 달라고 말했다. 지금 가장 고통 받는 것은 박제영 자신이고 자신의 어리석음으로 딸을 죽게 했으니 엄마로서 받아들이기 힘든 상황이라는 것이다.

"현명하지 못한 엄마도 자식에게는 죄인입니다."

"판단 자체가 없는, 정신적으로 병든 사람이었다고 생각해 주세요"라고 변호사는 말했다. 변호사가 10여 차례 그녀를 접견을 했는데 그때마다 항상 통곡하고 절규를 했다고 한다. 수인이 사망에 대한 자책감이 아주 크다고 말했다. 아무리 그래도 어떻게 자기 배 아파 낳은 자식을, 어떤 종교를 어떻게 믿어야 죽음에 이르도록 오래 학대하는 것을 동조하고 묵인할 수가 있었을까. 보통의 엄마들에게 자식은 그 자체로 삶이고 종교이고 신념인데 말이다.

가끔 박제영의 안부가 궁금해질 때가 있다. 앞머리만 하얗게 세어 재판마다 눈물범벅이 되어 오열하던 그녀.

하지만 난 그 어리석은 모정이 여전히 밉고 슬프다.

지키지 못한 아이들

어느 고딩엄빠의 최후

대구 세 살 아동학대 사건

"피해 아동은 개 목줄이 채워지면
자야 한다고 생각하고 잠자리에 들 만큼
일체의 반항도 하지 못하는 어린아이였습니다.
비쩍 말라서 불이 꺼진 어두운 방에 방치되어
개 목줄에 감긴 채 구해 주기만 기다렸을 그 순간에도
친부와 계모는 술에 취해 있었습니다."

대구 달서구에서 발생한 3세 남아 아동학대 사망 사건은 미성년 부모에 의한 출산이 결국 비극으로 끝맺은 참혹한 사건이었다. 2017년 7월 12일 저녁, 어떤 경로를 통해 전화를 받게 되었다. "대표님, 대구에서 아동학대 사건이 발생했는데요, 너무하네요."

세 살 남자아이가 침대에 개 목줄로 묶여 있었다. 그러다 침대를 타고 넘어 밖으로 나가려다 침대 가드에 매달려 질식사를 했다는 것. 또한 평소에도 심한 학대를 받은 것 같다고 했다. 아이에게 개 목줄을 채웠다는 것이 상상을 초월하는 일이어서 기함을 했는데 사망한 아이의 몸무게가 또래 아이들에 비해 30%가 덜 나가는 10kg에 불과했다고 한다. 게다가 아이 사망 당시 집 안에는 부모를 포함하여 계모의 사촌 동생까지, 성인이 3명이나 있었다. 그들은 숨진 아이를 발견하고도 일곱 시간이나 지나 119에 신고를 했고, 범행을 숨겼다. 나는 사건을 파악하고 가해자 엄벌을 위한 진정서 제출, 서명 활동을 독려하기 위해 동분서주하였다.

대구 서부지방법원에서 열리는 재판에 나와 박정원 회원, 안은미 회원, 박지원 회원이 참석을 했다. 방청석에 들어서니 이미 가해자들이 피고인석에 앉아 있었다. 22세의 어린 계모 박혜린(가명)은 샛노란 염색 머리에 불만에 가득 찬 얼굴로 연신 두리번거리고 있었다. 자신이 무슨 죄를 지었는지 아무런 죄책감 없이 방청석에 누가 왔는지 살펴보기 바쁜 모습을 보니 철딱서니 없는 20대 초반 여자아이, 딱 그 모양새였다. 그 옆에는 통통하고 작은 키의 친부 박재호(가명)가 앉아 있었다. 22세에 벌써 초혼, 출산, 이혼, 재혼, 또 출산을 거듭했으나 역시 얼굴에는 어린 티가 역력했다.

검사가 영사기에 서류를 대고 넘기는 화면을 보던 나는 그만 '악' 하고 작게 소리를 지르고 말았다. 사망한 아이의 검안 사진에 아이의 팔다리가 그야말로 나무젓가락처럼 심하게 말라 있었다. 그러자 갑자기 내 옆자리에 앉아 있던, 40대쯤 되어 보이는 여성이 통곡에 가까운 오열을 하기 시작했다.

계모는 사망한 아이의 목에 애완견용 목걸이를 걸어

침대에 묶어 놓고 밥을 굶기고 폭행을 하는 등 학대를 지속했다며 모든 공소사실*을 인정했다. 하지만 친부 박재호는 아이를 가둔 것은 인정했으나 아이 목에 개 목줄을 채운 것은 몰랐다고 극구 부인하였다. 첫 재판은 아주 짧게 끝났다.

재판이 끝난 후 오열하던 여성분이 법정 밖으로 나오기에 "혹시 사망한 애기와 어떤 관계세요?" 하고 물으니 대뜸 "넌 뭐야?" 하고 날을 세웠다. 우리는 아동학대 방지를 위한 시민단체이고 아까 판사가 이 사건에 대한 진정서가 많이 들어오고 있다고 했는데, 우리 협회 회원들이 보낸 것이라고 설명했다. 그제야 의혹에 찬 눈길을 거두고 법정 밖의자에 앉아 잠시 대화를 나눌 수 있었다. 그 여성은 가슴을 치며 "내 새끼가 죽었다"라며 통곡했다. 옆에는 배가 많이 부른 임산부가 서 있었다. 알고 보니 중년의 여성은 사망한 아동의 외할머니였고 임산부는 사망한 아동의 친모였다. 그새 다른 남자와 재혼을 한, 임신 말기쯤으로 보이는 사망 아동의 친모는 아직 솜털이 보송한 어린 티가 나는 얼굴이었다.

일단 아이 이름을 조심스럽게 물어보았다.

* 검사가 공소장에 기재하여 공소를 제기한 범죄 사실.

"서명지나 진정서를 쓸 때 '대구 개 목줄 아이'라고 쓰면서 너무 마음이 아팠습니다. 아이 이름을 알려주실 수 있나요?"라고 하자 외할머니는 선선히 "박서준(가명)이에요"라고 알려주었다. 내친김에 아이 생년월일도 물어보니 선선히 2014년 5월생이라고 알려주었다. 그리고 휴대폰을 내밀어 생전 아이 사진까지 보여주었다.

아이 사진을 본 순간 눈물이 퍽 하고 터졌다. 조금 전 꼬챙이처럼 말랐던 검안 사진을 보았기 때문에 포동포동 귀여운 아기의 모습에 더 마음이 쓰라렸다. 아가, 너의 이름이 서준이었구나, 개 목줄 아이가 아니라….

개 목줄에 묶인 아이

사망한 아이의 친부모를 포함한 계모는 모두 어린 나이에 집에서 가출하여 방황하다가 가출팸에서 만난 사이였다. 가출청소년 중에는 친구 따라 강남 간다는 식으로 어리석은 결정을 한 경우도 있지만 어린 시절부터 부모와의 불화 또는 학대를 피해 탈출한 아이들도 많았기에 올바른 애정 공유에 대한 경험이 없는 경우가 많다. 애정 결핍이 있거나 왜곡된 애착 형성, 또는 행복한 가정에 대한 동경으로 이른

바 '금사빠(금방 사람에 빠지는 것)'가 되는 일이 대부분이다. 사망한 서준이의 어린 부모 역시 가출팸에서 서로 사랑에 빠져 곧 임신을 하고 만 경우였다.

아이를 낳기 전, 출생신고에 앞서 혼인신고부터 해야 했는데 문제가 있었다. 우리나라 민법 제807조는 혼인할 수 있는 나이를 18세 이상으로 규정하고 있다. 서준이의 친부는 18세가 되었으나 친모는 나이가 16세밖에 되지 않았기에 친권자인 서준이의 외할머니가 동의해서 겨우 혼인신고를 하고 아이를 낳아 출생신고를 할 수 있었다. 서준이의 외할머니는 '그동안 속 썩은 건 말도 못 한다'고 내게 푸념을 했다. 16세의 어린 딸이 출산하는 기가 막힌 상황을 어느 부모가 속 편하게 허락했을까.

혼인신고를 한 후 친부 박재호는 잠시 마음을 잡고 사는 듯했다. 대형 슈퍼마켓을 운영하는 박재호의 부모가 외제차와 아파트를 사주고 슈퍼마켓에서 일하게 하여 어린 나이지만 제법 부유한 생활을 하였다. 그런데 서준이가 출생한 지 두 달 만에 어린 부모는 이혼하였고 불같았던 사랑은 폭풍 같은 이별로 이어졌다. 친모는 친부가 이혼 전부터 같은 가출팸에 있었던 계모 박혜린과 불륜관계였다고 주장했지만, 계모 측은 환승 결혼이 아니라고 길길이 뛰었다. 하지만 친부는 이혼 즉시 계모인 박혜린과 동거에 들어갔다. 이 일로 인해 언니 동생 관계이던 친모와 계모는 원수가 되어 서로의 공통된 친구들에게 험담을 하고 다니는 사이가 되고 말았다.

어린 친부모의 이혼 후 외할머니가 서준이를 맡아 키우게 되었다. 아마 이때가 서준이의 짧은 삶 중 가장 행복했던 때가 아니었을까 싶다. 하지만 서준이가 9개월 되었을 무렵 재혼한 친부가 친권을 내세워 서준이를 데려가고 말았다.

내가 참석했던 아동학대 재판은 통상 5~6회 정도 진행이 되곤 했는데 이 사건은 세 번째 재판이 결심 공판*이 될 정도로 초스피드로 진행되었다. 증거와 증인이 차고 넘치고 계모가 모든 공소사실을 인정했기 때문이다. 구형 공판의 증인으로 계모 박혜린이 나왔다. 박혜린은 2015년 6월 친부와 혼인신고를 한 법적 부부였는데 서준이 친부모가 이혼한 지 10개월도 안 되어 재혼하여, 사건 당시 두 사람에게는 8개월짜리 딸이 있었다. 모든 일이 초스피드로 이루어진 셈이다.

계모는 서준이에게 개 목줄을 채워 아기 침대에 묶어

* 검사가 구형을 하는 재판.

지키지 못한 아이들

두었다는 사실을 순순히 시인했다. 친부 박재호도 같이 개 목줄을 채우거나 개 목줄을 채우라고 지시했다고 증언했다. 하지만 친부는 개줄을 걸어놓은 줄 전혀 몰랐다고 계속 발뺌을 했다. 몰랐다면 친자식인 서준이에게 전혀 관심이 없었다는 말이고, 알았다면 공범이기에 박재호는 몰랐다고 우기는 방식—가벼운 방임—쪽으로 자신의 자리를 선택한 듯하다. 이 둘은 외출, 여행을 할 때도 서준이에게 개 목줄을 채워 아기 침대에 묶어놓고 둘 사이에서 태어난 딸만 데리고 다녔다. 이들의 SNS는 대부분 먹고 마시고 노는 먹스타그램으로 채워져 있었고 누리꾼들에게 금방 신상이 탈탈 털리고 말았다. 검사가 박혜린에게 물었다.

"증인과 박재호는 피해 아동을 집에 두고 딸만 데리고 숙박을 하는 여행을 간 적도 많았는데 그때마다 피해 아동의 끼니는 어떻게 했나요?"

"빵이랑 과자랑 음료수를 두고 갔어요."

"먹는 건 그렇다 치고 기저귀 상태는 어땠나요?"

"소변만 눴어요."

"대변은요? 소변만 봤던가요?"

"소변도 많이 안 쌌어요."

박혜린의 증언을 듣던 나는 다 거짓말이라고 외치고

싶었다. 며칠간 아이가 기저귀에 대소변을 거의 보지 않았다는 것은 음식을 주지 않았다는 말이기 때문이다. 지난 재판에서 젓가락처럼 말랐던 아이의 검안 사진이 떠올라 분노가 다시금 치솟았다. 검사가 다시 물었다.

"피해 아동의 기저귀를 갈아주지 않아 항문 괴사가 생긴 것인데, 그건 어떻게 생각하세요?"

그러자 박혜린이 조그맣게 대답했다. "그런 거 같아요…."

사망 당시 37개월이던 서준이가 그때까지 기저귀를 차고 있었다는 것은 계모와 친부가 전혀 배변 지도를 하지 않았다는 뜻이 된다. 기저귀 갈아주는 것도 귀찮아 배설물이 잔뜩 들어 있는 기저귀를 겨우 며칠에 한 번 정도만 갈아주고 잘 씻기지 않다 보니 항문과 대장까지 괴사가 되어 출혈이 생긴 것이었다.

계모와 친부는 서준이를 데려온 후 예방 접종 등 단 한 번도 병원에 데려간 적이 없었다. 검사는 이것을 아동학대가 들통 날까 봐 그런 것은 아니냐고 날카롭게 지적했다.

"증인(박혜린)은 피해 아동의 양육 과정에서 부부싸움이 격해지자 더 이상 양육을 못 하겠으니, 시설로 보내자는 이야기를 박재호와 나누었지요?"

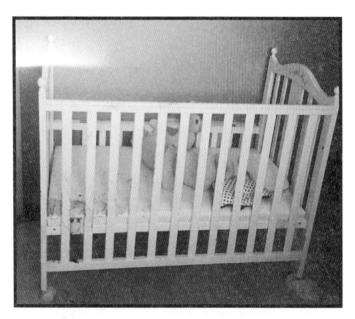

서준이가 사용했던 아기 침대,
구석에 항문이 괴사되어 피가 묻은 흔적이 보인다.

"네."

"너무 말랐으니(아동학대가 들통 날 우려가 있으니) 잘 먹여서 괜찮은 상태가 되면 시설에 보내자고 의논하였지요? 그때까지 박재호는 피해 아동을 다른 사람에게 보여주면 안된다고 말했지요?"

박혜린은 대답하지 못했다. 하지만 친부 박재호가 개

목줄을 묶지 말라거나 또는 개줄을 풀어주라고 했으면 그렇게 했을 것이라고 말했다. 친부와 계모는 새로 낳은 딸과 세 사람만으로 온전한 가정을 꾸리고 싶었으니, 서준이는 집에서 귀찮은 짐짝 같은 존재였을 것이다. 부족하지 않게 살고 있는 부모가 있고 조부모 외조부모가 있었음에도 그들은 아이를 시설로 보낼 생각을 하고 있었다.

박혜린의 변호사가 심문했다. "피해자에게 개 목줄을 채운 이유는 피해자가 침대에서 떨어질까 봐 보호하기 위해서 그런 거지요?"

"방을 어지럽히고, 꼴 보기 싫어서요." 눈치 없는 박혜린이 너무나도 정직하게 대답을 했다. 변호사가 몹시 당황하는 것이 방청석에서도 잘 보였다.

"아… 저… 목줄을 채운 이유는 방도 어지럽히지만, 침대에서 떨어질까 봐 보호하려고 그런 거지요?"

아이가 침대에서 떨어질까 봐 목줄을 채운다는 어이없는 변호에 실소를 넘어 분노가 일었다. 세상 어느 부모가 아기가 침대에서 떨어질까 봐 개 목줄을 목에 걸어 침대에 묶어두는가 말이다. 서준이에게는 좁은 방안의 좁은 침대가 세상에서 유일하게 허락된 공간이었다. 없어야 하는 아이. 그들에게 눈에 보이면 안 되는 아이는 서준이었다.

지키지 못한 아이들

서준이 사망 당시 7월의 대구는 대프리카라는 별명처럼 몹시 습하고 무더웠다. 선풍기 한 대 없이 찜통 같은 아파트의 작은 방에 창문과 방문이 꽉꽉 닫힌 채 아이는 갇혀 있었다. 서준이가 얼마나 덥고 배가 고팠을지 상상만으로도 가슴이 아프다. 게다가 사망하기 3일 전부터 계모의 사촌 동생이 집에 놀러 와서 배달 음식을 시켜 먹으며 놀았다는데 사촌 동생 말로는 그 집에 또 다른 아이가 있었는지 몰랐다고 증언했다. 이는 3일간 서준이에게 음식도 주지 않고 기저귀도 갈아주지 않았는데도 불구하고 아이가 울음소리 한 번 내지 않았다는 것을 의미한다.

　　짐짝처럼 가둬진 서준이는 아무리 울거나 소리쳐도 누구 하나 돌봐주러 오지 않는다는 것을 이미 알고 있었거나, 울면 오히려 학대를 당한다는 사실을 체득했기에 소리 내는 걸 포기한 걸지도 모른다. 하지만 무더위와 굶주림에 시달리던 서준이는 방문 틈으로 들어오는 음식 냄새에 이끌려 본능적으로 침대를 타고 넘어 내려가려다 목에 묶인 개 목줄에 매달려 질식사하고 말았다.

　　판사가 박혜린에게 물었다. "개 목줄은 어디서 구입했나요?"

　　"집에 있던 거… 강아지 꺼." 박혜린이 기어들어 가는 목소리로 대답했다. 박혜린, 박재호는 딸 외에도 강아지를 키우고 있었는데 강아지는 자유롭게 집 안을 돌아다니게 하면서도 겨우 세 살인 서준이가 장난감 등을 어지른다는 이유로 감금해 묶어 놓은 상황이었다.

가해자의 서사는 집어치우라 ·

검사는 최후 의견 진술에서 다음과 같이 말했다.

"37개월을 사는 동안 피해자는 좁은 세상에서 학대를 당하였습니다. 피해자는 목줄이 채워지면 자야 한다고 생각하고 잠자리에 들 만큼 일체의 반항도 하지 못하는 어린아이었습니다. 피해자는 너무 어려 자신이 부당한 대우를 받고 있다는 사실조차 인식하지 못하였습니다. 피해자가 비쩍 말라가고, 불이 꺼진 어두운 방에 방치되어 개 목줄에 감긴 채 구해 주기만 기다렸을 그 순간에도 피고인들은 술에 취해 있었습니다. 피해자의 회복이 불가능하고 피해자가 겪었을 신체적 정신적 고통을 가늠할 수 없습니다. 아동학대에 대한 경종을 울리고, 피해자의 사망 책임을 묻기 위해서 엄벌이 불가피합니다. 박혜린과 박재호에게 각각 징역 25년을 구형합니다."

지키지 못한 아이들

아… 개 목줄이 채워지면 자야 하는 줄 알았다는 서준이. 아가, 세상의 그 어떤 아이들도 잘 때 개 목줄을 하지 않는단다. 가슴 한복판이 뻐근하도록 아팠다.

박혜린의 변호사는 최후 변론에서 박혜린의 지난 서사를 구구절절 읊어댔다.

"박혜린의 어린 시절은 매우 불우했습니다. 태어나자마자 할머니와 고모 손에서 자랐습니다. 학창 시절에는 왕따를 당했고 맞기도 했습니다. 아버지마저 돌아가신 후 고 1 때 자퇴하고 방황하다가 박재호를 만나 피해자를 잘 키워 보고자 했으나 오히려 사이만 나빠졌습니다. 박혜린이 스트레스를 풀 대상은 피해자뿐이었습니다"

뭐라고? 있는 듯 없는 듯 순한 아이에게 자신의 스트레스를 풀기 위해 학대했다고? 이 말이 변호사의 입에서 나온 말인지 믿을 수 없었다.

"피고인 박혜린은 자신이 낳은 딸에게 애정을 가지고 있고 정성스럽게 키우고 싶어 합니다. 둘째 딸에게는 학대의 흔적이 없습니다."

변호사의 변론은 갈수록 점입가경이었다. 서준이를 참혹한 학대로 죽였는데, 자신이 낳은 딸은 학대하지 않았다는 것이 알맞은 변호인가? 무슨 말을 하는 것인지 기가 찼다. 변호사 입으로 차별과 학대를 증언하고 있으니 이건 변호하는 건지 고발하는 건지 분간이 안 될 지경이었다.

"피고인 박혜린의 미성숙한 태도, 어린 나이, 지적 수준, 불우한 어린 시절, 불안정한 상황, 반성함 그리고 둘째를 키울 의지를 참작하시어 법에서 정하는 최대한의 선처를 부탁드립니다."

그래서 어쩌라는 걸까. 제발 가해자의 서사를 아동학대 범죄의 변명으로 써먹지 않았으면 좋겠다. 계모의 서사가 그 무엇이든 겨우 37개월을 사는 동안 상습적인 학대와 굶주림, 개 목줄로 목이 묶인 채 비인간적으로 살다 비참하게 짧은 생을 마감한 서준이보다 더 불쌍하랴.

친부 박재호의 변호사는 아버지의 도리를 저버린 박재호는 처벌받아 마땅하지만, 나쁜 아버지였을 뿐 공동정범은 아니라고 주장을 했다. 또한 이에 상응하는 처벌을 달게 받겠다고 했다. 박재호는 다음과 같이 최후 진술을 했다.

"다음 달 돌이 되는 딸이 있습니다. 반성 많이 하고 있습니다. 딸에게 빨리 돌아갈 수 있게 해주세요. 죄송합니다."

나는 '서준이도 네 핏줄이고 너의 사랑을 간절하게 기다리던 친아들이었다!' 하고 소리치고 싶은 걸 꾹꾹 눌러 담느라 애를 써야 했다.

재판부는 1심 선고에서 아래와 같이 판결문을 읽어 내려갔다.

"피해자는 1년여에 걸친 피고인들의 폭행 등을 통한 학대 행위와 개 목줄에 채워져 지내던 기간 및 개 목줄에 목이 졸려 경부압박에 의한 질식으로 사망하는 동안 친부와 계모인 피고인들, 친모, 조부모를 포함한 사회 구성원 누구로부터도 따뜻한 사랑이나 보호를 전혀 받지 못하였을 뿐만 아니라, 피고인들에 대하여 아무런 저항도 하지 못한 채 극심한 고통을 겪다 사망한 것으로 보인다. 사건 학대 범죄를 접하고 충격을 받은 다수의 국민들도 공분하여 피고인들에 대한 엄벌을 탄원하고 있는 점 등을 고려하면 피고인들에 대하여 엄벌이 불가피하다."

그러나 피고인들의 불행한 가정사와 반성하는 점, 양육의 힘겨움, 전처와의 불편한 관계 등을 이유로 25년 구형을 15년 선고로 대폭 감형해 주었다.

이런 이유들이 37개월 아이를 참혹하게 죽인 것에 대한 감형 요인이 될 수 있는지 도무지 이해할 수가 없었다. 판사들은 반성문만 내면 범죄자들이 다 반성하고 있다고 순진하게 믿는 건지 정말 알고 싶다. 왜 피고인의 불우한 환경이 감형의 요인이 되는 건지, 그렇다면 부유하고 화목하게 자란 사람이 범죄를 저지르면 가중처벌이 되는 건지도 궁금하다.

선고 결과를 듣고 통곡하는 외할머니를 다독이며 차에 태워 서준이가 잠들어 있는 납골당으로 향했다. 너른 저수지를 끼고 돌아 햇볕 바른 조용한 절집 옆에 납골당이 있었다. 납골당의 맨 밑, 엎드려야 겨우 볼 수 있는 곳에 서준이가 있었다. 귀여운 짓을 하며 웃는 서준이 사진 앞에 소꿉장난감 같은 음식 모형이 있었다. 선고 결과에 부아가 치밀었던 나는 결국 엎드려 소리내 울고 말았다. 남의 장례식에 가서 제 설움에 운다더니 내가 딱 그 짝이었다.

내가 언제까지 이 꼴을 봐야 하냐고, 언제까지 어린아이들의 죽음을 마주해야 하냐고, 이제 정말 그만두고 싶다며 엉엉 울었다. 서준이의 외할머니와 나는 각자의 설움으로 한참동안 울고 또 울었다.

콩쥐의 비극

천안 캐리어 사건

"어느 순간부터 저항하거나…
 반항할 수 없을 만큼… 무기력한 상태가 되어…
 학대를 수동적으로 받아들이는 상태에까지 이르게 되었다…."
 판결문을 읽던 판사는 울음 섞인 목소리로,
 여러 차례 판결문 읽기를 멈추어야 했다.

콩쥐 팥쥐

"옛날 옛적에 콩쥐가 살았어요. 콩쥐 어머니는 병으로 일찍 돌아가셨지요. 어느 날 콩쥐 아버지는 새어머니를 맞이했어요. 새어머니는 팥쥐라는 딸을 데리고 왔어요. 새어머니는 늘 팥쥐만 예뻐하고 콩쥐를 미워해서 구박했어요. 팥쥐도 틈만 나면 콩쥐를 괴롭혔어요."

전래 동화에서 콩쥐는 의붓어미의 모진 구박과 학대를 견뎌내고 마침내 행복해진다는 결말로 끝이 난다. 하지만 현실에서 콩쥐는 아동학대로 죽고 말았다.

진영이(가명)는 성격이 밝고 춤추는 것을 좋아하는 개구쟁이였다. 한 살 아래 동생 진수(가명)를 아끼고 사이좋게 지냈으며 친부는 아이들에게 자상하고 좋은 아빠였다. 하지만 5세쯤 진영이의 부모는 이혼하고 형제는 조부모의 손에서 자라게 되었다. 진영이가 8세였던 2019년 1월, 아이들의 친부는 고등학교 동창이었던 성승연(가명)과 동거를 하며 아이들을 자신의 집으로 데려갔다. 조부모는 늙은 조부모보다는 엄마 아빠가 있는 가족이 더 나을 것이란 생각으로 아이들을 보내며 전세금도 빼서 함께 보내주었다. 그것은 진영이 형제를 잘 키워달라는 가슴 절절한 부탁이었다. 성승연은 전남편과의 사이에서 낳은 중학생 딸과, 진영이보다 한 살 위인 아들을 데려와 함께 살았다. 진영이의 친부는 지방에서 일을 하느라 1~2주에 한 번씩만 집에 왔고 네 명의 아이들은 동거녀인 성 씨가 맡아 양육하게 되었다.

성 씨는 옷 가게를 운영하며 주변 사람들에게는 싹싹하고 아이들에게도 잘하는, 교육열이 강한 엄마로 알려져 있었다. 하지만 그것은 밖으로 드러난 모습일 뿐, 집안에서 성 씨는 그야말로 팥쥐 엄마보다 더 심하게 자신의 아이들과 진영이 형제를 차별하고 학대하였다.

한 살 터울로 고만고만한 나이였던 사내아이 셋은 티격태격 다투는 일이 잦았다. 그것은 친형제 사이에서도 흔히 일어날 수 있는 일상적인 수준의 것이었다. 하지만 성 씨는 무조건 자기 아들을 감싸고 진영이 형제에게만 욕을 하거나 폭행을 가하곤 했다.

동생 진수가 성 씨의 폭행으로 발가락에 멍이 들고 벽에 구멍이 날 정도의 타격으로 맞은 후 친모에게 보내졌지만, 두 아이를 모두 건사할 여력이 없던 친모의 형편상 형인 진영이는 친부 곁에 남게 되었다. 그 뒤로도 성승연의 차별과 학대는 날로 심해졌다. 성 씨는 근거도 없이 진영이를 도둑질과 거짓말을 반복한다고 의심하고 가정의 평화를 해치는 나쁜 존재로 몰아갔다. 성 씨의 자녀들도 진영이를 감시하거나 엄마 대신 벌을 주고 진영이의 사소한 잘못을 고자질하거나 함께 비난하면서 미운 감정을 키워갔다.

성 씨는 친부에게 진영이가 한 적도 없는 일을 거짓으로 전하는 등 이간질을 일삼았다. 친부는 성 씨의 말만 듣고 진영이가 비뚤어졌다고 여겨, 집에 오면 버릇을 고친다는 이유로 매를 들기도 하였다. 진영이는 친부에게 자신이 당한 학대 사실을 털어놓을 수 없었다. 친부가 동거녀 성 씨 말만 믿기도 했지만, 자칫 사실을 말했다가 성 씨에게 더 큰 보복성 학대를 당할지도 모른다는 두려움이 있었기 때문이다. 친부는 집에 잠시 들렀다가 곧 떠나는 사람이기에 자신을 보호해 줄 수 없다는 사실을 아이는 잘 알고 있었다.

그러던 중 코로나19로 인해 등교 일정이 연기되고 성 씨의 옷 가게 영업마저 중단되어 진영이와 함께 있는 시간이 늘어났다. 그러자 학대는 더욱 잦아졌고 심해졌다. 진영이는 성 씨의 지속적인 학대로 점차 말수가 줄어들었다. 얼굴에 그늘이 드리워지면서, 잘못하지 않은 것도 잘못했다고 인정하고 마는 무기력한 상태가 되고 말았다. 진영이는 아무도 자신을 믿어주지 않고, 따돌리며 학대만 가하는 집안에서 작은 섬처럼 외롭게 고립되어 가고 있었다.

2020년 5월 5일, 아이들이 모두 신난 어린이날, 진영이는 하루 종일 우울하게 집안에만 틀어박혀 있었다. 성 씨의 이간질로 인해 진영이에게 화가 난 친부가 성 씨의 가족들만 데리고 1박 2일로 여행을 떠났기 때문이다. 그날 오후 집에 돌아온 성 씨는 가족들이 없는 사이에 진영이가 물건을 함부로 만지고 돈을 훔쳤다고 의심하며 또다시 폭행을 가했다. 진영이가 폭행을 피해 달아나자, 금속 재질의 요가링을 휘둘렀고 진영이의 뒷머리가 찢어져 피가 터지고 말았다. 어린이날이었다.

병원 응급실에서 성 씨는 '아이가 장난을 치다 넘어져서 다쳤다'라고 했지만 의사는 아동학대를 의심하였다. 찢어진 상처의 위치가 넘어져서 다칠 만한 곳이 아니었기 때문이다. 의사는 다음 날 경찰에 아동학대 신고를 하였다. 그러나 경찰은 '현장성'이 없다는 이유로 출동하지 않았고 아

지키지 못한 아이들

동보호전문기관*으로 연계만 하였다.

당시 아동보호전문기관은 아동학대 신고가 들어오면 응급 시 12시간 이내에 출동해야 하고 그 외에도 72시간 안에 반드시 출동하여 조사를 해야 한다는 업무 지침이 있었음에도 불구하고 어쩐 일인지 사건이 발생한 지 8일이 지난 후에 진영이의 집에 방문하였다. 그러나 그 조사는 너무나도 허술하였다.

아동보호전문기관의 업무 지침에는 「아동학대 행위(의심)자의 영향력을 배제하고 피해 내용에 대한 피해(의심) 아동 진술의 신빙성을 확보하기 위해 분리하여 조사해야 함.」이라고 되어 있지만 상담원은 성 씨가 함께 있는 집에서 조사를 실시하였다. 진영이 사망 이후 해당 상담원은 다른 방에서 조사를 했으니 분리 조사한 것이라고 항변을 하였다. 그러나 벽 너머에 성 씨가 있음을 알고 있는 아홉 살 진영이에게 아파트 안의 또 다른 방은 심리적으로 한 공간이나 다를 바 없었다.

---

* 2020년 5월 당시에는 아동보호전문기관이 현장 조사를 하였다. 그러나 2020년 10월 1일부터 아동학대 현장조사는 아동학대 전담 공무원과 경찰이 하고 있으며 현재 아동보호전문기관은 사례 관리에만 집중하고 있다.

평가척도표에는 아홉 살인 진영이가 또래 평균 체중인 32kg에 훨씬 미치지 못하는 22kg이었음에도 불구하고 '발육부진이나 영양실조, 혹은 비위생 상태가 관찰되지 않는다'라고 보고되어 있었다. 진영이가 '학대 행위자에 대해 두려움이나 거부감을 표현한다' '학대 행위자로부터 분리 보호를 요구하는 의사를 표현한다'라는 부분에 아니라고 대답한 것도, 주변 조사 없이 진영이의 말만 듣고 보고서를 작성한 것도, 상담원의 전문성이 심하게 의심될 수밖에는 없는 부분이다.

처음 만난 상담원에게 자신의 학대 사실을 말하는 건, 진영이에게 무척 꺼려지는 일이었을 거다. 자신의 학대 사실을 외부, 특히 상담원에게 말하게 되면 자신 때문에 가정이 깨지거나 부모가 감옥에 간다고 생각하거나 나중에 가해 행위자로부터 더 큰 보복을 당할 수 있다고 아이는 생각했을 것이다. 그래서 학대 아동에 대한 조사는 한두 차례로 그칠 것이 아니라 상담원과의 라포가 형성된 후 지속적인 모니터링과 함께 진행되어야 하는데… 이 조사는 애초에 잘못 시작된 조사였다.

진영이의 친부가 한 달에 두세 번 정도 집에 잠깐씩만 들리거나 진영이에게 체벌 등의 학대를 가한 적이 있었음

지키지 못한 아이들

에도 '아동을 안전하게 보호할 수 있는 보호자(비학대 행위자)가 있다고 하거나, 친부가 없는 집에서 진영이와 함께 거주하고 있는 가해자 성 씨가 '아동의 의사에 반하여 아동에게 접근할 여지가 없다'라고 체크한 것 역시 제대로 조사가 이루어진 것인지, 믿을 수 없는 부분이었다.

아동학대 위험도 평가척도에서 4점 이상일 경우 피해 아동에 대해 분리 보호 등의 조치가 고려된다. 그러나 말도 안 되게 허술하게 조사 작성된 체크리스트의 점수는 3점밖에 되지 않았다. 진영이가 사실을 털어놓지 않았더라도, 객관적인 부분만 제대로 체크했다면 진영이는 충분히 분리 보호 조치가 되었을 것이다. 하지만 비전문적이고 허술한 조사로, 진영이를 구할 수 있던 기회는 사라지고 말았다.

사건 발생 이후 경찰은 '아이가 분리를 원하지 않았다, 아동의 의사를 최선으로 존중해야 한다'라고 했지만 아동복지법의 기본이념에는 '아동에 관한 모든 활동에 있어서 아동의 이익이 최우선으로 고려되어야 한다'라고 되어 있다. 아동의 '의사'가 아니라 '이익' 말이다. 아동의 의사를 무시해도 된다는 말이 아니다. 하지만 아직 경험이 부족하고 판단력이 성인에 비해 낮은 아동은 자신의 안전을 위한 최선의 방법을 모르는 경우가 대부분이다. 이럴 때 아이들을 구하라고 만든 것이 아동복지법인데도 불구하고 아이들의 생명을 제때 구하지 못하는 일이 아직도 자주 발생하고 있다.

해당 아동보호전문기관은 진영이를 분리하기보다 '원가정 보호조치'를 하는 편이 나을 거라 판단했다고 변명했다. 말이 좋아 원가정 보호지 이건 가해자에게 피해 아동을 아무런 보호 조치 없이 그냥 던져둔 것과 같다. 원가정 보호조치는 그 원가정의 기능이 회복되었을 때, 즉 아동학대가 더 이상 발생하지 않을 만큼 원가정이 안전해졌을 때를 얘기하는 것이지, 학대가 발생한 후 아무런 조치도 없이 가해자가 있는 집에 아이를 그냥 내버려두라는 게 아니다. 늘 그렇지만 학대로 사망한 아동의 경우, 살아 있을 때 그들을 구할 기회가 여러 번 있었기 때문에 이런 허술한 조치가 더욱 안타깝고 원망스러울 따름이다.

아동학대 조사가 있고 난 뒤, 성 씨의 학대는 더욱 잔혹해졌다. 학대에 대한 반성은 전혀 없이 아동학대 조사를 받은 것이 진영이 때문이라고 생각해 미워하는 마음이 더 커졌기 때문이다. 아동학대 조사가 허술했기 때문인지 진영이가 학대 사실을 말하지 않을 것이란 확신이 있었기 때문인지는 몰라도 성 씨는 조사 며칠 후, 또다시 아무런 증거도 없이 진영이가 도둑질하고 거짓말을 한다며 드레스룸에 가

지키지 못한 아이들

두고 운동용 자전거로 입구를 막아 나오지 못하게 해, 밤새 워 감금했다. 그것도 성에 차지 않아 진영이의 등을 발로 차 욕조에 아이의 눈이 부딪쳐 피가 났고 멍이 들게 되었다.

성 씨는 진영이에 대한 학대를 반복하면서 점차 양심 이나 도덕성, 진영이의 고통에 대해 무감각해진 것 같았다. 이렇듯 폭력은 에스컬레이팅* 현상을 일으켜 횟수와 강도 가 점점 심해지고 가해자의 인간성까지 둔화하게 만든다.

2020년 5월 30일, 집에 다니러 온 친부가 성씨의 학대 사실을 알게 되었고 성 씨와 심한 다툼을 하였다. 이날 친부 가 진영이를 데리고 따로 살겠다고 하자 성 씨는 자신이 낳 은 아이들을 생부에게 보내겠다며 싹싹 빌었다. 하지만 그 일로 인해 진영이에 대한 성 씨의 불만과 분노는 커져만 갔 다. 성 씨는 이 일로 진영이를, 자신과 자녀들 그리고 자신 과 친부와의 관계를 위협하는 존재로 인식하기 시작했다.

진영이의 친부는 자신이 낳은 아이들조차 버리겠다고 말하는 비정한 엄마 성 씨가 평소 학대를 일삼았던 진영이 를 앞으로 잘 돌봐줄 것이라고 믿었던 것인지, 아니면 어떤

---

* 에스컬레이팅(escalating, 확대 증가): 폭력을 한번 행사하게 되면 횟수 와 강도가 점점 심해짐을 뜻함. 신체·정서적 폭력이 심화되면서 학대 로 발전하는 경우가 대부분이다.

이유로든 성 씨와 살고자 하는 마음이 있어 자신의 눈을 가리고 만 것인지 잘 모르겠다. 그렇게 일은 유야무야되고 말았다. 이때 친부가 진영이를 데리고 따로 살겠다고 결단했다면 어쩌면 진영이는 지금 살아 있을지도 모르겠다. 이날, 진영이가 살 수 있었던 마지막 기회가 사라졌다.

그로부터 이틀이 지난 6월 1일 저녁 7시 20분경. 진영이는 심정지 상태로 응급실에 실려 갔다. 성 씨는 진영이가 스스로 여행용 캐리어 안에 들어가 놀다가 의식을 잃고 쓰러졌다고 말했지만 얼굴과 팔다리에 멍 자국, 허벅지에는 담뱃불로 인한 상처 같은 것이 여러 군데, 엉덩이에는 손톱으로 긁힌 듯한 상처가 있었다. 의사들은 아동학대를 의심해 경찰에 신고를 하였다.

의사가 '아이가 뇌 손상을 입어서 깨어나도 장애를 입을 수 있다'고 얘기를 했는데도 성 씨는 고개만 끄덕일 뿐별다른 동요가 없었다. 겨우 기계장치로 숨을 이어가던 진영이는 이틀 후 2020년 6월 3일, 영원히 눈을 감고 말았다.

숨, 숨

2020년 7월 15일 새벽 6시. 천안으로 가는 기차에 경남 여

지키지 못한 아이들

성변호사회 대표인 손명숙 변호사와 함께 탑승하였다. '천안 캐리어 아동학대 사건' 혹은 '천안 계모 사건'으로 세간에 알려진 사건의 첫 재판이 있는 날이었다. 또한 (사)대한아동학대방지협회와 경남 여성변호사회가 공동으로 성승연을 진영이의 동생 진수에 대한 상습아동학대로 추가 고발하기 위해서였다. 사건 발생 이후 진수는 경찰에게 자신이 성 씨에게 당한 상습·학대에 대해 진술하였는데, 그 사실이 검찰 공소장에서 빠져 있었다.

법정은 기자들로 만원이었다. 겨자색 죄수복을 입고 긴 머리를 앞으로 늘어뜨려 얼굴을 가린 계모 성 씨가 법정에 나왔다. 머리카락으로 얼굴을 가려봤자 이미 그녀의 SNS가 탈탈 털려 전국적으로 얼굴과 실명이 알려진 이후였다. 성 씨는 작은 키에 몹시 비만인 체격이었다. 그 몸으로 22kg의 아이가 갇힌 가방 위에서 뛴 것도 모자라 자신의 자녀들까지 올라가게 하여 도합 160kg의 몸무게로 가방 속의 아이를 무참히 짓밟았다.

검사는 살인, 특수 상해, 아동복지법 위반(상습 아동학대)으로 기소하였는데, 성 씨는 검찰의 공소장 내용을 대부분 인정했지만, 가해자들 대부분이 그렇듯 살인의 고의성은 극구 부인하였다. 진영이를 가둔 가방 위에는 올라갔지만,

제자리걸음을 하였을 뿐 두 발을 모두 떼고 뛰는 행동은 하지 않았기에 살인의 고의가 없다고 항변했다.

기가 찰 일이다. 아이를 가방 속에 감금한 것부터 기괴하기 짝이 없는데 겨우 22kg의 아이가 갇혀 있는 가방 위에 올라가서 뛰었든 제자리걸음을 하였든 그걸 변명이라고 하는 건지… 혈압이 올랐다.

성 씨가 끝내 살인에 대해 부동의 하자 검사가 성 씨의 자녀들을 증인으로 신청하겠다고 강경하게 말했다. 성 씨의 변호사는 현재 자녀들이 심리적으로 불안하다며 증인 신청을 하지 말아 달라고 하자 성 씨가 울기 시작했다. 진영이가 절박하게 살려달라고 울 때는 웃던 여자가, 진영이가 죽었을 때도 덤덤하던 여자가, 제 자식이 심리적으로 불안하다고 하자 울기 시작한 것이다. 제 자식이 그토록 소중하다면 진영이도 귀하고 소중한 존재였다는 것을 알아야 정상이다. 진영이도 친엄마에게 뼈에 사무치는 자식이었다는 것을 알았어야 사람이다.

재판을 마치고 밖으로 나오자, 수십 명의 기자들이 손명숙 변호사와 나를 에워쌌다. 진영이 동생에 대한 고발장에도 관심이 있었지만 '160kg의 몸무게로 가방에서 뛰었다'는 자극적 부분에 대한 질문이 대부분이었다. 아는 대로 대답하고 진수에 대한 아동학대 고발장을 접수하고 돌아왔다. 이후 진수에 대한 상습적인 아동학대 범죄는 성 씨의 재판에 병합되어 진행되었다.

두 번째 공판이 곧 결심공판이 될 정도로 재판은 빠르게 진행되었다. 성 씨가 검찰의 공소사실을 대부분 인정했기 때문이다. 다만 성 씨가 살인의 고의성은 극구 부인하였는데 검찰은 성 씨가 자기 행위로 인한 진영이의 사망 결과 가능성과 위험성을 인식했다고 주장했다.

검사는 '9세 아동의 소중한 생명과 억울한 죽음을 위로하는 마음으로 살인의 범의*와 피고의 자백, 혐의 입증 중심으로 구형 의견을 말씀드리겠습니다'라고 말하고 장장 한 시간에 걸쳐 PPT와 증거 사진을 나열하며 성 씨의 살인죄 입증을 위한 의견을 개진하였다. 검사는 성 씨의 훈육이 범주를 벗어나 학대가 점점 잔혹해지고 잦아졌으며 나날이 미움이 증폭되고 평소 좋지 않은 감정과 불만이 순간적으로 터져 나와 살인에 이르게 된 것이라고 설명하였다.

사망 당일 성 씨는 자신의 친아들이 진영이가 게임기를 옮겨놨다고 의심하자 무조건 친아들 편을 들며 진영이

* 범죄 행위임을 알고서도 그 행위를 하려는 의사.

에게 가로 50cm, 세로 71.5cm, 너비 30cm 이하 여행용 가방 안으로 들어가라고 지시하였다.

보통의 아이라면 울며 안 들어가겠다고 했을 테지만 진영이는 맞을 것이 두려워 별다른 저항을 하지 못한 채 가방 안에 들어가 옆으로 웅크린 자세로 누웠다. 성 씨는 가방을 잠근 후 자신의 자녀들에게 잘 감시하라고 시키고 외출하였다. 그 후 성 씨는 지인들과 돼지갈비에 소주를 마시고 세 시간 후 돌아왔다. 친자녀들이 "진영이가 가방에서 나오려고 하고 가방 안에 소변을 보았어"라고 하자 진영이가 일부러 반항을 하느라 소변을 보았다고 생각해 더 작은 여행용 가방을 가지고 와서 다시 들어가라고 지시하였다.

이미 세 시간 이상 밀폐된 가방 안에서 웅크린 자세로 있으며, 땀과 소변으로 온몸이 젖고 기력이 약해져 있었던 진영이는 겨우 '아니에요, 아니에요'라고 말하며 뒷걸음질 쳤다. 하지만 성 씨의 위협에 할 수 없이 가방 바퀴 쪽으로 머리를 둔 채 온몸을 웅크리고 누울 수밖에 없었다. 상습적 학대에 길들여지고 무기력하여 아무런 저항조차 하지 못하게 된 진영이는 가방 속에서 겨우 "거꾸로예요"라고 말했다. 그러나 성 씨는 "그냥 있어"라고 한 뒤 가방을 세웠다.

몇 시간 동안 작고 협소한 가방 안에서 거꾸로 처박혀

지키지 못한 아이들

있던 진영이는 숨쉬기가 어렵고 너무나 고통스러워 "엄마, 숨이 안 쉬어져요"라고 말했다. 하지만 성 씨는 거짓말이라며 일축했다. 숨쉬기가 힘들어진 진영이는 가방 내부 상단의 박음질이 된 천을 긁었고 지퍼 끝부분이 틀어지자, 그 틈으로 손가락을 내밀었다. 성 씨가 "넣어"라고 말했는데 진영이가 손가락을 넣지 않자, 반항한다고 생각해 분노하였다. 당시 성 씨의 체중은 73kg이었는데, 그 체중으로 가방 위에 올라가 뛰거나 밟은 것도 모자라 자신의 자녀들에게도 가방 위에 올라가 제자리걸음을 하게 하거나 뛰게 하는 등 최대 160kg이 넘는 무게로 진영이가 갇힌 가방을 짓밟았다. 이에 대해 성 씨의 변호사는 검사 측이 주장하는 것처럼 10cm까지 뛴 건 아니고 3~4cm 정도만 뛰었다고 주장했다. 웃으라고 하는 소리인지… 울분이 너무 심해지자, 머리까지 띵해졌다.

숨쉬기가 어려워 고통에 몸부림치던 진영이가 재차 손가락을 가방 밖으로 뺐다. 그러자 성 씨는 드라이기의 뜨거운 바람을 진영이의 손가락에 쐬고 뜯어진 가방 틈을 테이프로 붙여 숨 쉴 작은 구멍까지 막아버렸다.

진영이가 극심한 고통으로 '숨, 숨'이라며 외마디 소리로 호소를 했다. 그래도 성 씨 가족은 가방이 심하게 찌그러지고 내려앉을 정도로 뛰고 누르기를 반복하였다.

진영이를 가방 안에 가두고 일곱 시간이 지나가 버렸다. 친아들이 진영이가 움직이지 않는다며 119에 신고하자는 말을 여러 차례 했으나 성 씨는 이를 무시했다. 촌각을 다투는 시간임에도 진영이의 얼굴에 물을 뿌리거나 배운 적도 없는 심폐소생술을 한답시고 신고를 지연시켰다. 이후 40여 분이 지나고서야 성 씨는 119에 신고를 하였고, 진영이는 질식에 의한 저산소성 뇌 손상 및 그 합병증으로 뇌사에 빠져, 결국 사망하고 말았다.

판사의 눈물

검사는 "절대적 영향력을 가진 아동학대 가해자를 일반 성인 살인과 동일하게 판단하면 안 될 것입니다. 저항 능력이 상실된 학대 살인은 다른 살인보다 중하며 비난 범죄에 해당합니다. 작위에 의한 살인*이 죽어도 상관없다는 분노의 마음으로 미필적 범의와 함께 발현하였으니 엄중히 그 책임을 물어야 합니다"라며 무기징역을 구형하였다. 당시에

* 직접적 행동을 하여 범죄를 저지르는 것.

아동학대살해죄*가 따로 없었으나 검사는 보다 더욱 엄중하게 구형을 한 것이다.

변호사는 최후 변론에서 다음과 같이 말했다. "처음부터 살해 목적이 없었으며 특히, 자녀를 살인의 공범으로 만들 리 없습니다. 고의성이 없는 점, 엄마를 절실히 필요로 하는 자녀가 있는 점을 미루어 선처를 부탁드립니다."

살인자에게도 인권이 있다고 하니 변호사가 변호하는 것에 대해 이견은 없으나, 할 말이 있고 못 할 말이 있는 것이다. 그 말은 하지 말았어야지. 죽어가는 순간에도 "엄마"를 애타게 불렀던 진영이도 절실하게 성 씨의 도움이 필요하지 않았는가 말이다. 제 자식과 또래인 진영이를 차별하고 학대하여 잔혹하게 죽인 성 씨에게 '엄마를 절실히 필요로 하는 자녀들이 있으니' 선처를 부탁한다는, 그런 변론은 하지 말았어야지….. 죽은 진영이를 생각해서라도 그런 말은 하지 말았어야지….

한 달여 후 성 씨에 대한 선고 공판이 진행되었다. 성

---

* 정인이 사건 이후인 2021년 2월 26일 국회를 통과한 아동학대 범죄의 처벌 등에 관한 특례법(일명 정인이법)으로 '아동을 학대하고 살해한 경우 사형이나 무기징역 또는 7년 이상의 징역'에 처하도록 하는, 강화된 법이다.

씨에게 살인죄가 인정되느냐가 초미의 관심사였기에 법정 복도에는 수많은 방송사 카메라가 대기하고 있었다. 판사는 아주 길고 긴 판결문을 읽어 내려갔다.

"…가족 구성원이 자신을 나쁜 아이로 단죄하는…. 숨 막히는 가정의 분위기에서 어느 순간부터 저항하거나… 반항할 수 없을 만큼… 무기력한 상태가 되어…."

판사의 목소리가 어느 순간 낮아지더니 잠시 멈추었다. 잠시 후 호흡을 가다듬고 다시 판결문을 읽어 내려가는 판사의 목소리에 울음이 섞여 있었다.

"피해자는 자신이 잘못한 것은 물론 잘못하지 않은 것도 추궁이 거듭되면 쉽게 인정하는 태도를 취하게 되었고…. 이러한 상황에서 피해자가 실제로 잘못을 저지르지 않았을 때도 거짓말 하는 아이로 낙인찍히게 되었다… 학대를 수동적으로 받아들이는 상태에까지 이르게 되었다…."

판사는 다시 판결문 읽기를 멈추었다. 방청석에는 흐느낌이 물결처럼 번져갔다. 판사는 숨을 가다듬고 울음 섞인 목소리로 다시 판결문을 읽어 내려갔다.

"그러나 피해자는 단지 9세의 어린아이였다…. 유족과 학교 선생님, 이웃 주민이 기억하는 피해자는 명랑하고 춤추기 좋아하며 얼굴에 장난기가 가득하고 친구들과도 잘

지키지 못한 아이들

어울리는 어린아이이었다⋯."

결국 나도 눈물이 터지고 말았다. 하지만 그 와중에도 나는 판사가 눈물을 흘릴 정도라면 무기징역이 선고될지도 모른다는 기대에 찬 계산을 하고 있었다. 침착함을 되찾은 판사는 더 이상 소중한 어린 생명이 억울하게 그 생을 마치지 않도록 국가와 사회가 근본적인 해결책을 마련하길 기원한다면서 마지막으로 하늘에 있는 진영이의 명복을 빌었다. 그리고 이어지는 한마디.

"피고인에게 징역 22년을 선고한다."

띵ー. 한 대 맞은 느낌이었다. 판사의 눈물로 인해 무기징역은 아니더라도 평택 아동 사건의 김 씨 계모에게 선고되었던 27년 형 이상을 기대했던 터라 약간 배신감마저 느껴졌다. 하지만 양형기준을 참고할 수밖에 없었던 판사의 울먹이던 목소리에는 진영이에 대한 진심 어린 애도와 안타까움이 분명 있었을 것이다.

친자녀까지 살인에 동원한 엄마

성 씨에 대한 항소심 재판은 정인이 사건이 발생한 후 협회 차원에서 서울남부지법 앞에서 근조화 시위 등이 진행되는 와중에 대전고법에서 열렸다. 나중에 알고 보니 정인이 사건의 변호사와 천안 사건 항소심 변호사가 같은 사람이었다. 정인이 사건에서 애초 변호를 맡았던 법무법인은 여론의 관심이 부담스러워 사임을 했는데, 그 자리를 성 씨 사건의 변호사가 수임했다. 그래서 그는 아동학대 살인자 전문 변호사냐는 세간의 관심까지 받게 되었다.

항소심의 변호사는 성 씨가 진영이를 친자식처럼 생각했다고 주장했다. 진영이에 대한 차별과 학대의 증거가 차고 넘치는데도 불구하고 어쩌면 저토록 뻔뻔한 변호를 할 수 있는지 분노를 넘어 어이가 없었다. 진정으로 성 씨가 진영이를 친자식처럼 생각했다면 아예 가방 안에 가둘 생각을 하지도 않았을 것이다. 만일 순간, 잘못된 판단으로 가방에 가두었다고 해도 즉시 꺼내어 미안하다고 했을 것이다. 숨이 안 쉬어진다고 했을 때 바로 가방을 열어 나오게 했을 것이고 지퍼 틈으로 나온 작은 손가락을 보고 죄의식을 느껴 신속히 아이를 꺼내주었을 것이다. 친자식처럼 생각했다면 고통스럽게 "숨, 숨"이라고 소리를 내는 데도 불구하고 가방 위에서 뛰지 않았을 것이다. 심정지가 됐음을 알았을 때 119 신고 권유를 거절하지 않았을 것이다.

성 씨는 검찰 조사 과정에서 자신의 자녀가 진영이처

럼 가방에 갇혀 있었다면 어떻게 했을 것이냐는 질문에 아예 그러한 가정조차 꺼리며 생각조차 하지 않으려 했다고 한다. 그러니 감히 친자식처럼 생각했다는 뻔뻔한 말로 죽은 진영이를 또 한번 아프게 하지 말란 말이다. 항소심의 판사가 성 씨에게 직접 질문을 하였다.

"친자녀도 가방에 가두는 방식으로 훈육을 한 적이 있습니까?"

성 씨는 없다고 대답했다. 진영이를 친자식처럼 생각했다더니, 쓴웃음이 나왔다. 판사가 다시 물었다. "누군가 피고인의 친자녀를 가방에 가두면 어떻게 할 것입니까?"

"신고할 것 같습니다."

"누군가 친자녀를 가방에 가두었다면 바로 구출하려고 하지 않겠습니까?"

"맞습니다."

성 씨는 망설임 없이 대답했다. 판사의 목소리가 높아졌다. "그렇게 자기 자녀를 보호하고자 하는 사람이 (진영이에게) 그렇게 하면 안 되는 것 아닌가요!"

성 씨의 변호사는 "가방 위에서 뛴 것을, 살인의 고의로 본다면, 설마 자녀들이 보는 앞에서 살인했겠습니까? 일부러 친자녀들을 살인의 공범으로 만들기 위해 같이 올라가

뛰라고 하지 않았을 것이기에 이것이야말로 살인의 고의가 없었던 것을 반증합니다"라고 주장하였다. 변호사는 성 씨가 '조금 심한 학대'를 했을망정 살인의 고의성은 없었다며 살인 대신 학대치사를 주장했다.

성 씨의 범행 현장에는 성 씨 자신과 사망하여 증언할 수 없는 진영이 그리고 성 씨의 친자녀들밖에 없었다. 따라서 성 씨의 죄상이 낱낱이 밝혀질 수 있었던 것은 현장에 있었던 두 아이의 증언 때문이었다. 성 씨의 두 자녀는 자신의 엄마가 지은 죄를 밝히려고 했다기보다 아이들 특유의 순진함과 경찰에 대한 두려움 때문에 묻는 대로 사실을 말했던 것 같다. 그럼까지 그려가며 친모의 행위를 설명했던 아이들의 진술이 없었다면 진영이의 죽음은 성 씨의 거짓말에 의해 묻혔을지도 모른다. 친자녀들이 살인 범행 현장을 목격하고 그 범행에 가담하여 갖게 된 죄책감과 후회, 트라우마는 성 씨가 친자녀들에게까지 정서적 학대를 가한 것과 다름없다. 그녀는 진영이뿐 아니라 친자녀들에게도 씻을 수 없는 죄를 지었다.

그러나 나를 더욱 놀라고 분노하게 한 것은 따로 있었다. 재판 도중 변호사가 성 씨와 귓말을 주고받고 고개를 끄덕이더니 재판부를 향해 진영이가 갇힌 가방에 올라가서 뛴 것은 성 씨 자녀들도 마찬가지인데 왜 검찰은 그 자녀에게는 죄를 묻지 않느냐고 따지기 시작했다. 자신의 죄를 벗기 위해 친자녀까지 물고 들어가는 성 씨에게 참을 수 없는 분노가 일었다. 그토록 애지중지하던 친자녀들을 살인죄로 끌어들이며 감형을 받으려는 수작을 보니 그녀의 모정은 너무나도 얄팍하고 하찮았다.

이에 대해 검찰은 성 씨가 진영이에 대한 분노와 미운 감정이 점점 심해지는 와중, 진영이로 인해 친부가 헤어지자고 요구하자 피해자에 대한 불만과 미움이 극에 달하여 잔혹한 살인으로 표출된 것이라고 말했다. 성 씨가 처음에는 진영이가 갇힌 가방의 위치를 바꿔주었기에 살인의 고의성이 없다고 주장을 하였으나 이것은 초기 행위에 불과하다며 다음과 같이 반박했다. 어떤 두 사람이 화기애애하게 술을 마시다 감정이 격해져 칼을 휘둘러 상대방을 살해했다면 초기의 화기애애한 분위기로 인해 살인의 고의성이 없었다고 판단하지 않는다고 예를 들었다. 감금 초기의 행위로 살인에 대한 고의성을 부인하는 것은 어불성설, 치명적 순간에 살인에 대한 고의가 발현된 것이라 봄이 합당하다고 명쾌하게 설명하였다.

또한 성 씨가 자녀들을 살인 현장에 있게 하고 자녀들

이 보는 앞에서 설마 살인의 공범으로 만들었겠느냐며 고의성을 부인하고 있으나, 성 씨의 자녀들이 진영이를 자주 때리고 괴롭혔으며 성 씨가 친자녀들에게 진영이에 대한 체벌을 지시하거나 친자녀들에게 피해자를 감금하게 하는 등 친자녀들과 심리적으로 동행하여 왔다고 지적했다. 또한 성 씨는 가치 형성이 덜 되었고 판단력이 미숙한 친자녀들의 (범행에 동조하게 함으로써) 인성, 정서 발달에 매우 악영향을 끼쳤고, 이는 일반적인 사람이라면 상상조차 할 수 없는 행동이라고 지적하였다. 이것은 당시 피고인의 피해 아동에 대한 미움과 분노가 극에 달했음을 보여주는 반증이며, 반인륜적 잔인무도한 살인 행위, 미성년 자녀들을 범행에 끌어들일 정도로 잔혹한 행위를 한 것은 살인의 범의를 인정하는 반증이라고 맹공격하였다.

검사는 상습 학대로 인해 저항 능력을 잃어버린 아동에게 무자비한 살인 행위를 저질렀음에도 피해 아동의 사망이 자신의 책임이 아니며 친자녀에게 그 죄를 전가해 감형을 받으려 하고 있으니 원심의 22년 형은 너무 낮다, 시민단체(대한아동학대방지협회의 서명지 진정서 제출 등) 및 유족들 또한 최고형 선고를 간곡히 요청하고 있음을 감안하여 성 씨에게 무기징역을 선고해 달라고 요청하였다.

변호사는 성 씨가 진영이를 죽일 의도로 캐리어에 가둔 게 아니라 '엄히 훈육하려고' 캐리어에 들어가라고 한 것뿐이라고 변론하였다. 어린아이를 일곱 시간이나 가방에 가두고 올라가 뛴 것이 '엄한 훈육'이라고? 수많은 아동학대 사건의 재판을 다니며 변호사들의 변론을 들어왔지만, 필기하던 볼펜을 변호사에게 던지고 싶다는 생각은 그때 처음 들었다. 혹시라도 평소 혈압이 높은 사람이라면 정신 건강 및 신체 건강을 위해서 이런 재판을 방청하지 않는 것이 좋을 것이다.

항소심 재판부는 성 씨의 자녀들에 대해 만 14세 미만으로 성 씨의 지시에 따랐다는 점을 볼 때 성 씨의 고의성과는 차이가 있다고 아이들을 기소하지 않은 이유를 설명했다. 성 씨가 학습지 교사를 하는 등 아동과 관련된 일을 하였고, 2018년 어린이집 버스에서 아이가 장시간 갇혀 사망한 사건에 대해 자신의 SNS에 '어떻게 애를 놓고 내리는지, 얼마나 무섭고 답답했을지 정말 짜증나네요'라는 글을 쓴 것을 보면 자신의 행위가 사망을 예견, 인식했다고 생각할 수밖에 없다며 1심 선고인 22년보다 더 무거운 25년 형을 선고하였다.

성 씨는 충격을 받은 듯 재판이 끝나고도 자리에서 일

어나지 못하고 있다가, 힘겹게 일어나 걸어가는가 싶더니 법정 출입구 쪽에서 이마를 짚으면 잠시 걸음을 멈추었다. 그러자 교도관이 그 등을 떠밀어 법정 밖으로 나가게 했다.

남겨진 아이들

사건 발생 후 성 씨의 자녀들이 범죄에 동원됐다는 사실이 밝혀지자, 여론은 성 씨의 자녀들도 처벌해야 한다며 분노 했다. 온라인 카페와 SNS 등에 성 씨 자녀의 신상이 올라왔 고 우리 협회가 운영하는 카페에도 성 씨 자녀들의 사진이

나 학교, 이름 등의 내용물이 게시되기도 하였다. 나는 게시물을 즉시 삭제했다. 그 아이들의 신상을 공개하여 사적 처벌을 한다면 이것은 또 다른 아동학대에 해당한다는 경고의 글을 카페에 올렸다.

부모의 이혼으로 엄마의 절대적 영향력 밑에 있던 아이들은 판단력이 미숙한 어린아이들로, 인성이 비뚤어진 친모의 지시하에 의미도 모르고 범죄 행각에 동원되었을 뿐이다. 성 씨의 자녀들은 자신의 엄마가 저지른 범죄 내용을 증언했고 자기 엄마의 죄를 증언하였으니 그 아이들이 겪었고 앞으로 겪게 될 심리적 고통이 어떨지 가늠조차 되지 않는다. 게다가 살인자의 자녀라는 낙인까지 찍히게 되었으니 그 아이들 역시 또 다른 피해자일 뿐이다.

성 씨는 진영이에게만 죄를 지은 것이 아니라 자신의 자녀들까지 처참히 망가뜨렸다. 그 아이들은 살아가는 동안 죄책감과 더불어 부모의 죗값과 사회의 편견까지 짊어져야만 한다.

수용자의 자녀들은 '나도 부모와 같은 삶을 살게 되지 않을까?' 하는 부정적인 자기 인식을 갖고 있는 경우가 많아 심리적으로 힘들어 한다. 부모의 죄로 인해 고통스러운 인생을 살아가야 하는 그 자녀들에게 더 이상 죗값을 묻지 않았으면 한다.

그리고 부디 그 아이들이 올바름에 대해 제대로 배울 수 있기를, 건강한 사회 구성원으로 성장할 수 있기를 간절히 바란다.

사람의 법, 신의 정의

화성 입양아 사건

"그분들은 절대로 그럴 사람들이 아니에요.
 얼마나 좋은 분들인 줄 아세요?
 아이가 그렇게 된 건 사고였다고요."
 나는 수화기 너머의 여자에게 소리쳤다.
"닥치세요!"

베이비 박스 안의 쪽지

2018년 8월 17일 무덥던 여름날, 서울시 관악구의 베이비
박스에서 발견된 갓난아기 옆에 짧은 쪽지가 놓여 있었다.

허민영. 민영아 정말 미안해. 잘 지내고 정말 미안해.
아프지 말고 건강하게 자라줘.

사흘 후 민영이는 경기도 화성시에 있는 보육원으로 옮겨
졌다. 보육원에서 민영이는 잘 울지도 않았고 혼자 가만히
앉아 그림책을 보거나 스티커를 주면 조용히 잘 노는 아이
였다. 말귀도 잘 알아듣고 의사 표현도 잘했으며 애교도 많
고 잘 웃는 아이였다.

2020년 8월, 24개월이던 민영이는 아이가 넷이나 있
는 서모 씨 부부에게 서지유(가명)라는 이름으로 입양되었

다. 보육원 측은 민영이가 낯선 봉사자가 와도 잘 따랐을 만큼 순했던 아이였기에 자녀가 많은 가정에서도 잘 지낼 것이라고 믿었다고 한다. 그런데 입양 9개월 후인 2021년 5월 8일 오후 6시, 민영이는 의식을 잃은 채 병원에 실려 갔다. 응급 수술을 받았으나 뇌의 2/3가 손상된 채 의식불명 상태에 빠지고 만 것이다. 민영이의 양부 서 씨는 아동학대 중상해죄로 긴급 체포되었다.

정인이 사건이 발생한 지 불과 반년이 채 지나기 전에 또다시 입양아 학대 사건이 발생하였다. 당시 정인이 사건으로 들끓고 있던 우리 협회는 또다시 분노에 휩싸이고 말았다. 겨우 33개월의 아기가 물건을 만지다 망가뜨렸는데 사과하지 않았다고, 싱크대에 빈 그릇을 가져다 두라고 했는데 말을 듣지 않았다고, 잠투정을 하면서 운다고, 몸이 날아갈 정도로 여러 차례 뺨을 맞았고 왼쪽 뇌가 중심 부분에서 이탈할 정도로 폭행을 당했다. 그 후 양부모는 학대 사실이 밝혀질까 봐 구토를 하고 의식불명 상태로 축 늘어진 아이를 일곱 시간이나 방치해 골든타임을 놓쳐버리고 말았다. 아이는 뇌사상태에 빠졌다. 우리 협회는 서 씨를 중상해죄가 아니라 부작위*에 의한 살인미수죄로 강력히 처벌해야 한다고 주장했다.

이번 사건에서도 회원들은 놀라울 정도로 빠른 시간 안에 SNS등을 통해 서 씨 부부의 신상을 알아냈고 그들이 유아부 교사로 재직하고 있던 대형 교회 홈페이지에서 사진과 동영상을 캡처해 협회로 보내주었다. 그런데 사건을 파고들수록 민영이의 입양에 대해, 이해할 수 없는 점들이 많았다.

첫째, 당시 7세 8세 연년생 남아, 11세 12세 연년생 여아 등 친자녀를 4명이나 키우던 서 씨 부부가 굳이 입양하려고 애를 썼다는 점이다. 그것이 다자녀 가정의 혜택을 받기 위함인지 아니면 정인이 양부모처럼 그들의 종교적 허세 때문인지 아니면 인정받고 싶은 욕구가 커서, 남들에게 좋은 사람으로 보이고 싶어서 입양을 택한 것인지 잘 모르겠지만, 확실한 것은 입양의 목적이 '민영이의 행복을 위해서'는 분명히 아니었다는 것이다.

둘째, 입양 자격 중 하나가 아동 양육에 필요한 환경이나 경제력을 갖추어야 하는 것인데 공공임대 아파트에 살며 자녀가 넷이나 되고 소득이나 경제력이 좋지 않았던 외벌이 서 씨 부부에게 입양이 쉬이 허락되었다는 점이다. 입

* 마땅히 해야 할 일을 일부러 하지 않은 것.

양기관이 작성한 양친 가정보고서에 의하면 양부가 '비일관' 영역에서 66점을 받아 '심각'으로 판명이 났음에도 불구하고 별다른 조치 없이 입양이 허가되었다. 당시 그들이 다니던 대형 교회가 입양을 목회 비전의 하나로 삼고 교인들에게 적극적인 참여를 당부한 것과, 해당 입양기관에 거액을 기부한 것이 과연 이것과 아무런 관계가 없는 것인지 의문이 들었다. 사건 이후 대형 교회와 입양기관은 민영이 사건과 관련하여 '함구'로 일관하였고, 대형 교회의 목회 비전에서 입양 부분은 삭제되었다.

셋째, 사회복지사 출신으로 4명의 친자녀를 홈스쿨로 교육할 만큼 양육에 있어서 베테랑이라 할 수 있는 양모가 입양 후 1차 사후관리 조사에서 민영이 양육에 대한 어려움을 토로했다. 보육원에서는 말귀도 잘 알아듣고 의사소통에 문제가 없던 순하디 순한 아이 민영이가 입양 후 울거나 고집을 부렸다면 낯선 환경에 적응하는 과정이라는 것은 아이를 키우는 사람이라면 충분히 짐작할 수 있는 일이다. 그런데도 딸·아들 골고루 4명이나 키워본 사회복지사 출신의 양모가 민영이의 적응 과정을 이해하지 못하고 아이 탓을 했다는 것, 입양기관은 이를 심각하게 받아들이고 조치를 취했어야만 했다.

넷째, 해당 입양기관이 진행했던 민영이의 입양 사후관리 당시에는 '정인이 사건'으로 국민적 공분이 일어나 아동보호전문기관과 정인이 관련 입양기관이 뭇매를 맞고 있을 때였다. 그런데 민영이 관련 입양기관의 사후관리 보고서는 1차와 2차 조사보고서 내용이 복사해서 붙여넣기 수준으로 토씨 하나까지 너무나 똑같았다. 사후관리가 정말로 진행된 것인지, 아니면 형식적인 서류 조작으로 이루어진 건 아닌지 의심이 가는 대목이었다. 또한 양부모 모두를 대상으로 해야 함에도, 양부에 대한 관리는 빠져 있었다는 것 또한 사후관리가 제대로 이루어지고 있지 않음을 여실히 보여주고 있었다.

그럴 사람이 아니라고?

사건이 발생하고 몇 달 후까지 서 씨 부부가 다니던 대형교회 홈페이지에는 민영이가 율동하는 동영상과 활동사진이 있었는데 민영이의 눈 근처에 커다랗고 선명하게 멍이 든 모습이 보였다. 하지만 교회 사람들은 집사 직분을 가지고 유아부 교사로 재직 중인 서 씨 부부가 '민영이가 계단에서 넘어져서 멍이 들었다'라고 한 말을 믿었다고 한다. 독실한 신자인 서 씨 부부가 설마 아이를 학대했을 것이라곤 상상도 하지 않았다고 했다.

교회 홈페이지에는 서 씨 부부가 눈을 감고 손을 들어 찬양하는 사진도 있었다. 설마 하나님이 의지가지없는 고아를 학대하고 폭행한 후에 하는 찬양을 기쁘게 받아들였을까? 그들은 「과부와 고아와 나그네와 궁핍한 자를 압제하지 말며 서로 해하려고 마음에 도모하지 말라(스가랴 7장 10절).」라는 하나님의 말씀을 거역했다.

우리 협회는 서 씨 부부를 살인미수로 처벌하라는 시위와 서명 활동을 진행하고 있었다. 그 와중에 우리들의 분노에 기름을 붓는 일이 발생했다. 서 씨 부부가 다니는 대형 교회 교인들을 중심으로 서 씨 부부 구명을 위한 탄원서 제출 운동이 은밀히 진행되고 있다는 것이었다. 그야말로 울고 싶은데 뺨 때리는 일이었다. 그 대형 교회의 부목사 중 한 사람은 '교회는 성도를 지켜야 한다'라는 말까지 했다. 교회는 사람의 법 따위는 안중에도 없는가. 살인자도 사기꾼도 교회만 다니면 저절로 죄가 사해지고, 알아서 교회가 감싸주니 교회를 다니는 것은 참으로 남는 장사가 아닌가.

하지만 민영이도 그 교회의 유아반 아기 성도였다. 어느 성도는 지켜야 하고 어느 성도는 버려도 괜찮은 건가?

진정으로 하나님을 섬기는 신자들이라면 아동학대자에 대한 구명보다는 뇌사에 빠져 사경을 헤매고 있는 아기 성도를, 하나님의 기적으로 낫게 해 달라는 기도를 해야 한다. 그것이 가장 약한 자를 가장 낮은 곳에서 보살피라는 예수님의 말씀을 지키는 기독교인의 자세일 것이다.

우리 협회의 반발이 심해지자, 대형 교회 측은 일부 교인들에게서 그런 논의가 있기는 했으나 공식적인 것은 아니라고 발을 뺐다. 게다가 우리 협회 회원들이 대형 교회 앞에서 민영이에 대한 사건 내용을 알리는 피켓 시위를 하자 일부 교인들이 항의하고 시위를 방해하는 일도 일어났다. 피켓에는 아기 성도 지유를 위해 증언해 달라는 내용 밖에 없었는데도 '아, 뜨거라' 하고 항의하는 모습이 몹시 씁쓸했다.

서 씨 부부와 같은 교회를 다닌다는 여자들이 협회 사무실로 연달아 항의 전화를 걸어왔다. 그들은 한결같이 서 씨 부부가 아주 좋은 사람들이라는 것을 강조했다.

"그분들은 절대로 그럴 사람들이 아니에요. 얼마나 좋은 분들인 줄 아세요? 아이가 그렇게 된 건 사고였다구요."

"같이 살아봤어요? 그 사람들이 집에서 어떤 사람인지 다 아시냐고요."

"그분들이 교회에서 얼마나 좋은 일을 하시며 열심히 하나님을 섬기는 일꾼들인데요."

결국 나는 폭발하고 말았다.

"닥치세요! 서 씨 본인이 아이를 상습적으로 때렸다고 자백했다고! 경찰 수사 끝에 서 씨가 폭행해서 아이가 뇌사에 빠진 게 밝혀졌다고!"

하지만 그들은 요지부동이었다. "아니라고요! 아이가 그렇게 된 건 사고였어요! 평소에도 애가 잘 넘어져서 멍이 잘 들었다고요!"

가해자 본인이 자백했고 수사 결과가 밝혀졌지만, 그들의 신념은 확고했다. 자신들만이 오로지 선이요 진리라고 생각하는 듯했다. 왜곡되고 찌든 신념을 가진 사람들에게는 합리적인 논리와 객관적 증거도 아무런 소용이 없었다.

이처럼 자신과 친하다는 이유로 또는 사회적으로 좋은 사람으로 보인다는 이유로, '그럴 사람이 아니다'라는 강한 편견이 생기게 되는 일은 매우 위험하다. 이런 편견은 자칫 아이의 생명을 돌이킬 수 없게 만들기도 한다.

민영아 일어나

우리 협회는 양부 서 씨에게 살인미수죄 적용, 양모 최 씨는

지키지 못한 아이들

방조죄로 처벌해 달라는 온라인 서명지, 엄벌 진정서 제출 등으로 분주한 한편, '#민영아일어나' 챌린지를 진행했다. 민영이 사건을 알리고 가해자 처벌과 함께 기적이 일어나 민영이가 깨어나기를 바라는 간절함을 담은 염원이었다. 민영아, 벌떡 일어나 맘마 먹자, 그만 자고 어여 일어나자.

2021년 7월 6일, 서 씨 부부에 대한 첫 재판이 열렸다. 우리는 수원지법 앞에서 서 씨를 살인미수죄로 처벌하라는 시위를 한 후 법정으로 들어갔다. 겨자색 죄수복을 입은 서 씨, 불구속 상태인 양모 최 씨가 피고인석에 앉았다. 법정 안은 우리 협회 회원과 기자들 그리고 대형 교회에서 나온 듯한 사람들로 발 디딜 틈 없이 꽉 들어찼다. 저 중에는 우리 협회로 항의 전화를 한 사람들도 있었을 것이다.

검사가 공소장을 읽어나가자, 법정 안은 흐느끼는 소리로 가득 찼다. 공소장에는 '양부 서 씨가 민영이를 입양한 후 8개월 무렵부터 울면서 고집을 부린다는 이유로 때리기 시작했고 손바닥 발바닥 허벅지 엉덩이 등을 가리지 않고 반복해서 지속적으로 폭행했다. 사건 당일 5월 8일에는 민영이가 플라스틱 의자 위에서 논다는 이유로 손바닥으로 아이의 뺨을 강하게 때렸고, 아이가 바닥에 넘어졌다가 일어서면 다시 강하게 때리는 것을 10여 차례 반복하였으며 양모 최 씨는 남편이 아이를 때리는 것을 목격했음에도 이를 제지하지 않고 폭행하도록 방치하였다. 민영이는 폭행당한 후 축 늘어져 의식을 잃었고 구토를 하였다. 그러나 서 씨 부부는 아이를 안은 채 어버이날이라고 양가 어른들 집에 인사를 다녀오기도 했다. 결국 민영이는 외상성 경막하출혈로 반혼수 상태에 빠지고 말았다'라고 적혀 있었다. 서 씨 부부는 공소장의 내용을 모두 인정하고 동의했다. 서 씨 부부는 절대로 그럴 사람이 아니라고 항의했던 사람들이 그 자리에서 어떤 생각을 했는지 궁금했지만 이후 재판에서 그들을 볼 수 없었으니 물어볼 길이 없다.

　슬프지만 먼저 떠난 정인이가 민영이에게 선물을 하나 주고 갔다. 이전에는 아동학대 사건에서 부모가 동의해야지 국선변호사를 선임할 수 있었는데, 정인이법이 생긴 이후로 가해자인 부모 동의 없이도 국선변호사를 선임할 수 있게 된 것이다. 변호사는 다음과 같이 의견을 개진하였다.

"피해 아동은 두 달 반 동안 혼수상태이기에 피해 사실에 대해 단 한마디의 진술도 할 수 없습니다. 피해자 변호사가 의견 진술을 해야 하나 확인할 방법이 없습니다. 많은 시민이 피해 아동의 부모가 된 심정으로 피해 아동을 대신해서 피고인들에 대한 강력한 처벌을 원하고 있으니, 법원이 양형에 참작해 주실 것을 요청합니다."

민영아, 잘 가

2021년 7월 13일 오전 10시, 대학생들과 인터뷰를 마치고 사무실 문을 막 열고 들어가는 길에 베이비뉴스 기자의 전화를 받았다.

"대표님, 민영이⋯ 갔대요⋯ 사망했대요⋯."

"네? 무슨 소리야? 언제요?"

"7월 11일 새벽에 사망했다고 합니다."

아니, 이틀이나 지나도록 아이의 사망 소식을 아무도 몰랐다고? 조마조마하는 마음으로 부리나케 인터넷을 열었으나 민영이의 사망 소식은 보도되지 않고 있었다. 나는 민영이 사건을 지속적으로 보도하고 있던 경인일보 이시은 기자에게 전화를 걸어 사실 여부를 확인했다.

"맞아요, 민영이가 사망했대요. 새벽에 사망해서 아무도 임종을 못 했대요."

그 순간 우리 사무실은 눈물바다가 되었다. 이후 민영이 사망에 대한 언론 보도가 쏟아져 나오기 시작했다.

하루 종일 질금질금 눈물이 삐져나와 아무 일도 할 수

없었다. 수소문 끝에 민영이의 빈소가 있는 장례식장을 알아냈지만 가지 않았다. 갈 수가 없었다. 어린 아기의 빈소를 볼 자신이 없었다. 하지만 회원들이 빈소에 가서 보내준 사진을 보며 나는 또 울고 말았다. 장례식장 화면에 뜬 민영이의 사진 옆에 〈부: 서 ○○ 모: 최 □□〉이라고 살인자들의 이름이 적혀 있었기 때문이다.

죽는 순간까지 아니 죽은 이후에도 자신을 살해한 자들과 부모 자식으로 연결된 민영이. 허민영이라는 이름을 지어주고 미안하다며, 아프지 말고 건강하게 자라달라고 했던 생모는 이 사실을 알까…. 자신보다 좋은 부모를 만나 민영이가 행복하게 잘 살기를 바랐을 텐데…. 민영이의 빈소에는 불구속된 양모 최 씨도, 서 씨 부부에게는 죄가 없다고 항의했던 교회 교인들도 없었다. 형제자매를 부르짖던 그 많던 교인들은 다 어디로 갔을까.

사망 사실을 안 다음 날이 민영이의 발인이었다. 나는 새벽에 화장장으로 향했다. 아무리 힘들어도 민영이의 마지막을 배웅해 주어야 했다. 아침 일찍부터 화장장에는 운구 버스들이 줄지어 들어왔다. 소복을 입고 건을 두른 유족들의 통곡 소리와 위로해 주는 말들이 사방으로 튀어 다녀 낯선 세상에 서 있는 것 같았다.

지키지 못한 아이들

　　오전 9시가 채 되기도 전, 4444 번호판을 단 검은색 리무진 하나가 조용하게 화장장으로 들어왔다. 민영이의 작은 관이 타고 있는 차였다. 겨우 36개월인 아기가 있을 곳은 어린이집이지 관 속이 아닌데…. 기가 막히고 억장이 무너진 나는 민영이가 탄 차 뒤에 한참 넋을 놓고 앉아 있었다.

역시 양모나 지인, 교인들은 보이지 않았고 민영이의 영정 사진을 입양 조부들이 들고 있었다. 아무리 입양된 지 1년이 채 되지 않아 몇 번 보지 못해 정은 없었다 할지라도 의복이라도 검은색으로 챙겨 입을 생각은 못 했는지…. 묻고 싶었다. 의식 없이 축 늘어진 아이를 안고 어버이날에 서 씨 부부가 찾아갔을 때, 당신들은 정말 몰랐느냐고. 아이가 낮잠을 자고 있다고 생각했을지라도 너무 오래 자면 밤에 안 자니 깨우라거나, 밥 먹이고 재우라고 말해줄 관심조차 없었냐고. 그러나 바람처럼 사라진 그들에게 끝내 물어볼 수 없었다.

화장장 문이 열리고 민영이의 작은 관이 들어갔다. 검은 옷으로 차려입은 회원들의 오열이 걷잡을 수 없이 터져 나왔다. '네가 왜 거길 가, 아기가 왜 거길 들어가.' 그동안 이 일을 하면서 살아 있던 아동이 학대로 사망했던 경험이 없었고 학대 피해 아동의 장례식에 참석한 적도 없었기에 충격이 너무 컸다. '만지셔도 됩니다'라는 장례지도사의 말에 그 작은 관을 만지다가 그만 부끄럽게도 감정을 주체 못 하고 목 놓아 울고 말았다. 다른 아이들도 모두 이렇게 쓸쓸하게 갔겠구나. 애도하는 사람 없이, 죄의 증거물인 아이들의 주검을 서둘러 없애려고만 했겠구나.

민영이의 장례인데 나는 먼저 떠나간 아이들의 장례를 치르듯이 울고 또 울었다.

부모는 안다

민영이의 사망으로 검찰은 서 씨를 학대 중상해에서 살인죄로 공소장을 변경했다. 첫 공판에서 모든 사실을 인정했던 서 씨 부부는 이후 갑자기 말을 바꾸어 민영이가 의자에서 혼자 놀다가 떨어졌고 잠을 자고 있다고 생각해서 병원에 데려가지 않았다며 살인의 고의성을 부인했다. 하지만 마네킹을 사용한 재연과 의사들의 증언으로 인해 그들이 말도 안 되는 주장을 하고 있음이 밝혀졌다.

　　의사들은 얼굴과 온몸의 다발성 멍, 얼굴과 귓바퀴의 멍이 광범위했기에 아동학대로 신고했다고 증언했다. 아이가 의식이 없고 의식이 없는 채로 구토를 했다면 일반적인 부모들은 119를 불렀을 거라고 말했다. 판사가 질문했다.

　"아이가 의식이 있고 없음을 구분할 수 있습니까?"

　　의사가 대답했다. "부모라면 구분할 수 있을 겁니다."

　　그렇다. 부모라면 안다. 쌕쌕 낮잠을 자는지 축 늘어져 의식을 잃었는지 말이다. 그 어떤 부모가 아이가 일곱 시간 동안 낮잠을 자는데 흔들어보거나 밥 먹으라고 깨우지도 않는가 말이다. 나 역시 부모인 입장에서 그들의 주장이 가증스럽기 짝이 없었다. 서 씨의 변호사는 서 씨가 선량하게 자식을 잘 키웠고 하나님의 마음으로 성경의 가르침을 따르고 바르게 성장시키려는 의도로 훈육했다고 변호했다.

　'하나님이 아이를 죽어라 때리라고 가르치더냐? 아이를

때리는 게 훈육이더냐?' 이런 소리가 절로 나왔지만 입술을 깨물며 참고 있었다. 그런데 "서 씨가 차라리 자신이 죽었으면 좋겠다고 합니다"라는 변호사의 말에 나도 모르게 큰 소리로 "아멘!"을 외치고 말았다. 순간 판사를 비롯한 법정 안의 모든 사람들이 나를 쳐다보았다. 법정에서 이러한 행동은 잘못된 것이기에 서둘러 목례로 내 잘못을 시인했다.

1심에서 검사는 서 씨에게 살인죄로 무기징역을, 양모 최 씨에게는 방임으로 징역 10년을 구형하였으나 판사는 서 씨가 반성하고 있는 점, 초범인 점, 범행 자체가 우발적이고 미필적 고의*인 점, 그리고 경제적 상황이 매우 힘든 처지를 고려하여 서 씨에게 징역 22년을 선고했다.

대체 아이를 학대해 죽였는데 경제적 곤란함이 왜 감형의 이유가 되는 것인가. 가난한 사람들은 아동학대를 해도 된다는 말인가. 그리고 양모 최 씨에게는 부양해야 하는 자녀들이 있는 점을 들어 징역 6년을 선고했으나 법정 구속은 되지 않았다. 죄에도 다자녀 혜택이 있는가 보다. 이후 항소심에서 양부 서 씨는 살인으로 22년 형이 유지되었는

---

* 특정한 행동을 함으로써 어떠한 결과가 반드시 발생하는 것은 아니지만 발생할 가능성이 있음을 인지하고 있을 때, 그 결과가 발생해도 상관없다는 심리로 그 행동을 하는 것.

데 양모의 형을 정할 때, 자녀가 넷이 있는 것을 재판부가
몹시 고민하였다. 그러다가 징역 2년 6개월로 감형시켜 주
고 그 자리에서 법정구속을 시켜버렸다.

베이비 박스 안의 작은 아이였던 민영이, 그저 엄마 아빠와
형제자매가 필요했을 뿐이었던 민영이는 그 '가족'으로 인
해 짧은 생을 참혹하게 끝내고 말았다.
　　민영이를 죽인 살인자가 살아서는 사람의 법으로 처벌
받고 죽어서는 하나님의 정의로 지옥 불에서 영원히 벌 받
기를, 그리고 우리 허민영은 신의 놀라운 은총 안에서 안식
하고 행복하기를, 나는 오랫동안 잊었던 기도를 한참 더듬
거렸다.

벗어나지 못한 지옥

용인 조카 물고문 학대 사건

"벗어나고 싶은데 벗어나지지 않는 그 안에서⋯
누가 구해줬으면 좋겠는데 구해줄 사람은 없고,
제가 도망가면 어차피 또 잡혀서 더 죽을 거니까⋯."

아버지를 고발합니다

2019년 3월 23일, 전라북도 군산시의 한 논두렁에서 60대 여성의 시신이 발견되었다. 피해 여성의 남편 안 씨는 전선과 청테이프 등으로 피해 여성의 몸을 묶은 후 열두 시간 동안 폭행하여 살해한 뒤 집에서 10km 떨어진 논두렁에 시신을 유기하였다. 사망한 여성은 안 씨의 다섯 번째 아내였는데 상습적으로 폭행을 당하다 혼인신고 8개월 만에 참혹하게 살해당했다. 이 사건은 '군산 아내 살인사건'으로 세간에 알려졌다. 그에 앞서 안 씨는 여성 6명을 성폭행한 사건으로 8년간 징역을 살다 출소한 전적이 있었다. 그는 결국 구속되었는데 뜻밖에도 안 씨의 친딸 안여은(가명)이 친부인 안 씨를 엄중 처벌해 달라는 청와대 청원을 올렸다.

안여은은 청와대 청원에서 안 씨가 풀려나면 '제2의 피해자가 생길 수 있다' '자신을 죽일 것이다'라며 자신의 아버지를 살인죄로 처벌받게 해달라고 호소하였다. 이후로도 안여은은 방송에 출연해 친부의 만행을 알리고 엄벌을 탄원하는 활동을 벌였다. 자신 역시 친부 안 씨에게 아동학대와 가정폭력에 시달렸다는 안여은은 자신의 학대를 이렇게 증언했다.

"아버지가 집에 돌아오면 저를 꽁꽁 묶거나 혹은 매달아 두고 구타를 했습니다. 2~3개월이 넘도록 저를 집에 혼자 두고 방치했습니다. 동네 사람들이 빵과 음료를 사 먹여서 겨우 살 수 있었습니다. 초등학생 시절 함께 살게 된 새어머니를 구타하고 성고문을 했고, 새어머니는 그 화풀이를 저와 언니에게 했습니다. 두 번째 새어머니가 집을 나가자, 붙잡지 않았다는 이유로 아버지는 저의 머리채를 잡고 짐짝처럼 바닥에 끌고 다니며 발로 걷어차고 밟아댔습니다."

방송에 출연한 안 씨는 새어머니들이 안 씨에게 폭행과 성폭행을 당할 때의 정황을 문 밖에서 느끼고 듣는 고통을 수없이 겪어야 했다며 "차라리 죽일 거면 고통 없이 한 번에 죽이지, 그런 말까지 나오더라고요. 얼마나 고통스럽고 괴로웠을지 짐작이 돼서"라고 말했다. 안여은은 친부에 대해 "때리면서 희열을 느끼는 것 같았어요"라며 친부가 하루라도 누군가를 때리지 않으면 안 되는 중독자 같았다고 말했다. "소리 지르고 비명 지르면 더 때리니까 너무너무 무서웠어요."

안 씨는 딸이 아무리 살려달라고 해도, 잘못했다고 빌어도 폭행을 멈추지 않았다. 하지만 폭행보다 더 무서웠던 것은 아무리 애를 써도 아버지에게서 벗어날 수 없다는 암담한 현실이었다. 안여은은 자신의 친부를 '악마'라고 불렀다. 안여은은 아동학대의 끔찍한 고통과 두려움을 너무나 잘 아는 피해자였다.

악마가 된 이모

자신의 친부를 엄중 처벌해 달라는 청와대 청원을 올린 지 1년 6개월이 지난 후, 안여은은 수많은 카메라 앞에 다시 서야만 했다. 자신의 조카를 물고문하여 죽인 살인 및 아동학대죄로 긴급 체포되었기 때문이다. 안여은 부부는 조카가 욕조에 빠져 숨을 쉬지 않는다고 119에 신고하였으나 출동한 구급대원이 병원으로 이송하던 중 피해 아동의 몸에서 수많은 멍 자국을 발견하고 아동학대를 의심해 경찰에 신고하였다. 그녀의 친부가 살인죄를 인정하지 않은 것처럼 안여은 역시 자신의 잘못을 인정하지 않았다. 하지만 숨진 조카에 대한 부검 결과는 학대가 얼마나 잔혹하고 심각했는지 말해 주고 있었다. 광범위한 피하 출혈로 인해 얼굴, 눈, 온몸에 멍이 들어 있었고 왼쪽 갈비뼈는 부러진 상태, 식도에서는 빠진 치아가 발견되었다. 사인은 '속발성 쇼크 및 익사'였다.

언론에는 '용인 부부 조카 물고문 학대 사망사건'으로 연일 보도가 되었다. 사건 내용이 너무나 엽기적이기도 했지만, 가해자가 불과 1년 반 전에 자신의 아버지를 아동학대와 가정폭력, 살인으로 엄중 처벌해 달라고 했던 청원자임이 밝혀졌기 때문이었다. 안여은은 살인자 아버지가 어린 시절 자신에게 행했던 학대를 학습하고 대물림한 것뿐만 아니라 이를 뛰어넘어 더욱 잔인하고 가학적인 방법으로 학대를 진화시켰다.

사망한 피해 아동 효임이(가명)는 애교가 많고 밝았으며 똑 부러지게 영특한 아이였다. 하지만 부모가 이혼한 후 친부와 함께 지내던 효임이는 얼마 후 친모에게 돌아왔고 친모는 2020년 10월 말경, 이부 언니인 안여은에게 효임이를 맡겼다. 안여은은 무속인이었고 안 씨의 남편은 굿당을 쫓아다니며 장구를 치는 소위 국악인이었다. 효임이를 맡긴 지 한 달 후 안 씨 부부는 효임이를 키우기 힘들다며 친모에게 돌려보냈으나 친모는 이틀 뒤 다시 안 씨 부부에게 효임이를 돌려보냈다.

우리나라 나이로는 열 살이지만 만으로 여덟 살에 불과했던 효임이는 이리저리 내돌려져 심리적으로 불안할 수밖에 없었다. 효임이는 자신의 SNS에 혼잣말을 하는 동영상을 올리기도 했다. 엄마가 자신을 불쌍하게 생각하면 자신에게 잘해줄 수도 있을 거라고 말하던 효임이는 그저 관심과 사랑이 고픈 불안정한 아이였을 뿐이다. 하지만 안 씨 부부는 효임이의 불안한 심리를 보듬어주기보다 효임이가 자신들에게 반항한다고 여기고, 귀신이 들렸다고 생각했다. 그래서 버릇을 고치고 귀신을 쫓아낸다는 미명하에 가학적인 학대를 자행하였다. 파리채의 손잡이 부분과 빗자루 등으로 온몸을 마구 폭행하거나 효임이를 수치스럽게 하기위해 새벽에 나체로 벌을 서게 하고, 나체로 빨래를 시켰다. 그리고 이것을 동영상으로 찍었다. 효임이가 부끄럽고 불편해하며 뒤돌아서면 카메라 정면에 서라며 강요하였다.

이보다 더욱 엽기적인 학대도 있었는데 그들은 효임이에게 자신들이 키우는 애완견의 똥을 강제로 먹게 했다. 사람으로서 차마 할 수 없는 짓을 시키면서도 웃으며 동영상을 찍어둔 안여은은 자신의 아버지처럼 '때리는 것에 희열을 느끼는 것' 같았다. 안여은이 학대를 당하던 무렵 느꼈던 '폭행보다 더 무서웠던 것은 아무리 애를 써도 벗어날 수 없다는 암담한 현실'을 효임이도 그대로 느꼈을 것이다.

안여은 부부는 자신들에게 맞아 갈비뼈가 부러져 움직이지 못하는 효임이를 빨랫줄과 보자기 등으로 묶은 후 욕조에 물을 가득 채워 50여 분에 걸쳐 머리를 강제로 집어넣었다 뺐다 하는 물고문을 가하였다. 결국 효임이는 사망하고 말았다.

안여은은 자신이 그토록 벗어나고자 했던 살인자 아버지에게서 벗어나지 못하고, 그보다 더 지독한 악마가 되고 말았다.

검사에게 보내는 편지

안여은의 학대 살인사건이 발생했던 당시는 정인이 사건으로 세상이 떠들썩할 때였다. 아동학대 살인에 대한 국민들의 분노가 하늘을 찌를 듯하던 때였다. 우리 협회는 정인이 양부모 엄벌 활동과 더불어 효임이를 살해한 안여은 부부에 대한 엄벌 활동에도 적극 나섰다. 어떤 이들은 '아동학대 예방에 엄벌만이 능사는 아니다'라고 말한다. 일부 맞는 말이다. 하지만 그 어떤 이들 역시 엄중 처벌이 아동학대에 대한 사회적 경각심을 갖게 하고 아동학대의 인식 개선을 위한 가장 빠른 방법임을 부인할 수는 없을 것이다. 아동학대의 참혹한 현실과 피해자들이 평생에 걸쳐 트라우마를 갖게 된다는 것을 생각한다면 '엄벌만이 능사는 아니다'라는 말로 군자연(君子然)하는 것이야말로 능사가 아니다. 아동학대 예방을 위해서는 엄중 처벌과 교육을 통한 인식 개선과 더불어 올바른 양육 지도가 함께 진행되어야 함이 십수 년에 걸쳐 이 일에 집중하며 얻은 깨달음이다. 그래서 우리 협회는 아동학대 가해자들에 대한 엄중 처벌 요구뿐 아니라 아동학대 예방 교육도 함께 진행을 하고 있다.

이미 사망한 효임이는 자신을 살해한 이모 안여은의 범죄에 대해 그 어떤 증언도 할 수 없었다. 살인의 고의성을 부인하고 자신의 범죄를 축소, 은폐하기에 급급한 안여은의 범죄를 수사하고 피해자 대신 그 죗값을 재판부에 청구하는 일은 검사의 역할이다. 모든 검사들은 자신이 맡은 사건에 대해 최선을 다하지만 그래도 우리 협회는 각 사건의 검사들에게 학대 살인 가해자들에게 엄중 처벌을 구형해 달라는 응원 편지를 종종 보내곤 한다.

이 일을 하며 유난히 기억에 남은 검사들이 있다. 2013

년, 우리 협회가 결성된 계기가 되었던 울산 계모 사건이 발생하자 울산지검은 작정을 하고 검사 4분이 항소심 공판까지 진행을 하였다. 당시 그 검사분들은 우리 협회에서 어벤져스로 칭송을 받았다. 아동학대 사건의 경종을 울리고 싶다고 하였던 검사들의 바람은 2심에서 아동학대 사건에서 대한민국 최초로 살인죄 적용의 쾌거를 이루어냈다. 이에 더하여 1심보다 3년 형이 추가된 18년 형을 끌어냈다.

2016년 평택 원영이 살인 사건에서 1심 검사는 '아동학대에 대한 관대한 처벌은 아동학대를 방조하는 것'이라는 명언을 남기며 무기징역을 구형하였다. 이 사건은 1심에서 징역 20년, 항소심에서는 징역 27년이 선고되었다.

효임이 사건을 맡은 수원지검 박상용 검사는 우리 협회에서 '뷔 검사'로 통했다. 공판마다 법정을 가득 메운 우리 협회 회원들에게 일일이 인사하고, 간략하게나마 궁금증을 풀어주는 등 드물게 우리와 소통하였기 때문이다. 우리 협회는 극악무도하고 엽기적인 효임이 살해 사건에서 검사의 역할이 중대함을 알고 있어, 손편지를 써 보내며 응원을 보냈다. 협회가 운영하는 카페에 릴레이 댓글로 뷔 검사에 대한 응원의 글을 남기기도 하였다. 그것은 외롭고 비참하게 생을 마감한 효임이를 살해한 살인자 안여은에 대한 사법적 정의 구현이 이루어지기를 바라는 간절한 우리의 마음이었다.

박상용 검사는 우리 협회 회원들이 매번 법정을 가득 메우고 엄벌 진정서와 서명지 수천 장을 제출, 자신에게 손 편지를 써 보내는 것을 보며 '피해 아동과 관련 없는 시민들이 생업도 있을 텐데 재판에 와서 슬퍼하고 분노하는 모습이 충격적이었다. 손 편지도 엄청 많이 받았다. 이를 보고 국민의 법 감정에 맞는 '양형*'이 나와야겠다는 생각이 들었다'고 말했다.

누가 감히 합의해?

첫 공판에서 안여은 부부는 서로 공모하여 학대한 적이 없고, 살인의 고의도 없었다고 주장하였다. 그러자 검찰 측은 두 번째 공판에서 경찰이 입수한 동영상을 증거로 제출하기로 하였다.

첫 공판 이틀 후인 5월 31일, 재판 관련하여 사건 검색을 하던 나는 소스라치게 놀라고 말았다. 엄벌 진정서가 계

*　처벌 수위.

속 제출되고 있는 우리 회원들 기록 사이에서 허 ○○ 탄원서 제출, 허 ○○ 합의서 제출이라는 기록이 있었기 때문이다. 사망한 아동을 대신하여 합의할 수 있는 사람은 친부모뿐이다. 효임이는 성 씨가 김 씨였기에 합의한 사람이 친부일리 없으니 남은 사람은 친모밖에 없었다.

친모는 효임이의 양쪽 눈에 심각하게 멍이 든 사진을 확인하고도 아무런 조치도 취하지 않았다. 오히려 안여은에게 복숭아가지 묶음을 배달시켜 주며 아이의 신체를 때려 귀신을 쫓아내달라고 요구를 했었다. 친모 허지은(가명)은 자신의 친딸에 대한 안여은의 폭행을 정당화하는 등 보호자로서 양육의 의무를 방기하여 사망에 이르게 하였기에 방임학대 혐의로 불구속되어 재판을 기다리는 중이었다. 친모 허 씨는 효임이에 대한 또 다른 가해자임에도 불구하고 법정 대리인 자격으로 자신의 친딸을 죽인 이부 언니 안여은에 대한 처벌을 원치 않는다는 합의서를 제출했다. 피해자는 죽은 효임이뿐이고 합의건 용서건 효임이 외에는 그 누구도 권리가 없어야 한다. 그런데 누가 감히 합의서를 제출한단 말인가?

형사사건에서 합의서는 재판부의 감형 요소로 작용하기도 한다. 효임이가 어떻게 잔혹하게 죽었는지 뻔히 아는 친모 허 씨가 합의서를 제출한 건 이부 언니인 안여은의 형량을 조금이라도 줄이기 위한 의도였다. 나는 언론 인터뷰에서 '부모의 역할과 의무를 다하지 않은 사람의 합의는 있을 수 없는 일이며 아동학대 살해 사건에서 재판부가 합의서를 받아주는 관행은 반드시 개선돼야 한다'고 강조했다. 우리 협회는 친모의 합의서에 대응하기 위해 진정서 제출 및 엄중 처벌 서명 활동을 더욱 적극적으로 추진하였다.

두 번째 공판에서 안여은 부부는 중병환자처럼 아픈 시늉을 하며 벽을 짚고 천천히 법정으로 입장했다. 재판이 시작되고 검사 측에서 모자이크 없는 증거 영상을 틀자 방청석에서는 비명과 울음소리, 탄식이 터져 나왔다. 그것은 안여은이 커다란 비닐 속에 효임이를 들여보내고 애완견의 똥을 삼키라며 윽박지르는 영상이었다. 영상 속에서 효임이가 망설이자 "쏙, 입에 쏙!"이라는 위협적인 안여은의 목소리가 나왔고 효임이가 개똥을 씹어 삼키자, 영상을 보던 판사의 표정이 일그러졌다. 어떻게 사람이 되어서 이렇게까지 할 수 있는가.

두 번째 영상은 옷 뭉치를 물에 적셔 효임이를 때려 갈비뼈를 부러뜨린 날 찍은 것이었다. 몸도 제대로 가누지 못하는 효임이를 발가벗겨 청소를 시키고 있었는데, 효임이는 벗은 몸을 필사적으로 가리며 겨우 청소를 하고 있었다. 그리고 새벽에 잠을 재우지도 않고 발가벗긴 후 팔을 들어 올리게 하여 벌을 세우는 영상도 나왔다. 효임이의 눈두덩이는 꺼멓게 부어올라 있었고 눈도 제대로 뜨지 못하고 온 몸에 멍이 든 채로 팔을 올리고 있었다. 안여은 부부는 국민체조 음악을 틀어놓고 일부러 팔을 들어 올리는 체조를 시켰다. 효임이는 안간힘을 써서 동작을 따라 했는데, 그들은 아주 집요하게 그 모습을 즐기는 것 같았다.

사망하기 세 시간 전, 팬티와 반팔 티셔츠만 입은 채 무릎을 꿇고 눈 주변에 꺼멓게 멍이 든 효임이에게 "팔 올려"라고 안여은이 명령하는 영상이 나왔다. 하지만 오른쪽 팔은 올라가는 데 왼쪽 팔이 올라가지 않는 것을 본 안여은이 "오늘은 딱 그만큼 올라가니?"라고 묻는다. 이 말은 다른 날도 갈비뼈가 부러져 팔이 안 올라간 날이 많았다는 것을 의미한다. "올려라, 올려"라는 안여은의 위협에 효임이가 왼팔을 필사적으로 올리려고 하지만 결국 안 올라가자 "왜, 오늘도 의사 진찰이 필요하니?"라고 물었다. 그런 상황에서도 웃는 목소리에 나는 소름이 끼쳤다. 지켜보던 교도관도 눈물을 훔쳤고, 방청석에 있던 우리 회원들은 안여은을 제발 사형을 시켜달라며 울부짖었다. 생판 남인 우리들도 이토록 가슴이 찢어지도록 아이가 가엾은데 엄마라는 여자는 가학적인 살인자를 위해 처벌 불원 합의서를 제출하다니, 감히 그딴 짓을 하다니.

안여은 부부는 박상용 검사에 의해 자신들의 친자녀들에 대한 정서학대 혐의도 추가로 기소되었다. 거실에서 오줌을 싸지 않았다고 하는 효임이를 파리채 손잡이로 온몸을 마구 폭행하고 개똥을 흰색 비닐봉지에 담아주며 먹게 한 것, 잘 씻지 않는다는 이유로 효임이의 손과 발을 노끈으로 묶은 후 욕조의 물속에 집어넣고 소리 지르는 모습을 친자녀들이 목격하게 한 것, 이런 식으로 그들은 친자녀들에게도 정서적 학대를 해왔다.

이와 같은 행위는 안여은 부부가 찍은 동영상으로 인해 밝혀졌고 증거가 되었다. 자신들의 가학적인 학대 사실을 일일이 동영상으로 찍고 아이를 나체로 만든 후 굳이 카메라 쪽을 보게 강요한다든지 존댓말로 영상의 모습을 설명하는 상황에 의문이 들었다. 항간에 잔혹한 영상을 유료로 게시하고 보게 하는 곳들이 있다고 하던데 혹시 안여은 부부가 돈벌이 목적으로 효임이의 학대 영상을 찍고 보관한 것은 아닌지 심히 의심스러웠다. 포렌식으로 그런 정황은 발견되지 않았다고 결론은 났지만 지금도 여전히 그 의심을 떨칠 수가 없다.

벗어나고 싶은데 벗어나지지 않는

코로나19의 여파로 인해 한동안 법정 출입 인원이 제한되었다. 우리 협회 회원들은 이른 시간부터 시위를 하고 줄을 서서 법정 출입 순서를 지켰지만 워낙 방청객이 많아 중간에 출입이 제한되기도 하였다. 우리 회원들은 사건이 많이 알려지기를 원해서 자신이 입장하는 순서를 기자들에게 양보하기도 했다.

효임이는 다량 출혈로 인한 속발성 쇼크와 더불어 익사가 중첩되어 사망했다. 부검할 때 두피를 절개하니 피가 왈칵 쏟아져 나올 정도로 머리에 피가 고여 있었고, 갈비뼈는 부러져 있었다. 2월 8일 사망 직전의 동영상을 본 법의학자는, 피해자가 걷지도 못하는 지경까지 이르게 되었고, 이미 광범위한 출혈이 발생하여 손발을 묶어 물에 넣어 고문하지 않아도 곧 사망할 수 있는 상황이었다며 피고인들이 '아이가 죽을 줄 알았을 것'이라는 소견을 내었다. 또한 비틀비틀 걸어오다 갑자기 개 울타리 안으로 쓰러질 정도로 구타를 당한 아이를 묶어 머리를 물속으로 집어넣었다

지키지 못한 아이들

뺐다 하는 물고문을 한다면, 그러는 중에 죽지 않을까라는
의문이 저절로 생길 것 같다는 이야기도 하였다.

박상용 검사는 구형 의견서에서 이렇게 얘기하였다.
"만 8세의 피해자가 도망갈 수도 없는 집에서 매일 같이 벌
을 서고 개똥을 먹는 등 학대를 당하고 갈비뼈가 부러져 손
을 들지 못하면 또 구타를 당하고 결국 온몸에 피하출혈이
심해 언제 쇼크로 사망할지 모르는 상황에 이르게 되었습
니다. 그 상태에서도 손발을 끈으로 묶어 저항하지 못하는
피해자의 머리를 물속에 잠기게 하고, 마치 게임을 하듯이
숫자를 세고, 빼내는 행위를 지속하였습니다. 욕조에서 피
해자의 머리를 얼마나 강하게 눌렀는지 피해자의 치아가
빠졌고 피해자는 그것을 물과 함께 삼켜, 식도에서 치아가
발견될 정도였습니다. 이런 공포감 속에서 어디 하나 구원
요청을 할 수도 없이 지옥과 같은 상황에서 어린 피해자는
죽어갔습니다."

나는 박 검사의 의견을 들으며 안여은이 자신이 학대
당할 때 생각했다는 말을 떠올렸다.

'벗어나고 싶은데 벗어나지지 않는 그 안에서… 누가 구
해줬으면 좋겠는데 구해줄 사람은 없고 제가 도망가면 어
차피 또 잡혀서 더 죽을 거니까….'

안여은이 효임이를 학대하던 그때, 자신이 어린 시절 당하던 학대가 생각나지 않았는지 궁금했다. 아버지가 꿈에 나타나 무섭다고 방송에 털어놓은 지가 불과 2년 전인데 말이다.

박 검사는 피고인 안여은에게 무기징역을, 피고인 김민수(가명. 안여은의 남편)에게 징역 40년을 구형하였다. 주범이 아닌 공범에게 징역 40년을 구형한 것은 내가 알고 있는 아동학대 사건에서 가장 형량이 높은 것이었다. 아동학대 사건에 경종을 울리고자 하는 박 검사의 의지가 강력하게 드러나 보였다.

피고인 최후 진술에서 안여은과 김민수가 개미만 한 목소리로 웅얼거려 잘 들리지 않자 우리 회원 중 한 명이 참다못해 소리를 쳤다. "효임이한테 하듯이 크게 얘기하세요! 효임이에게 소리치듯이!" 결국 판사에게 제지를 당했지만, 당시 법정 안에 있던 사람들 모두 그 말에 공감했을 것이다.

한 달여가 지난 선고 공판에서 재판부는 안여은에 대해 징역 30년을, 김민수에게는 징역 12년을 선고하였다. 박상용 검사는 즉각 항소하였고, 수원고등법원에서 열리는 항소심에서도 공판 검사로 나서 분투하였으나 기각되어 1심의 형이 확정되고 말았다.

한편, 효임이 친모 허지은에 대해 검사는 징역 2년을 구형해 달라고 하였으나 1심 재판부는 구형보다 이례적으로 높은 3년을 선고하였다. 허 씨는 즉각 법정 구속되고 말았다. 1심 재판에서 '엄마로서 책임을 못했다'고 진술했던 그녀는 법정 구속이 되자 즉시 마음이 변하여 자신의 이부 언니가 효임이를 학대한 것을 몰랐다며 무죄를 주장하며 항소하였다. 효임이가 폭행당한 사실에 대해 안여은과 카톡을 통해 주고받은 기록이 뻔히 남아 있는데도 말이다.

아이가 아프면 대신 아프게 해달라고 기도하는 것이 부모의 마음이다. 아이가 혹여 다치기라도 하면 자신이 잠시 소홀했던 것은 아닌지 자책하는 것이 부모의 마음이다. 엄마가 자신을 불쌍하게 생각하면 잘해줄지도 모른다는 어린 효임이의 진심 어린 말은 친모 허 씨의 손끝에도 닿지 않았나 보다. 하긴 제 자식을 엽기적으로 살해한 이부 언니의 처벌을 원치 않는다고 합의서를 제출했을 때도 효임이에 대한 미안함이나 자책은 손톱만큼도 없었을 테니 친모 허 씨에게 효임이의 존재는 아무것도 아니었나 보다.

1심 검사는 구형보다 선고 형량이 더 많았기에 항소하지 않았다. 항소 재판부는 "피고인의 방임 행위가 지속되는 중에 아동이 사망에 이른 것은 부모로서 도리를 다하지 못했다는 점에서 불리한 양형 인자로 고려하는 것은 당연하다"라고 했지만 "검사가 기소하지 않은 부분에 대해 그 범위를 넘어 아동학대 치사죄나 살인방조죄로 형량을 정할 수는 없다"며 효임이 친모 허 씨에 대해 징역 3년의 원심판결을 파기하고 징역 2년을 선고하였다.

슬픈 대물림

가정에서 학대로 사망한 아동의 재판에 가면 가해자인 부모들이 대부분 하는 진술이 있다. "학대가 아니라 훈육이었다." "나 역시 어린 시절 부모로부터 학대를 당해서 불우하게 자랐다." 그리고 그것은 놀랍게도 효과적인 감형 요인으로 작용하기도 한다. 우리 협회는 제발 가해자의 서사를 감형 요인으로 넣지 말라고 주장하고 있다. '살해'라는 극단적 형태의 학대를 당한 피해 아동에게 가해자의 그 어떤 변명도 아이를 학대하거나 살해할 수 있는 이유나 원인이 될 수 없기 때문이다.

하지만 짚어봐야 할 사실도 있다. 아동학대를 당한 사람은 자신이나 타인의 아이를 학대할 가능성이 일반인보다 크며, 결국 이런 경험이 학대의 대물림으로 이어질 수 있다

지키지 못한 아이들

는 사실 말이다. 반복되는 학대는 어릴수록, 기간이 길수록 아이에게 악영향을 미쳐 인격 형성에 부정적인 요인으로 작용하게 된다. 그리고 훈육이라는 미명하에 폭력적 체벌을 받으며 성장한 아동은 자신이 부모가 된 이후에 체벌 이외의 다른 양육 수단을 모르기 때문에 자연스럽게 체벌을 양육의 한 형태로 인식하게 된다. 그리고 자신의 부모가 자신에게 가했던 학대를 대물림하기도 한다. '부모의 아동기 학대 경험과 부모의 양육 스트레스, 자녀학대, 자녀 우울 간의 직접적 영향 관계가 확인되었으며 아동기 폭력의 피해 경험이 성인기에 폭력의 가해로 나타나게 되는 사회학습이론을 지지하는 '결과'라는 연구'*도 있다. 하지만 이것은 아동학대의 결과에 당위성을 부여하는 것이 아니라 아동학대는 또 다른 아동학대를 낳을 뿐이니, 제발 학대하지 말자는 것이고 예방을 하자는 것이다.

학대 피해 아동은 우선 가해자로부터 분리되어 안전한 환경으로 옮겨져야 한다. 학대는 그 아이의 잘못이 아니라는 것을 분명히 알게 해준 후 장기적으로 아이를 따뜻하게 보살펴줄 환경과 롤모델이 될 만한 어른이 있어야만 회복

* 이주연, 최은영,『부모의 아동기 학대 경험과 양육 스트레스가 자녀 학대와 자녀 우울함에 미치는 영향. 보건 사회 연구』, p.137-139. 2022.

이 빠르다. 어린 시절 각인된 학대의 기억은 평생에 걸쳐 사무치기에 심리 치료 등을 통해 학대의 트라우마로부터 회복될 수 있도록 지원을 해야 한다. 하지만 현실은 그렇지 못하다.

2022년도 아동학대 주요 통계에 따르면, 당해 연도에만 44,531건의 아동학대 신고가 접수되었다. 이것은 하루에 100건 이상, 아동이 학대로 신고 접수되고 있다는 것을 말해준다. 아동학대 발견율이 3.84%에 불과한 우리나라의 현실에 비추어보면 얼마나 많은 아동들이 발견되지도 못한 채 계속 학대를 당하고 있을지 짐작조차 할 수 없다.

그중 부모에 의한 아동학대는 전체의 82.7%에 달하며, 이중에서도 양부모와 계부모를 제외한 친부모에 의한 학대는 79.9%에 달한다. 하지만 학대 피해 아동 중 89.5%가 학대 가해자로부터 보호되지 못한 채 원가정 보호라는 이름으로 가해 부모에게 그대로 방치되고 있다. 또한 재학대율은 16%에 달하고 있다. 2022년에만 50명의 아동이 학대로 사망하였다. 한 달에 4명 이상의 아동이 학대로 죽어가고 있으며 살해 가해자의 78%가 부모인 것으로 밝혀졌다. 이러한 통계로 볼 때 '원가정 보호조치'라는 이름이 학대 피해 아동들에게 얼마나 위험한 방치인지 알 수 있다.

지키지 못한 아이들

'원가정 보호조치'는 학대 피해 아동들에게 벗어날 수 없는 지옥이 되기도 한다. 학대로부터 살아남은 아동과 청소년, 어른의 숫자가 얼마나 많을지 짐작조차 할 수가 없다. 아직 우리나라에는 성인들의 아동기 학대 경험을 확인할 수 있는 통계자료가 없으니 말이다.

우리 협회는 아동기에 학대를 당한 성인 부모를 대상으로 '학대 대물림 끊기' 프로그램을 진행하고 있다. 하지만 정부나 지자체로부터 보조금을 전혀 받지 않는 현실 여건상 소규모로 진행될 수밖에 없으며 장기간의 프로젝트 진행도 역부족이라 힘들게 프로그램을 유지하고 있다.

영국에서는 성인을 대상으로 아동기 트라우마에 대한 정보를 확인하여 아동기 트라우마의 부정적 영향에서 회복할 수 있도록 지원하고 있다. 너무나 부러운 시스템이 아닐 수 없다. 우리나라에는 대를 이어져 내려오고 있는 '매를 아끼면 자녀를 망친다'는 잘못된 훈육방식이 문화적으로 굳어져 있어 대부분의 경우, 아동기 학대에 노출된 채 성장하였다. 그리고 훈육을 위해서 체벌이 당연히 필요하다고 믿는 부모들이 지금도 상당히 많다.*

* 〈체벌의 효과성, 필요성에 대한 동의〉, 한국리서치, 2021.4.

　　높은 출산율만이 능사가 아니라 아동을 건강하게 성장
시키는 것도 국가의 몫이다. 아동학대의 대물림을 끊기 위
해서라도, 전 국민의 정신 건강 보호를 위해서라도 국가적
차원에서 아동기 학대의 트라우마에서 회복될 수 있는 프
로그램과 시스템이 구축되기를 간절히 바랄 뿐이다. 그래야
만 부모로부터 학습된 학대의 대물림으로 '악마'가 되는 일
도, 그 악마에게 아이가 살해당하는 사건도 막을 수 있을
것이다.

　　슬픈 대물림은 이제 그만 끊어내야 한다.

　　지키지 못한 아이들

이팝나무꽃의 전설

부산 가을이 사건

누구도 용서해서는 안 돼요,
절대로 어느 누구도 용서받아서는 안 돼요.
그 집에 있던 모두가 살인자예요.

5월 어린이날쯤이면 이팝나무 꽃이 만개한다. 소복소복 쌀밥이 얹힌 듯한 소담한 이팝나무꽃을 보고 있자면 가슴 한쪽이 싸하게 아파지며 떠오르는 슬픈 이름들이 있다. 굶어 죽은 지 6개월 만에 미라 상태로 발견된 구미 보름이, 21일간 방치되어 굶어 죽은 아산 주현이, 개 사료를 훔쳐 먹다 굶어 죽은 울산 예린이, 태어날 때보다 몸무게가 덜 나갈 정도로 굶어 죽은 창원의 76일된 아기 별리…. 21세기 대한민국에서 아이들이 굶어 죽다니 믿을 수 없는 일이지만 이 끔찍하고 잔혹한 방임과 학대 살해는 어쩐 일인지 끊이지 않고 있다.

　2022년 기준으로 한 해 동안 학대로 사망한 아동이 50여 명에 이른다. 이중 방임과 학대로 사망한 아동은 24명이다. 아동학대 사망 가해자의 78%가 부모이기에 살인자의

가족 친지들은 "산 사람은 살아야 한다"며 가해자의 서사를
내세워 살인자의 감형을 위해 선처를 요구한다. 그래서 우
리 협회 회원들은 상황이 가능하면 재판에 참석하여 학대
로 사망한 아이의 편에서 그 억울함을 알리려고 노력하는
편이다.

부산 가을이(가명) 사건 때 경남 회원인 배미경 회원,
우은주 회원, 이지현 회원 역시 그랬다. 그들은 매주 부산지
법 앞에서 시위하고, 재판에 참석하여 보고 정리한 내용을
카페에 올리며 가해자 처벌을 위한 회원들의 진정서 제출

지키지 못한 아이들

을 독려하곤 했다. 마침, 바쁜 일이 끝나고 시간이 났기에 나도 그들과 합류하였다.

재판에 참석하면 언론에 보도된 것보다 더 자세한 내용을 알게 된다. 부산 가을이 사건 역시 그랬다. 언론에는 「배고파요, 영양실조 걸려 밥 달라고 엄마 깨운 4세 딸 폭행해 숨지게 한 친모」라는 다소 자극적인 제목으로 보도가 되었는데, 실상은 그보다 더욱 참혹하였다. 이 사건으로 인해 친모 김 씨는 상습 아동학대, 아동학대 살해, 성매매 등의 혐의로, 집주인이자 동거인인 문 씨는 아동학대 방조 및 성매매 알선 등의 혐의로 구속되어 재판을 받고 있었다. 번갈아 진행되고 있는 재판은 세상 둘도 없는 절친이었던 두 여자가 한 아이의 죽음을 두고 누가누가 거짓말을 잘하는지 뽐내는 경연장이 되어버렸다.

재판에 참석했을 때 방청석에 여성들이 몇 명 앉아 있었다. 통상 아동학대 재판에는 기자나 우리 협회 회원 외에 다른 사람은 많지 않아 의아했는데, 알고 보니 성매매 피해 여성을 돕는 단체에서 나온 활동가들이었다. 그들은 친딸을 죽인 친모 김 씨를 '성매매 피해 여성'으로 규정하고, 김 씨에게 사선 변호사까지 선임해 주었다. 아마 그 단체는 친모 김 씨가 동거인 문 씨에게 가스라이팅을 당해 성매매한 돈을 다 갖다 주어서 아이를 방치하고 학대할 수밖에 없었다고 판단한 것 같았다. 하지만 설혹 강요에 의한 성매매였다할지라도(자유로운 외출, 함께 어울려 외식과 여행을 했다는 점이차후 재판에서 밝혀졌지만) 매일 폭행과 학대를 지속해 친딸의 눈을 실명까지 시킨 것은 친모 본인이 한 일이었다. 하루에 한 번 분유 탄 물만 주거나 그마저도 주지 않아 6세(만 4세) 여아의 평균 키보다 한참 미달된 키 83cm에, 몸무게는또래 아동의 절반에도 미치지 못하는 7kg으로, 살아 있는미라를 만든 것도, 마침내 폭행으로 아이를 죽인 것도 친모자신이 한 일이었다. 그런데도 친모가 성매매를 했다는 이유만으로 '피해자'로 규정하고, 피해자의 '인권을 위해' 변호사까지 선임해 주다니. 그 단체는 친모가 자기의 친딸을 죽인 '가해자'라는 사실을 모르는 것인가. 짧은 생을 비참하게살다가 참혹하게 죽은 아이의 '인권'은 안중에도 없는 것인가. 이런 생각에 답답한 분노가 일었다.

당시 나는 모 인권 단체의 위원으로 활동하고 있었는데 이 사건 이후 사임하고 말았다. 자신의 친딸을 가혹하게살해한 자의 인권을 논하는 곳이 인권 단체라면 그런 곳에서 활동할 이유가 없기 때문이다. 어떤 이들은 우리 협회가인권 단체인 줄 안다. 천만의 말씀이다. 우리는 학대 피해 아동을 위해 일하는 곳이지 아동학대 살인자나 범죄자들의 인권 타령을 위해 존재하는 곳이 아니다.

살아서 미라가 된 아이

2020년 9월경, 가정불화에 시달리던 김은숙(가명)은 두 딸 중 둘째 가을이를 데리고 가출하였다. 맘카페에서 만나 친해진 문주희(가명)가 부산의 자기 집에 와서 같이 살자고 해서였다. 하지만 문주희의 방 두 칸짜리 아파트에는 문 씨 부부와 두 아들이 살고 있었고 넉넉한 형편도 아니었다. 문 씨 집에 얹혀살며 몇 달간 아르바이트하던 친모 김 씨는 금세 일을 그만두는 등 그리 성실한 편이 아니었나 보다. 결국 쪼들리는 생활 끝에 성매매에 나서게 되었다. 친모 김 씨는 성매매를 하게 된 계기가 자발적인 행동이었다고 했으나 나중에는 문 씨의 권유에 의해서, 이후에는 협박에 못 이겨서라고 하는 등 횡설수설하였다.

김 씨는 매일 3~5회에 걸쳐 성매매를 해 매달 800만 원 이상을 벌어들였다고 한다. 친모 김 씨는 대출 연체가 있어서 본인의 카드나 통장을 사용하지 못했기 때문에 자신의 생활비 및 지출은 문 씨 명의의 카드를 사용하였고, 성매매로 벌어들인 돈 중 월세 50만 원과 카드 대금은 현금으로 ATM기를 통해 문 씨 통장으로 넣어 갚았다. 그리고 매일 삼시세끼 배달 음식을 시켜 먹었는데, 한 끼에 5~6인분을 시키는 등 흥청망청 돈을 썼다. 그런데도 가을이에게는 하루에 한 끼만 분유에 물을 타주거나 그마저도 안 주는 날이 허다하였다. 배가 고픈 가을이는 친모의 폭행으로 실명이 되어 겨우 명암만 구분하는 눈으로 냉장고를 뒤져 흙 묻은 당근, 흙 묻은 감자, 매운 아귀찜 국물 같은 것을 훔쳐 먹다가 걸려서 또 맞곤 하였다. 검사가 김 씨에게 물었다.

"배달 음식을 많이 시켰는데 피해자에게 줄 것을 시킨 적은 있습니까?"

"네."

"그런데 왜 주지 않았습니까?"

"달라고 하지 않아서 주지 않았습니다."

'헉!' 하는 탄식이 저절로 나왔다. 아이가 밥을 달라고 하지 않아서 안 줬다고? 보통 부모들은 아이가 밥을 먹지 않겠다고 해도 밥그릇 들고 다니며 한 숟갈만이라도 먹이려고 애쓰지 않나? 저걸 대체 말이라고 하는 건지 이해할 수 없었다.

그런데 한동안 집주인 문 씨 집에서 같이 살았던 문 씨의 친구 이 씨는 친모 김 씨가 아이들을 위한 메뉴를 시키는 것을 본 적이 없고, 주로 자기가 먹을 술안주나 떡볶이 등을 시켰다고 증언했다. 가을이가 자고 있는 친모 김 씨에게 배고프다고 칭얼대자 왜 깨우냐고 화를 내며 아이가 날아갈 정도로 엉덩이를 때렸고, 아이가 울자 목을 잡아 들어던지는 것도 보았다고 증언했다.

검사가 친모에게 물었다. "성매매로 벌어들인 돈을 보면 딸과 둘이 풍족하게 살 수 있었을 텐데 그러지 않은 이유는 무엇입니까?"

"그런 생각, 안 해봤습니다."

협박도 강요도 아닌, 본인 스스로 그런 생각조차 안 해봤다고 김 씨가 대답했다.

"(성매매로) 충분한 생활비를 벌었으면서 아이 먹을 것을 몰래라도 챙겨주지 않은 이유가 무엇입니까?"

"그렇게 하면 보복 같은 게 있었습니다. 가을이에게 피해가 갈 것 같았고 가족을 가지고 협박을 했습니다."

조금 전 물었을 때는 '아이가 먹을 것을 달라고 하지 않아서 주지 않았다'라고 대답했으면서 다시 물었을 때는 '보복이나 협박이 무서워서 아이에게 먹을 것을 주지 않았다'고 대답했다. 친모 김 씨는 지능이 떨어지는 사람이 아니었음에도 재판 중 거짓말을 하도 많이 하다 보니 자신이 한 말도 기억하지 못해 대답이 꼬인 것 같았다.

판사가 친모에게 질문했다. "배달 음식을 많이 시켜 먹었으면서 아이 먹을 건 시킨 적이 있나요?"

"아니요." 검사가 물었을 때는 아이가 먹을 것을 시켰지만 달라고 하지 않아서 주지 않았다더니. 친모 김 씨의 증언은 매번 이런 식이었다. 결국 판사는 이렇게 말했다.

"증인은 지금 별 얘기를 다 하는 것 같습니다. 증인 얘기는 못 믿을 게 너무 많아요. 머릿속에서 소설을 쓰는 것 같습니다. 반성하는지조차 못 믿겠다는 말입니다."

판사가 다시 물었다. "피해자가 하루에 몇 끼를 먹었나요?"

"한 끼."

"그마저 안 먹일 때도 있었죠?"

"네."

"피해 아동의 사망 전 사진을 보면, 미라 수준이에요. 피골이 상접… 허! 머리끝에서 발끝까지 가죽이 뼈에 달라붙은 정도였어요!"

판사가 준엄하게 말했다. 판사의 일갈을 들으며 가을이가 아주 많이 말랐었다고 생각했지만, 그때 나는 몰랐다.

상상하는 것과 보는 것의 차이를. SBS 〈그것이 알고 싶다〉에서 우리 협회로 취재를 왔다. 아동방임에 대해 여러 가지 인터뷰를 하던 중 피디가 물었다. "혹시 가을이 사진 보신 적 있어요?"

"아니요, 판사님께서 거의 미라처럼 말랐다는 말씀하신 것만 들었어요."

피디가 말없이 내게 A4 용지 절반 사이즈의 뒤집힌 사진 한 장을 내밀었다. 내심 가을이 사진인가 보구나 하고 뒤집어보다가 그만 '악!' 소리를 지르며 사진을 떨어뜨리고 말았다.

"누구도 용서해서는 안 돼요! 절대로 그 누구도 용서받아서는 안 돼요! 그 집에 있던 모두가 살인자예요!"

나는 손을 부들부들 떨며 울고 말았다. 사망 직후 찍힌 가을이의 사진은 처참하다는 말로도 부족했다. 까만 단발머리 밑에 퀭하게 움푹 파인 눈과 볼, 그리고 전신은 근육이나 살점이 하나 없는 뼈뿐이었다. 아이는 정말 미라가 되어 있었다.

성인이 3명이나 있던 집에서, 이런 상태의 아이에게, 밥을 달라고 하지 않아서 주지 않았다고? 하루 한 끼 분유 탄물만 먹이고 그마저도 주지 않은 날이 많았다고? 그 아이

옆에서 자기들은 배달 음식을 배불리 먹었다고? 아이가 밥 달라고 칭얼댔다는 이유로 굶어서 죽어가고 있던 아이를 때려죽였다고?

살인자들! 그 집에 있던 모두가 살인자였다. 그 누구도 용서받아서는 안 되는 죄인들이었다. 방송에는 모자이크된 사진이 나왔지만, 너무나 선명하고 참혹한 원판 사진을 본 나는 그날 이후 한동안 눈만 감으면 미라가 된 가을이 마지막 모습이 떠올라 미칠 것 같은 불면의 날들을 이어갔다.

누가 죄인인가

가을이의 참혹한 사진을 보고 난 후 의문이 생겼다. 짐승만도 못한 친모는 그렇다 치더라도 한 집에서 같이 생활하던 문 씨와 문 씨의 남편은 가을이의 기아가 된 모습을 보았을 것 아닌가? 게다가 자신의 두 아들도 같이 키우고 있는 상황이었는데 어떻게 아이가 저렇게 되도록 내버려둘 수 있단 말인가? 함께 살던 누구라도 챙겨줬다면 그 지경이 되지는 않았을 것이다. 검사의 말처럼 아프면 병원에 데려가고 배고파 하면 밥 주는 것은 누구나 할 수 있는 일 아닌가? 그리고 누가 봐도 아이가 저런 상태라면 놀라 신고했을 텐데 주변의 어른들 중 아무도 가을이의 상태를 몰랐단 말인가?

여러 경로로 입수된 가을이의 사진을 보면, 처음 문 씨의 집에 들어갔을 때는 몹시 통통한 아이였던 것을 알 수 있다. 그리고 어린이집도 몇 달 다녔다고 한다. 그런데 친모 김 씨의 성매매가 시작된 이후 아이에 대한 학대가 시작되었고 아이 몸에 멍이 생긴 것을 보고 교사가 카톡으로 뭐라고 하자 기분이 나빠서 어린이집을 관두게 했다고 한다. 이에 대해서도 친모 김 씨는 문 씨가 관두게 하자고 했다는 식으로 증언했다. 문 씨는 김 씨가 관두게 했다고 하면서 서로에게 책임을 전가했다. 친모는 자신이 가을이를 학대한 이유에 대해서도 집주인 문 씨가 '엄마를 무서워해야 한다' '아이 버릇을 잡아야 한다'고 조언해서 훈육 차원에서 때렸다고 증언했다. 문 씨는 '훈육을 단호하게 하라'고만 했을 뿐, 때리라고 한 적은 없었으며 오히려 친모가 가을이를 때리는 것을 많이 말렸다고 반박했다.

어린이집을 그만둔 후 가을이는 좁은 집에 갇혀 지냈다. 초기에 맞았을 때만 해도 가을이가 울었었는데 폭행의 횟수와 강도가 세지니까 맞으면서도 아무 반응이 없었다고 했다. 그래서 이들이 이사를 간 후, 그 이웃들은 가을이의 존재도, 학대당하는 사실도 몰랐던 것 같다. 가을이가 어린이집을 그만두고 사망하기 전까지 2년 동안 딱 한 번 집 밖을 나간 적이 있었다. 2022년 3월 경, 친모 김 씨의 폭행으로 인해 가을이의 눈이 보이지 않아 병원에 데려갔을 때였다. 병원에서는 시신경 수술을 권했지만 친모는 다시는 병원에 아이를 데려가지 않았다. 이에 대해 친모 김 씨는 문 씨가 돈이 없다고 해서 수술을 못 시켰다고 진술했다. 문 씨는 병원에 데려가라고 해도 친모 김 씨가 말을 듣지 않았다며 상반된 주장을 하였다. 재판은 매번 이런 식이었다.

가을이가 사망하고 친모 김 씨가 먼저 구속되었던 2023년 1월, 친모 김 씨는 구치소에서 문 씨에게 '다 내 잘못이다. 돈 좀 보내달라, 가석방 혜택을 받을 거다'라며 '고맙고 사랑한다. 우리 우정 지키고 살자, 면회 좀 와달라'는 편지를 보내기도 했다. 그런데 문 씨마저 구속이 되자, 이제는 두 여자가 서로에게 죄를 떠넘기기 위해 거짓에 거짓을 더하며 물고 뜯고 할퀴고 있었다.

가을이가 사망하던 날, 성매매를 마치고 새벽에 돌아온 친모 김 씨는 배가 고프다고 칭얼거리는 아이 손에 과자 가루가 묻어 있다며 폭행을 시작했다. 사망 직후 찍은 사진을 보면 그야말로 미라 그 자체인 아이를, 이미 실명이 되어 더듬거리는 아이를 어떻게 죽어라 때릴 수 있는지 도무지 이

지키지 못한 아이들

해가 되지 않았다. 증인으로 나온 행동 분석관은 친모 김 씨를 면담한 뒤, 다음과 같이 증언하였다.

「친모 김 씨는 심리, 환경적으로 의지할 곳 없이 홀로 아동과 살아가야 하는 막막한 상황에서 문 씨라는 의지할 곳이 생겼고 성매매로 생긴 모든 수익을 문 씨에게 주는 것이 불합리하다는 것을 알면서도 달리 의지할 곳이 없어서 모든 스트레스를 견디며 생활하던 중, 결국 가장 손쉬운 상대였던 피해 아동에게 부정적인 감정을 고스란히 쏟아 부었던 것으로 사료됨.」

아무리 그래도 이해할 수 없었다. 네 살의 어린 딸에게 스트레스를 고스란히 쏟아 부어 뼈에 가죽만 있을 정도로 극도의 기아 상태로 만든 것도 모자라 폭행하여 죽인 친모 김 씨에게 무슨 행동 분석이 필요하며 그 무슨 서사가 필요하단 말인가.

사망 당일 친모에게 폭행을 당한 후 가을이가 경련을 일으키고 발작, 입에 거품을 무는데도 병원에 데려가지 않은 이유에 대해, 문 씨와 친모 김 씨의 주장은 서로 달랐다.

문 씨는 친모 김 씨에게 병원에 데려가라고 했는데 '내 딸 내가 알아서 할 테니 신경 쓰지 마라'고 해서 개입하지 못했다고 주장했다. 친모 김 씨는 문 씨가 병원에 데려가지 말라고 해서 데려가지 못했다고 주장했다. 두 사람의 행동 모두 인면수심이었다. 친모가 신경 쓰지 말란다고 119에 신고조차 안 한 문 씨도, 친딸이 죽어가고 있는데 문 씨가 병원에 가지 말라 했다고 잠이나 퍼질러 자고 있었다는 김 씨도, 모두 사람 같지 않았다.

사실과 진실이 다를 때도 있다. 어쩌면 저 둘은 가을이의 학대 사실이 들통날까 봐 병원에 데려가지 않고 죽도록 방치했으면서 서로에게 책임을 떠넘기고 있는지도 모른다. 두 사람의 진술을 들으며 열이 올라 혈압이 터질 지경이었는데 판사가 친모 김 씨에게 질문을 했다.

"피고인(친모 김 씨)은 재판 동안 문 씨의 압박, 세뇌, 가스라이팅에 의해 모든 것을 뒤집어쓰고 안고 가야겠다는 식으로 얘기하고 있는데, 그동안의 재판 진행을 보면 문 씨 말을 무조건 믿고 따르고 신봉하는 것으론 안 보입니다. 문 씨가 죽으라면 죽을 것입니까?"

"아니요."

자신에게 죽으라고 하면 아니라고 할 것이지만 죽어가

는 아이를 병원에 데려가지 말라는 말은 들었다는 친모 김 씨의 대답에 할 말을 잃을 지경이었다.

성매매 피해자 지원단체에서 선임해 준 친모 김 씨의 변호사는 모든 공소사실을 인정하면서도 피고인의 사회적 고립 상황, 장기간의 성매매 노출로 인한 신체적 정신적 쇠약, 사회구조적인 문제와 가정환경을 감안하여 최대한 선처를 부탁드린다고 읍소했다.

친모는 사회구조적 문제 때문에 가을이를 폭행하고 굶겨 죽인 것이 아니다. 사회가 친모에게 성매매를 하라고 떠다민 게 아니다. 문 씨가 사회구조적으로 친모를 감금하고 돈을 뜯어낸 게 아니다. 제발 아무데나 사회구조적이라는 말을 붙이지 말아라. 아동보호에 대한 사회구조적 문제는 있을지언정 제 자식을 굶겨 죽이고 때려죽이는 것까지 '사회구조적' 운운하지 말라는 말이다.

방조범과 정범

가을이는 문 씨를 '이모'라고 불렀다. 성매매를 하고 돌아와 늘 자고 있거나 배고프다고 하면 때리는 엄마보다 이모라고 부르는 문 씨를 더 의지하고 따랐다는 것이, 모두의 일

관련 증언이었다. 그런데도 문 씨가 가을이를 살아 있는 미라가 되는 지경에 이르기까지 먹을 것을 챙겨주지 않았던 것은 어이없는 이유 때문이었다. 아이 사망 6개월 전 친모 김 씨와 문 씨가 큰 싸움을 했는데 이때 친모 김 씨가 '내 딸 내가 알아서 할 테니 간섭하지 마라'고 했다고 한다. 이때부터 문 씨는 가을이에 대해 정말 아무런 신경도 쓰지 않았다. 당시의 사진을 보면 또래 아이들과 별반 다를 바 없었던 가을이의 몸이 그때부터 친모 김 씨와 문 씨의 방치로 인해 급속도로 야위기 시작했다. 문 씨는 친모 김 씨가 가을이를 때리면 이어폰을 끼고 피했다. 친모 김 씨가 성매매로 벌어 온 돈으로 문 씨 부부와 두 아들은 포동포동하게 먹고 살았으면서, 이들은 가을이가 굶어 빼빼 말라도 모른 척했다.

한집에서 함께 살면서 끼니를 같이 하는 사람을 식구(食口)라고 한다. 하지만 문 씨에게 가을이는 식구가 아닌, 그냥 동거인일 뿐이었다. 그런데도 재판에서 문 씨는 죽은 가을이에게 미안하지도 않는지 자신에게 딸이 없어서 가을이를 특히 예뻐했다고 뻔뻔스럽게 주장했다. 문 씨는 친모 김 씨에 대한 감정을 가을이에게 대신 앙갚음 한 것 같았다. 하지만 감정이 상할 정도로 큰 싸움을 했다는 두 여자는 여전히 한집에서 살며 성매매로 번 돈을 같이 사용했는데, 재판 진행 상황을 전부 지켜본 나로서는 친모 김 씨가 가스라이팅을 당했다기보다 일종의 공생관계가 아니었을까 하는 생각이 들었다.

재판 진행 당시까지 문 씨는 가을이의 살해 과정을 방임했다는 혐의만 받을 뿐, 보호자가 아니라는 이유로 아동학대 살해 혐의에 대해서는 기소조차 되지 않은 상태였다. 문 씨 변호사는 상당히 당차고 논리적이고 스마트한 여성이었는데 문 씨가 가을이에 대해 도덕적인 잘못은 있지만 보호자가 아니기 때문에 사망에 대한 책임을 물어서는 안 된다고 항변했다.

정말 그럴까? 문 씨가 가을이 사망에 대한 보호책임이 정말 없는 걸까? 나는 문 씨의 재판이 끝난 후 사무실로 돌아와 아동복지법과 아동학대범죄의 처벌 등에 관한 특례법 조항을 샅샅이 뒤지며 가을이와 남남인 문 씨가 보호자의 지위에 있는지, 그 근거를 찾기 시작했다.

아동복지법 제3조 7항에 의하면 「"아동학대"란 보호자를 포함한 성인이 아동의 건강 또는 복지를 해치거나 정상적 발달을 저해할 수 있는 신체적·정신적·성적 폭력이나 가혹행위를 하는 것과 아동의 보호자가 아동을 유기하거나 방임하는 것을 말한다.」라고 되어 있다. 그리고 아동학대범죄의 처벌 등에 관한 특례법 제3조에 의하면 「"보호자"란 친권자, 후견인, 아동을 보호·양육·교육하거나 그러한 의무가 있는 자 또는 업무·고용 등의 관계로 사실상 아동을 보호·감독하는 자를 말한다.」라고 되어 있었다.

동거인 문 씨는 친모 김 씨의 성매매에 관여하였기에 일종의 업무 관계였던 점, 친모 김 씨가 성매매를 하러 가거나 잠을 잘 때 실질적으로 가을이를 보호, 양육하였던 점 등을 미루어 아동학대범죄의 처벌 등에 관한 특례법상 '보호자의 지위'에 있는 자에 해당이 된다고 나는 판단하였다.

나는 문 씨를 가을이의 실질적인 보호자로서 친모 김 씨와 더불어 공동정범으로 처벌해야 한다는 성명을 발표하는 한편, 검찰에 이에 대한 의견서를 제출하였다. 언론은 이를 기사화하였고 협회 회원들은 부산지법 정문 앞에서 매주 '동거인 문 씨를 공동정범으로 처벌하라'는 피켓 시위를 이어갔다.

마침내 검찰은 문 씨에 대해 '친모가 성매매 하는 동안 문 씨가 가을이를 돌보았기에 보호 감독의 지위에 있었으며 방조를 넘어 독자적, 악의적 태만을 하였으므로 아동학대 살해, 상습 유기 '정범'으로 공소장을 바꾸는 변경 신청을 하였다. 우리 협회의 외침을 살펴보아 주신 것이다.

1심 재판부는 "자신의 안위를 먼저 생각한 엄마의 이기심 때문에 엄마로부터 보호받을 마지막 기회에서조차 보호받지 못했다"며 가을이 친모 김 씨에게 징역 35년과 벌금 500만 원을 선고하였다. 가을이의 고통을 헤아리고 어루만져준 선고이기에 눈물이 날 정도로 감사했다. 이후 문 씨에게는 '정범'으로서 징역 20년이 선고되었다.

재판부는 '누구라도 미라처럼 마르고 온몸에 상처가 있는 아이를 발견하면 즉시 무언가를 먹이고 병원에 데려 가야겠다는 생각이 들 수밖에 없다'라며 문 씨가 잔혹하고 비인간적인 범죄를 저질렀다고 판단하였다. 그리고 '친모가 성매매하는 동안 주로 문 씨가 가을이를 돌보았기에 '보호자의 지위'에 있다고 명확하게 말한 후 가을이 사망 당일에도 신속하게 119를 부르거나 병원에 데려가지 않은 것은 부작위에 의한 살인이라며 '보호자의 지위'에 있는 문 씨가 '공모하여 살해한 것'이라고 하였다. 친모의 성매매 부분에 대해서도 '공동체적 생활 관계가 형성된 것'이니 문 씨로부터 1억 2천450만 원을 추징하라고 명령하였다. 이 재판은 아동학대에 있어서 보호자의 지위를 포괄하여 천명한 것으로 향후 선례가 될 것이기에 의미가 상당했다. 문 씨의 남편도 아이를 상습적으로 유기하고 방임한 혐의로 징역 3년에 집행유예 4년을 선고받았다.

어쩌면 처음엔 좋은 마음으로 동거를 시작했을지도 모른다. 남편에게 폭행당해서 딸을 데리고 가출을 했는데, 갈 곳이 없다는 동갑 여자와 채팅을 할 때, 적어도 그때는 그랬을지도 모른다. 당분간 와 있으라고 했던 마음도 아마 진심이었을 것이다. 처음엔 마음도 잘 맞아 또래 아이를 키우는 동갑내기끼리 수다도 떨며 잘 지냈을지도 모른다. 그러나 가을이 친모가 성매매를 시작하고부터 문 씨는 서서히 탐욕의 덫에 빠졌던 게 아닐까. 자기 남편은 한 달에 200~250만 원 벌어오는 게 전부였는데, 친모 김 씨는 하루에 성매매로 20~30만 원씩 벌어들였다. 문 씨는 그 돈으로 아파트 월세도 내고, 매일 배달 음식을 시켜 먹었으니 꿀맛이었을 것이다. 문 씨는 다니던 보험회사도 그만두고 집에 있으면서 김 씨가 성매매로 벌어온 돈을 마구 썼다. 그렇게 문 씨는 서서히 탐욕의 늪에 빠져들었다. 그리고 탐욕의 대가는 어마어마한 추징금과 자식과의 20년 이별, 살인 정범이라는 전과기록이다. 사필귀정이다. 친모 김 씨와 문 씨는 항소심이 모두 기각되어 형이 확정되었다.

지키지 못한 아이들

내가 보았던 학대 사망 아동들은 대부분 또래보다 작았고 체중이 적게 나가고 발육이 덜 되어 있었다. 아이가 먹는 것마저 미워 어른들이 제대로 밥을 챙겨주지 않았기 때문이다. 부모들은 자식들 걱정할 때 밥은 먹고 다니냐고 묻는다. 밥이 곧 생존이기에 생존을 챙기는 것이 사랑의 바탕이 된다. 힘들 때 밥 한 끼 먹이는 것은 따뜻한 위로이고, 밥을 함께 먹는 일은 온기를 나누는 일이 되기도 한다. 한 톨의 온기도 받아보지 못하고 죽어간 수많은 가을이들은 쌀밥 몇 톨 먹다가 시어머니에게 학대당해 죽은 며느리의 무덤에서 피어났다는 이팝나무꽃의 전설처럼 서럽다. 굶어 죽은 혼이 새가 되어 솥이 작다고 소쩍소쩍 울고 다닌다는 소쩍새 전설처럼 서럽다.

더 이상 서럽게 죽는 아이들이 없도록 하는 것, 그 일이야말로 사람이 '밥값'을 하는 일일 것이다. 올해도 소담하게 피어난 이팝나무꽃을 보며 나는 과연 밥값을 제대로 하며 살고 있는지 스스로에게 묻는다.

용서하지 않을 권리

외삼촌 부부 조카 학대 사건

여호와께서 가인에게 이르시되
네 아우 아벨이 어디 있느냐.
그가 이르되 내가 알지 못하나이다,
내가 내 아우를 지키는 자이니까?

살인자의 자세

"너희들이 봤어? 봤냐고! 내 딸은 허위 사실로 재판받고 있는 거야! 이것들은 어디서 나타난 것들이야?"

늙지도 젊지도 않은 한 여자가 인천지방법원 317호 법정 앞에서 악다구니를 쓰고 있었다. 조카 학대 살인죄로 재판을 받는 김자현(가명)의 친모가 재판을 방청하기 위해 모여 있는 우리 협회 회원들을 향해 달려들 듯 소리를 지르고 있었다.

"아줌마들 뭐 하는 사람들이야? 누가 시켜서 왔어? 할 일 없으면 집에 가서 잠이나 자!" 같은 죄로 함께 재판을 받고 있는 김자현의 남편 김윤강(가명)의 친부라는 사람도 우리 회원들에게 시비를 걸었다. 자기 자식들이 살인죄로 재판을 받는 상황이 전혀 부끄럽지도, 죄스럽지도 않은 듯 사돈지간인 그들은 우리 회원들에게 주먹까지 들어 올리며

201

을러댔다.

2014년 3월에 태어나 제주도에서 살던 성유는 밝은 성격에 또래에 비해 의젓했고 의사 표현이 정확한 아이였다. 하지만 4세 때 친부가 세상을 떠난 후, 친모에 의해 성은하(가명)라는 이름으로 개명, 2020년 4월 말 인천 영종도에 사는 외삼촌 부부에게 보내졌다. 그곳엔 8세 여아, 자폐성 장애가 있는 6세 남아가 있었고 외삼촌 부부는 집에서 인터넷 쇼핑몰을 운영하며 아이들을 양육하고 있는 상황이었다.

네 살 때 아빠를 잃고 여섯 살에 엄마도 없이 외삼촌 집에 달랑 던져진 성유는 정서적으로 불안했는지 밥을 잘 먹지 않았다. 그래봐야 또래 아이들처럼 좋아하는 반찬만 먹는다든지 좀 늦게 먹는 정도였는데, 외삼촌 부부는 이를 못마땅하게 생각했다. 외삼촌 김윤강은 문자를 통해 "완전 사람을 가지고 놀라 그러네, 버릇부터 단단히 고쳐놔야겠어. 일단 애새끼 인성부터 바꿔놔야겠다"라고 했고 외숙모 김자현은 "앞으로 은하가 싫어하는 음식만 해서 먹일 것"이라는 문자를 주고받았다. 이 부부는 아이가 밥을 잘 먹게 하기 위해 좀 더 음식에 신경을 쓴다거나 아이를 달래가며 먹일 생각을 하지 않았다. 무릎을 꿇고 벌을 서게 하거나 플라스틱 자로 손바닥을 때리면서 억지로 밥 먹기를 강요하였다. 겁이 나고 긴장한 성유가 토하기라도 하면 그들은 아이의 상태를 염려하기보다 더 강도 높은 학대를 자행했다.

이들 부부가 살고 있던 아파트의 이웃 사람은 남성(김윤강)이 험한 욕을 하거나 고함치는 소리, 시끄러운 소리와 여자아이의 우는 소리가 자주 들렸다고 증언했다. 어느 날은 남성의 욕설 직후 가구가 쓰러지는 것처럼 우당탕 소리가 난 다음 갑자기 여자아이의 울음소리가 뚝 끊겨 '아이가 기절한 건 아닌가?' 생각하며 놀란 적도 있었다고 진술했다.

이들 부부가 얼마나 엉덩이를 때렸던지 아이의 피부층과 지방층이 분리되어 피부층은 완전히 소실이 되었다. 아이는 지방층이 노출된 상태로 감염이 되어 조직괴사가 일어나 엉덩이 양쪽이 심하게 곪아 제대로 앉을 수도 없고, 잠을 자지도 못할 정도였다. 하지만 이들은 아이를 병원에 데려가지도 않고 방치하였으며, 아이를 발로 차거나 밟아서 늑골 16개를 부러뜨렸다. 게다가 6세인 아이의 몸통을 잡고 얼마나 심하게 흔들었는지 뇌압이 상승하고 시신경 주변에 출혈이 생겼으며* 온몸을 마구잡이로 때려 아이의 몸에 멍과 상처가 생겼다.

---

* 보통 이러한 흔들림 증후군은 영아에게 많이 발생한다.

2020년 8월 22일, 119에 '아이가 구토한 후 쓰러졌다'는 신고가 들어왔다. 구급대원들이 도착하여 보니 여자아이의 상의와 머리카락이 물에 젖은 채 축 늘어져 있었고 가슴과 배, 다리 등에 각각 발생 시기가 다르게 추정되는 다수의 멍이 있었으며 복부는 팽창되어 있었다. 구급대원들이 번갈아 심폐소생술을 실시하며 병원으로 향했는데 아이의 가슴을 압박할 때마다 입에서 피가 흘러나왔고 항문은 이미 열린 상태였다. 응급실 당직 의사가 응급처치를 30여 분 넘게 실시하였으나 아이는 결국 사망하고 말았다. 의사는 아동학대 사망을 의심하고 경찰에 신고하였다. 성유가 외삼촌 부부에게 보내진 지 겨우 4개월 만이었다.

하지만 경찰은 보강수사 등의 이유로 7개월 동안 이들을 불구속 상태로 조사를 하였다. 그동안 이들 부부는 휴대폰을 새로 장만한 후 이전에 사용하던 휴대폰은 버리는 등 증거를 은닉하였다. 자기 자녀와 지인들에게도 단단히 입막음했음은 말하지 않아도 뻔한 일이었다.

증거 은닉에 자신이 생겼는지 재판이 시작된 후 이들 부부가 보여준 뻔뻔함은 역대급이었다. 그동안 재판에 참석하여 봤던 아동학대 가해자들은 덤덤한 얼굴이거나, 인상을 쓰고 있거나, 동정심 유발을 위해 죽을 듯 힘든 표정을 짓

지키지 못한 아이들

고 있는 것이 대부분이었는데 이들 부부는 방청석에 자신의 가족들이 앉아 있는 것을 발견하면 환하게 웃으며 피고인석에 앉았다. 이것만으로도 뒷목잡고 쓰러질 지경인데, 재판을 마치고 퇴정하던 외숙모 김자현은 자신의 여동생이 다가오자 웃으며 하이파이브까지 하였다.

내가 그동안 보았던 그 어떤 가해자도 이토록 뻔뻔하지는 않았다. 겨우 여섯 살 아이가 밥을 잘 먹지 않고 편식한다는 이유로 전신이 성한 곳이 없을 정도로 학대해 죽였으면 최소한의 미안함이라도 있어야 사람 아닌가. 하지만 이들의 모습에선 그 어떤 반성도 죄책감도 찾을 수 없었다.

구약성서 창세기 4장 9절에 살인자의 자세에 대한 글이 있다. 가인이 동생인 아벨을 죽인 후 여호와가 가인에게 아벨이 어디 있느냐고 묻자 가인은 모른다고 대답하며 매우 불손한 태도로 내가 아우를 지키는 사람이냐고 되묻기까지 한다. 이러한 뻔뻔함과 후안무치한 자세는 인류 최초의 살인자로부터 전수되었나 보다.

어떤 엄마

재판이 열리면 구치소에서 호송되어 온 죄인들은 법정 옆에 있는 대기실에서 수갑과 포승줄을 풀고 대기한다. 보통은 긴장된 상태로 대기하는데 이들 부부의 재판이 열리는 날이면 대기실 문이 열렸을 때 오랜만에 만나 반갑다는 듯 큰소리로 웃으며 얘기하는 모습이 보이곤 했다. 그리고 법정 안을 둘러보며 여유 있게 들어오다가 자신의 가족이 보이면 눈 맞춤을 하며 웃고 우리 회원들(그들에게는 낯선 사람)을 향해서는 째려보는 눈빛을 보내곤 하였다.

그들은 재판에서 아무런 잘못도 없으며 학대를 한 적이 없다고 진술했다. 아이는 사고로 사망했다고 당당하게 주장하였다. 아이가 살아 있을 당시 이웃들이 들었다는 아이의 울음소리와 욕설, 고함치는 소리는 이웃들이 자신들을 악의적으로 모함하는 것이라고 일축했다. 성유의 상처와 멍에 대해서도 이유를 모르겠으며 갈비뼈 골절은 구급대원과 의사가 CPR을 하다가 부러진 것 같다고 진술했다. 7개월간 불구속 수사를 했을 때 얼마나 철저하게 증거를 은닉했으면 저렇게까지 당당할 수 있을까 싶을 정도였다.

법무법인을 통째로 선임한 부부를 대신하여 변호사들은 '외삼촌 부부가 폭행한 증거 있느냐. 골절 탓에 사망했다는 확실한 증거가 있느냐'고 검사를 몰아붙였다. 성유가 집 안에 있는 미끄럼틀이나 트램펄린에서 떨어져 사망한 것일

지키지 못한 아이들

수도 있고, 성유보다 한 살 위인 자폐 성향의 아들이 공격적인 행동을 하여 그랬을 수도 있다며 아들에게 죄를 몰아가기도 하였다. 자기들이 살자고 부모가 된 자들이 어린 장애 아들에게 대신 죄를 뒤집어씌우다니, 우리 협회 회원들이 (대부분이 아이 엄마들이다) 앉은 방청석에서는 '허!' 하는 경악에 찬 탄식이 터져 나왔다.

오랜 세월 동안 아동학대 재판에서 '인간이 아닌 어떤 것'들을 많이 보았지만, 저들 부부를 이기지는 못할 듯했다. 재판 후 가족들에게 손을 흔들고 웃으며 퇴정하는 그 부부를 보다 못한 김지선 회원이 벌떡 일어나 외쳤다.

"판사님! 아이의 고통을 제일 먼저 생각해 주세요! 선택하지 못한 채 태어나서 고통 속에 죽어 간 아이의 입장을 제일 먼저 생각하고 재판해 주세요!"

성유의 친모가 법원에 '외삼촌 부부에 대한 처벌불원서'를 작성해서 제출했다는 소식은 우리 협회 엄마 회원들을 더욱 분노하게 했다. 친모 김지원(가명)은 아이의 사망 모습, 경찰 조사, 부검 소견서 등 학대를 확인할 만한 객관적 자료들을 친권자로서 모두 받아보았음에도 불구하고 자기 오빠 부부의 학대 사실을 외면하고, 그들을 처벌하지 말아 달라는 불원서를 제출했다. 재판에 증인으로 출석한 성유의 친모는 "우리 오빠와 새언니는 세상 착한 사람들입니다. 내가 오빠 부부의 억울함을 풀어주고 죽겠습니다"라고까지 말했다. 자식을 버린 친모들은 어쩌면 저렇게 한결같이 아이 입장이나 고통은 생각조차 하지 않는 걸까?

"성유의 억울한 죽음은 생각해 보았나? 그러고도 네가 어미냐?" 이 소리가 절로 나왔다. 영문도 모르고 보내진 외삼촌 집에서 고문보다 더한 학대를 당할 때 성유가 간절히 기다린 사람은 엄마였을 것이다. 죽어가는 순간에도 가장 보고 싶어 했을 사람 역시 엄마였을 것이다. 그런 엄마에게 성유는 또 한 번 버려졌다. 성유를 오빠 부부에게 보내고 단 한 번도 찾아보지 않았던 친모가 제출했어야 하는 것은 처벌불원서가 아니라 반성문이어야 했다. 보통의 엄마인 우리에게는 그게 상식이었다.

성유의 친모 대신 재판에 꼬박꼬박 참석했던 사람은 성유의 외할아버지이자 살인자 김윤강의 친부였다. 그는 무더운 여름에 햇볕 하나 가릴 데 없는 인천지법 정문에서 피켓을 들고 가해자 엄벌을 요구하는 우리 회원들에게 '할 일 없으면 집에 가서 잠이나 자'라며 주먹을 들이댔다. 법정 한쪽에서 처참한 표정으로 말없이 참관하고 있는 성유의 친할아버지에게 "사돈이 이 사람들 불렀냐?"며 위협을 하기도

지키지 못한 아이들

했다. 아무리 부모의 마음이라 해도 참혹하게 죽어간 외손녀에 대한 미안함은 조금도 없이 죄수복을 입고 법원에 들어서는 자신의 아들을 향해 반갑다고 손을 흔드는 성유 외조부의 후안무치는 볼수록 가관이었다.

보통 가해자 가족들은 법정 참관을 하지 않거나 참관하더라도 고개를 숙인 채 조용히 있다 사라진다. 그런데 어찌된 일인지 외삼촌 부부의 양가 가족들은 무척 의기양양했다. 가해자가 아니라 국위선양을 하고 돌아온 아들딸을 반기는 듯하는 그들을 보며 콩 심은 데 콩 난다는 속담이 저절로 생각났다.

우리 협회는 학대로 사망한 아동에 대한 간략한 사건 내용과 함께 진정서 쓸 주소를 넣은 카드뉴스와 포스터를 홈페이지와 SNS에 올리고 있다. 그런데 그 카드뉴스가 공개된 후 성유의 친가에서 연락이 왔다. 카드 뉴스의 내용 중 '성유가 네 살 때 아빠가 돌아가신 후 엄마는 재혼하게 되어 외가로 보내졌다'는 내용이 있었는데 그것은 잘못된 것이며 자신은 아직 재혼하지 않았다는 친모의 항의 전화가 있었다고 했다.

카드뉴스는 우리 협회가 자체적으로 만들어 배포한 것이고 협회의 전화번호는 홈페이지에 떡 하니 공개가 되어 있으니, 우리에게 전화하면 될 일인데 왜 친모는 아무 상관도 없는 성유 친가에 전화질을 한다는 말인가? 어차피 우리 협회를 염탐하기 위해 가입해서 내용을 보고 친가에 전화를 한 것일 테니 나는 성유의 친모 김지원(가명)을 향해 카페에 공개적으로 글을 게시하였다. '재혼하여'가 아니라 '재혼하기 위해'로 내용을 수정해 주겠다, 그런데 왜 오빠 부부가 아이를 상습적으로 폭행하고 학대하는 동안 찾지 않은 것인지, 왜 친자식 죽인 것들에게 처벌불원서와 탄원서를 써준 것인지 이유가 궁금하니 전화를 꼭 해달라고, 전화번호를 커다랗게 명시하여 올렸다. 하지만 끝내 전화는 걸려오지 않았다. 모성애도 없는 인간이 비겁하기까지 했다.

아이의 몸이 살인의 증거다

재판은 우리가 영화나 드라마에서 보는 것처럼 검사와 변호사가 판사 앞으로 나서서 열변을 토하는 그런 모습이 아니다. 검사와 변호사 모두 자리에 앉아 서류를 보며 설명하듯 조곤조곤 말하는데 간혹 강력한 상황이 발생할 때도 있다. 가해자 측 변호사가 쓸데없이 말꼬투리를 잡고 늘어진다거나 궤변으로 사건을 왜곡시키려 하면, 증인으로 나온 법의학자나 부검의들이 팩트로 그들을 두드려 패는 듯한 상황을 연출할 때가 바로 그렇다. 특히 아동학대 사건 때 자주 증언을 하는 법의학자 이 교수는 가해자 측의 변명과 억지 주장에 대해 사이다와 같은 시원한 증언으로 아이들의 억울한 죽음의 진실을 밝혀주곤 했다.

이번 사건에서도 증언으로 나선 이 교수는 부검 소견과 여러 가지 정황 및 증거를 가지고 학대 살인이 맞다고 단호하게 설명했다. "맞은 자국뿐 아니라 갈비뼈가 다 부러졌고 전신에 멍이 있습니다. 이 정도면 헤모글로빈 수치가 5점대이고 명백한 신체적 학대가 확실합니다."

이 교수는 아이의 몸이 살인의 증거임을 여러 방법으로 입증하였다. 변호사는 사망 당일 가구 배달원이 왔을 때 아이가 움직였다며 이것이 일반적인 상황인지 물었다. 이 교수는 몹시 화가 난 목소리로 크게 말했다.

"일반적이었다면 여기까지 오지도 않았습니다! 대체 갈비뼈가 몇 개가 나갔는데!! 애가 얼마나 맞는 게 무서웠으면 아픔을 참고 억지로 움직였을 거라는 건 생각 안 해요?"

변호사가 말꼬투리를 잡으면 "서로 말이 되는 얘길 합시다! 공부 많이 한 변호사가 그러면 안 되지!"라고 지적하기도 했다. 변호사가 사진을 올리며 트램펄린에서 떨어져 사망한 것일지도 모른다는 추정을 하자 트램펄린 밑에 깔린 매트리스를 지적하며 무찔렀다. 변호사가 엉뚱한 주장을 하자 중단시키며 "감정서를 제대로 읽어보고 얘기하세요, 짜깁기해서 갖다 붙이지 말고"라고 호통을 치기도 하였다. 변호사가 아이 손에 방어흔이 없음을 지적하자 이 교수는 정말로 크게 화를 냈다.

"방어 같은 소리하고 있네! 애들 맞는 거 본 적 있어요? 애들은 맞으면 가만히 있어. 무서워서! 왜냐! 움직이면 더 맞거든!"

이 교수의 증언에 회원들이 눈물을 흘렸다. 더 맞을까 봐 피하지도 숨지도 못하는 아이들. 이것이 아동학대의 현실이다. 겨우 여섯 살 성유가 그렇게 비참하게 살았다는 사실에 새삼 가슴이 아파졌다.

검사의 구형이 있던 결심 공판 때 우리 회원들은 또 한번 경악했다. 겨우 8세, 6세인 김윤강 김자현 부부의 아이들을 김자현의 친모가 법정으로 데리고 들어왔기 때문이다. 그 아이들은 성유가 참혹하게 학대받는 모습과 사망에 이르던 순간을 모두 지켜본 또 다른 피해자들이었다. 일반적인 부모라면 자식들에게 죄수복 입은 험한 모습을 보여주기 싫었을 것이고 아이들이 겪을 충격을 법정에서 또 겪게

지키지 못한 아이들

하고 싶지 않았을 것이다. 그런데도 그들은 재판부에 선처를 바라고자 아이들을 앞세웠다. 참으로 일반적이지 않은 이들 부부의 아이들에게 무슨 잘못이 있단 말인가.

　간혹 재판에 아기를 안고 나오는 피고인들이 있다. 아동학대 사망 사건에서의 재판은 구체적인 학대 사실, 사실적으로 묘사되는 살해 방법 등의 내용이 오가는 자리이고 슬픔과 분노의 감정들이 뭉쳐 떠다니는 어두운 현장이다. 당연히 아동의 정서에 해로운 환경일 수밖에 없다. 아동복지법에서 정서학대는 아동의 정신건강 및 발달에 해를 끼치는 행위*라고 적시하고 있다. 특히 영유아기의 경험은 무의식에 저장이 되고, 이후의 사고, 가치관, 습관적인 행동에 절대적인 영향을 끼친다. 어린 아동의 법정 출석 경험은 부정적 가치관을 심어줄 가능성이 높기에 아동의 정서에 해를 끼치는 행위에 해당이 된다. 피고인이 아동을 '작량감경'**의 도구로 이용하는 폐해도 있을 수 있다. 따라서 아동이 죄인이 된 제 부모의 재판을 참관하게 하거나 피고인이 어린 아기를 데리고 법정에 나오는 행위를 법원은 아동학

* 　아동복지법 제17조 제5항.
** 　법률상의 감경 사유가 없더라도 법관이 그 재량에 의하여 형을 감경하는 것(형법 제53조).

대 예방 차원에서 제한해야 한다. 만일 아이를 맡길 데가 없는 피고인이라면 법원이 돌봄 서비스를 제공하여 아동이 법정에 출석하지 않도록 지원해야만 한다.

어린 두 자녀가 법정에 들어가자, 김윤강 김자현 부부는 피고인석에서 통곡했다. 자기 아들에게 죄를 뒤집어씌울 때는 언제고 통곡을 하다니…. 아무래도 감형을 위해 쇼하는 것 같았지만 문득 성유의 친모가 떠올랐다. '일반적이지 않은 후안무치한 자세'를 가진 저들도 자신의 아이를 보며 통곡이라도 하는 척하는데, 엄마를 유일하게 의지하고 보고 싶어 했던 성유에게 당신은 어떤 엄마였느냐고 묻고 싶어졌다.

두 부부의 변호사들은 최후 변론에서 외삼촌 부부의 학대와 살인을 모두 부인했다. 정인이 양부모까지 끌어와 그 정도는 되어야 살인의 고의가 있는 것이라고 주장했다. 당시에는 정인이 양부모가 살인의 고의가 없다며 항소를 한 상태였는데 정인이 양부모 재판부와 담당 검사에게 '어떤 변호사가 정인이 양부모에게 살인의 고의가 있다고 주장한다'라고 전해 주고 싶은 심정이었다. 정인이 사건에서는 이 사건 변호사의 주장이 아주 유리하게 작용할 테니 말이다. 변호인들은 또 '아무 잘못도 없이 부모로부터 분리

지키지 못한 아이들

되어 평생 또 다른 아동학대나 다름없는 고통을 당하고 있는 어린 자녀를 생각해서 최대한 관용을 베풀어달라'고 하였다. 그럼 성유는? 아동학대 사건 피고인 변호사들의 변론은 어쩌면 늘 이렇게 뻔뻔할 수 있을까. 아무리 직업이라 해도 참혹하게 숨진 아동의 고통과 빼앗긴 생명에 대한 죄송함은 아예 없는 것인가.

외삼촌 김윤강은 최후진술에서 '은하를 조카라기보다는 친딸처럼 생각했다'는 말로 또 한 번 사람의 탈을 쓴 가해자의 자세를 보여주었다. 그리고 첫째에게 '9월엔 꼭 가겠다고 약속했으니 제발 우리 아이들에게 엄마 아빠를 되돌려달라'고 읍소했다. 아, 저들은 9월에 열리는 선고 재판에서 무죄로 풀려날 것이라고 자신만만해하고 있구나. 그들이 그동안 법정에서 보였던 후안무치하고 뻔뻔한 행동들은 무죄방면을 확신한 자의 자세였다.

외숙모 김자현은 '사회적으로 비난받고 손가락질 받을 만한 행동을 하지 않았으며 아이들에게 한 점 부끄러움이 없다'고 최후진술을 하였다. '그렇지, 저 정도는 되어야 아이 하나쯤 눈 하나 깜빡 않고 학대해서 죽음에 이르게 할 수 있었겠지.'

우리는 그들에게 최소한의 인간적인 모습조차 포기하

고 말았다.

추상과 같은 검사는 드러난 증거가 수없이 많음에도 범행을 부인하고 있으며 그 어떤 반성이나 죄책감도 찾아볼 수 없으니, 이 피고인들을 엄벌에 처하여 아동학대로 인한 사망사건이 더 이상 발생하지 않도록 하는 것이 어른들의 역할이라며 피고인들에게 각각 30년을 구형하였다. 법정에서 가족들과 눈 맞춤하며 웃고 하이파이브를 하며 퇴정했던 두 부부는 30년 구형에 오열하기 시작했고, 울면서 법정 밖으로 나갔다. 그날은 그들의 가족들도 웃으며 그들을 배웅하지 않았다. 죄지은 자들이 더 이상 뻔뻔한 짓을 못하게 하는 효과가 바로 엄벌에 있다는 것을 다시 깨달았다.

1심 재판부는 외삼촌 부부의 완강한 부인에도 불구하고 두 사람 모두 살인에 대한 공동정범으로 징역 25년씩 선고하였다. 외삼촌 부부가 줄곧 해왔던 주장들은 모두 인정되지 않았다. 부부는 아이가 음식을 먹다가 구토 후 질식사했다고 주장했으나, 응급실 의사가 기도 삽관을 시도했을 때 기도 및 입안에 음식물이 전혀 없었다는 걸 밝혀 그들의 거짓말이 들통나고 말았다. 또한 성유가 미끄럼틀이나 가구에서 떨어졌을 때 멍이 생긴 것이라며 학대 사실을 부인하였으나, 통상적으로 가구 등에 떨어질 경우 특정 부위에만 멍이 생기지, 전신에 광범위한 멍이 생기지 않는다는 것을 과학적으로 반박하여 이 또한 거짓임이 밝혀졌다. 그들은 성유의 늑골이 16개나 부러진 것은 구급대원과 응급실 의사의 CPR 때문이라고 뒤집어씌웠다. 하지만 심폐소생술 과정에서 늑골 골절이 발생할 수 있지만 그 부위는 국소적이기 때문에 이 또한 거짓으로 드러났다. 그리고 자신의 자폐 아들이 성유를 자주 밀치고 과격한 행동을 했다며 사망의 원인을 아들에게 뒤집어씌우려 했으나 자폐 아들을 꾸준히 상담 치료한 교사는, 그 아이에게 타인에 대한 공격 성향이 전혀 없었다고 진술했다. 그들 부부의 딸 역시 동생이 성유를 때리거나 괴롭히는 걸 본 적이 없다고 진술하였다.

이들 부부는 경찰이나 검찰을 너무 우습게 봤던 것 같다. 범죄 심리학자인 박지선 교수는 한 방송을 통해 범죄자들에게 이렇게 경고했다.

"범죄를 저지르면 잡힌다, 모두 너보다 똑똑하다."

남아 있는 사람들

처음 성유의 사망 소식을 듣고 친가 쪽 사람들이 새벽 2시에 병원에 달려갔을 때 성유의 친모는 '음식을 먹다 질식해서 아이가 죽었다'라는 거짓말을 하였다. 이미 자신의 오빠 부부가 아동학대로 아이를 죽인 사실이 확인되어 신고된 상태였음에도 말이다. 사실을 몰랐던 친가 사람들은 황망한 와중에도 '사고로 아이를 잃은 친모'를 위로했다고 한다. 자신들의 슬픔보다 남편 없이 홀로 아이를 키우다 사고로 아이를 잃은 친모의 마음이 오죽하랴 싶었던 것이다. 그런데 웬일인지 친모는 마지막 모습을 보려는 친가에 아이를 보여주지 않고 가로막았다. 그리고 영안실에는 '성유'라는 이름의 망자도 없었다. 결국 성유가 성은하로 개명이 되었다는 사실을 알게 된 친가 사람들은 영안실 직원의 도움으로 아이가 있던 냉동고를 열 수 있었다.

음식물 질식사라더니 온몸에 있는 멍 자국들, 피로 범벅이 된 코와 입, 내민 혀와 팽창된 복부는 질식사가 아닌 심각한 다른 이유가 있음을 짐작하게 하였다. 심장이 멈추는 듯한 충격과 뼈로 가슴을 찌르는 고통을 감당할 수 없던 조부모는 결국 실신하고 말았다.

〈6살 조카 학대 살해, 외삼촌 부부에게 살인죄 인정〉이라는 기사가 언론을 통해 처음 보도된 것은 우리 협회가 정인이 사건의 1심 선고를 앞두고 몹시 분주하던 2021년 3월이었다. 정인이 양부모 엄벌에만 집중하고 있었던 터라 미

지키지 못한 아이들

처 신경을 쓰지 못하고 있던 와중에 서울사무소로 학대로 사망한 아이의 삼촌이라며 전화가 걸려 왔다. 뭘 어떻게 해야 할지 모르겠다고 도움을 요청하는 삼촌에게 아이의 실명과 사건 번호를 전달받고 회원들에게 서명지, 엄벌 진정서 쓰기와 공판 참석을 부탁하였다.

외삼촌 부부의 재판에는 성유 외조부와 함께 친조부도 참석했다. 첫아들을 잃고 그 아들이 남긴 유일한 혈육이자 희망이었던 손녀가 사돈네의 처참한 학대로 죽임을 당했다는 사실을 친가 쪽 사람들이 어떻게 견디고 있을지 상상이 되지 않았다. 재판마다 속속 드러나는 끔찍한 학대 내용과 뻔뻔한 가해자와 그 가족들을 보는 심정은 우리의 분노와는 결이 다를 것이다. 제 자식을 죽인 자들을 '천사 같은 사람들'이라 부르며, '오빠 부부의 억울함을 풀어주고 죽겠다'고 말하는 며느리를 보는 그 마음은 또 어떨 것인가? 생판남인 우리도 친모에 대한 분노를 억누를 수 없는데, 그들의 억하심정을 우리가 어찌 감히 헤아릴 수 있을까?

재판마다 와서 우리 협회 회원들을 을러대고 욕을 하는 외조부와 달리 친조부는 법정 안에서 조용히 눈물을 흘리다가 돌아가곤 하였다. 자기 손녀를 죽인 가해자를 향해 웃으며 손을 흔들어대는 사돈(김윤강 친부)을 보는 친조부의 심정을 나는 다 알지 못한다. 하지만 그분의 바싹 야윈 등을 보면 위로의 말조차 건네기가 조심스러웠다.

1심 공판이 끝난 후 성유의 친조부는 우리 협회가 운영하는 카페에 그동안 애써줘서 감사하다는 글을 남겼다. 은퇴 후 어린이집 기사 할아버지로 새로운 인생을 시작했던 친조부는 성유가 사망한 후 퇴직하고 말았다. 도저히 성유 또래 아이들을 볼 자신이 없다는 것이 그 이유였다. 그런 친조부가 다른 학대 사망 아동의 재판에도 참석하고 시위에 동참하며 학대 사망 아동의 한스러운 넋을 달래기 위해 우리 협회에서 열심히 활동을 하셨다. 트라우마가 더할 수 있으니 나오지 마시라는 말도 차마 할 수 없었다. 왜냐하면 우리는 아동학대 사건을 간접적으로만 알 뿐이다. 당사자나 가족이 아니기에 섣부른 공감이나 조언이 오히려 그분의 상처를 덧나게 할 수도 있으니 때문이다.

싱가포르 국영방송국에서 우리 협회의 활동에 대한 취재를 왔을 때 학대 피해 경험자에 김지선 회원을, 학대 피해 유가족으로는 故성유 조부를 추천하였다. 싱가포르에서 방영된 〈잊혀진 아이들〉이라는 방송에서 성유의 조부는 '보는 눈이 많아질수록 학대는 줄어든다. 누군가 목소리를 내지 않으면 아동학대는 반복될 수밖에 없다. 작은 힘이 모이

지키지 못한 아이들

고 또 모이면 큰 목소리가 될 수 있다'라며 우리 협회의 활동에 적극 동참하는 이유를 설명했다.

김태경 상담심리학 교수는 『용서하지 않을 권리』 책에서 '죄책감과 그 이면에 있는 분노를 생산적인 활동으로 전환하도록 돕는 것이 중요하다'*고 하였다. 성유의 조부는 다행히도 분노를 생산적 활동으로 전환하고 계셨다.

우리 협회는 여태껏 가해자에만 관심을 집중하였고 그들이 엄벌을 받을 수 있도록 노력하였다. 가정에서 발생하는 아동학대 살해는 대부분 가해자가 부모였기에 부모들이 살인자이자 유가족이었으므로 유가족의 입장 따윈 생각해 보지도 않았었다. 또한 긴 세월 동안 가해자 외 친족들은 성유의 외가 쪽 같은 사람들만 보았기에 더욱 유가족의 고통을 생각해 본 일이 없었다. 하지만 성유의 조부를 통해 우리는 조금 더 눈을 넓게 뜨게 되었다.

용서하지 않을 권리

외삼촌 부부는 당장 항소했다. 검사도 맞 항소하고 항소심

---

* 김태경, 『용서하지 않을 권리』, p.59, 웨일북.

에서도 공판 검사로 나섰다. 그런데 하필 서울고등법원 항소심을 맡은 판사가 사회적 책임 운운하며 정인이 양부모의 형을 무기징역에서 35년으로 대폭 할인 감형을 해준 바로 그 판사였다. 우리는 불안했다. 엄벌 서명지와 진정서를 수백 장 제출하고 재판마다 1인시위를 진행하며 여전히 식지 않는 분노를 보여주는 것으로 말 없는 압박을 가했지만, 여전히 불안했다. 인천에 사는 안은미 회원은 1심에 이어 서울고등법원에서 열리는 항소심 재판에 꼬박꼬박 참석해 후기를 작성해 회원들에게 알렸고 부천의 김현정 회원은 법원 현장 시위대를 모집하며 재판 참석 독려를 쉬지 않았다. 다 불안했기 때문이었다.

2심 재판에서 외삼촌 부부는 작전을 다시 짰는지 1심에서 부인했던 학대 사실을 외삼촌 김윤강이 시인하기 시작했다. 하지만 죽을 줄 몰랐다며 살인의 고의에 대해서 강하게 부정했다. 외숙모 김자현은 계속 학대 사실을 몰랐다고 부인했다. 한사람에게 죄를 몰아주려는 작전 같았다.

검사는 사망 당시 사진들을 보면 죄가 절대 가볍지 않음에도 피고인들은 항소심에서도 반성하지 않고 있으며 약자 중의 약자를 보호해야 하는 것이 어른의 역할이며 국민들의 분노를 지나치지 말아 달라며 피고인들을 징역 30년에 처해 달라는 구형 의견을 올렸다. 검사가 구형 의견서를 읽다 말고 눈물을 흘려 방청하던 우리 회원들까지 울고 말았는데 그때 외삼촌 김윤강이 눈이 튀어나오도록 검사를 째려보는 게 보였다. 역시 가해자의 자세는 변함이 없었다.

2022년 2월 18일, 서울고등법원 404호 법정 안에서 "악!" 하는 비명이 터져 나왔다. 법정 경위와 경호원들이 겹겹이 에워싼 방청석에 있던 성유의 삼촌이 지른 소리였다. 항소심 선고에서 판사가 외삼촌 부부에게 1심의 살인죄를 파기하고 무죄를 선고했기 때문이었다. 외삼촌 김윤강은 살인죄 대신 아동학대치사죄만 인정되어 20년으로 형량이 줄었고, 외숙모 김자현 역시 살인의 공동정범이 아닌 방임만 인정되어 25년에서 5년으로 형량이 대폭 줄어들고 말았다. 대신 판사는 "친모는 피해자의 학대 정황을 충분히 인식하고도 외면한 정황이 있어 처벌 불원서가 양형에 참작할 요소로 보기 어렵다"라며 생색을 내었다.

　판사의 말도 안 되는 판결에 방청객들이 불만을 가지고 폭동이라도 일으킬까 봐 그랬는지 몰라도 "법정 질서를 끝까지 지켜달라"고 당부하며 미리 방청석을 법원 경위들로 에워싸게 만들고 나서야 판결문을 낭독했다. '의심스러울 때는 피고인에게 유리하게 판단하라'며 가해자의 방어권과 권익을 존중하고 가해자를 위한, 가해자에 의한, 가해자의 판결을 한 판사로 인해 우리 회원들은 쇼크 상태에 빠지고 말았다. 재판 결과를 듣기 위해 복도까지 가득 메웠던 우리 회원들의 분노와 울분에 찬 소리가 아우성쳤으나 이미 결과가 나고 말았다.

선고 결과를 듣고 비명을 지른 삼촌과 충격으로 멍한 상태였던 조부는 비틀거리며 법정 밖 복도 의자에 주저앉았다. 우리 회원들도 어이없는 판결에 허탈하여 울고 있었다. 그때 항소심에서까지 공판 검사로 나서며 열의를 보였던 검사가 다가와 눈물을 흘렸다. 검사 역시 항소심 선고에 너무 큰 충격을 받은 것처럼 보였다. 선고 결과에 함께 울어준 검사는 처음이었다. 성유의 조부와 회원들은 검사를 붙들고 울고 또 울었다. 그 판사는 유가족과 검사와 회원들만 울린 게 아니다. 억울한 넋이 된 정인이도, 성유도 울렸음이 분명하다.

법의 기능은 잠재적 범죄자로부터 범죄를 방지하여 보호하는 기능과 함께 형벌을 무서워하여 다시 범죄를 저지르지 않도록 하는 일반 예방의 효과도 있지만 가해자를 응징하는 응보적 효과도 있다. 법이 가해자를 제대로 응징하

지키지 못한 아이들

지 않으면 피해를 본 사람들은 그 억울함과 한을 어디에 푼단 말인가. 결국 피해자들은 어디서부터 무엇이 잘못된 것인지 고통스러운 기억을 곱씹으며 살아갈 수밖에 없다. 이 경우, 법은 오히려 피해자에게 2차 피해를 가한 것이나 다를 바 없다.

판결을 납득할 수 없었던 성유 친가 사람들은 시간이 약이란 말이 틀렸다고 말한다. 최종 판결이 난 후 지금까지 꽤 시간이 흘렀지만 아무리 심리 상담을 받아도 극복이 되지 않고 가해자들에게 그대로 보복해주고 싶은 심정은 여전하다고 했다. 법이 제대로 응징하지 않았기에, 상처는 더 크고 깊어졌다. 그들은 지금도 내년이면 학교 간다며 좋아했던 성유의 그 시간에 멈추어 있다.

부디 안녕히

차 트렁크에도 모자라 앞뒤 좌석을 꽉꽉 채워 가지고 온 상자들을 내리자, 은행잎이 우수수 떨어져 땅바닥에 노랗게 쌓였다. 청명하고 아름다운 하늘이 눈부신 시월의 마지막 날이었다. 10개가 넘는 상자 안에는 사건을 알리기 위해 만들었던 피켓과 현수막, 포스터들이 가득 들어 있었다. 우리가 개입했던 사건들이 대부분 종료되었기에 학대 피해 사망 아동의 얼굴과 이름이 인쇄되어 있는 제작물들을 소각하기로 했다. 전국 각지의 회원들도 사용했던 제작물들을 협회로 보내왔고 협회 사무국은 소각업체를 수소문하여 청주로 차를 몰았다. 성유의 조부와 고모할머니, 삼촌이 동참하여 절차가 진행되었다. 소각에 앞서 아이들의 이름을 적어 위패에 모셨는데, 이름이 너무 많아 위패에 번갈아 끼워야 했다.

서글픈 일이었다. 향을 피우고 먼 길 잘 떠나라며 노잣돈도 놓아주었다. 보낸다고 잊겠다는 것은 아니다.

이제는 아픔을 잊고 훨훨 날아가라는 것이 용서하라는 뜻은 아니다. 반성도 죄책감도 없는 가해자들을 용서하지 않을 권리도 있다. 성유의 위패 앞에서 고개 숙인 조부의 어깨가 흔들렸다.

소각장 안내인이 피켓과 포스터에 있는 아이들 얼굴을 보더니 놀랐다. 학대로 죽은 아이들이란 말에 더 마음 아파했다. 소각장 불길 안으로 아이들 얼굴이 담긴 제작물들이 들어갔다. 한 명 한 명의 이름을 부르며 잘 가라고 손 흔들다, 또다시 터지는 눈물로 불꽃이 일렁거렸다.

지키지 못한 아이들

　"성유… 야… 아가…."

　성유의 얼굴이 새겨진 포스터를 어루만지며 망설이던 조부가 결국 소각장 안으로 보내주고는 흩날리는 은행잎 아래에서 무너졌다.

　"보세요, 저렇게 파란 불꽃이 일렁이잖아요? 그건 망자들이 좋은 곳으로 갔다는 징조래요."

　소각장 안내인의 말이 위로일망정 좋았다. 꼭 그래야만 하는 아이들이니까.

나는 종교가 없다. 천국과 지옥을 믿지 않았다. 이승과 저승도, 다시 태어난다는 윤회도 믿지 않았다. 그러나 이제는 천국과 지옥이 있다고 믿고 싶다. 죄 없는 아이들을 지독하게 학대해서 죽인 자들에게 숭덩숭덩한 인간의 법은 너무도 약하다. 그들이 죽은 후 반드시 지옥불로 하늘의 처벌을 다시 받아야 하니 천국과 지옥은 꼭 있어야 한다. 너무나 짧은 생을 살다 간 아이들이 꼭 천국에 가서 천사들의 위로를 받고 행복해야만 한다. 윤회라는 것도 꼭 있어야 한다. 자신이 선택하지도 않은 부모에게서 태어나 생을 다할 때까지 학대를 받은 아이들이니 다음 생에 반드시 좋은 부모에게서 다시 태어나 무한히 사랑받고 보호받으며 자라야 하니까.

　그러니 얘들아, 부디 안녕히.

　은행잎 노랗던 시월의 마지막 날, 아이들을 그렇게 멀리멀리 보냈다.

　천국에 잘 도착하리라 믿으며.

지키지 못한 아이들

정인아, 미안해

양천 16개월 입양아 사건

잘못했어요. 하나님.
우리에게로 온 하늘의 손님을 울려서
돌려보낸 우리, 다만 여기 와 무릎 꿇어요.

어쩌다 실수로 죽었다고?

2020년 10월 14일, 우리 협회가 운영하는 인터넷 카페에 '응급실에 실려 온 16개월 아기 사망, 온몸에 멍투성이'라는 단신 기사 하나가 올라왔다. 30대 부부가 아기를 입양해서 키우고 있었는데 세 번의 학대 신고가 있었음에도 불구하고 세 번 다 혐의없음으로 사건이 종결, 또다시 학대가 이어져 참혹하게 사망하고 말았다는 내용이었다. 보통 학대 사망이 의심되는 사건은 가해자를 긴급 체포하지만, 경찰은 용의자인 양모를 '아동학대치사'로 '불구속' 수사하는 중이라고 했다.

그 기사에 회원 한 명이 댓글을 달았다. "제 지인인 것 같아요. 경찰서, 보호기관, 주변분들 모두 학대 인지를 하고 있었음에도 이렇게 됐네요. EBS 추석 특집 방송한다고 떠들고 다니길래 제정신인가 했어요. 돌 지난 아기가 앉으라

면 앉고 친구들 오면 방에서 못 나오게 했고 차량에 방치하
는 건 다반사였어요. 일일이 나열할 수도 없는… 저희가 따
로 도울 방법은 없는지요."

이 글을 보고 난 뒤 양모의 지인임이 확실하다고 생각
해서 연락을 해 여러 가지 정황을 확인했다.

아동학대 신고는 112로 하라고 요란하게 캠페인은 하
면서도 정작 신고가 들어가면 제대로 된 수사를 하지 않는
일부 경찰들, 세 번이나 학대 신고가 들어갔음에도 제대로
된 보호조치나 모니터링을 하지 않고 미온적으로 대응하여
끝내 사망에 이르게 한 해당 아동보호전문기관, 입양한 지
1년이 되지 않았기에 아동을 살펴보아야 할 의무가 있는 입
양기관의 무사 안일한 태도는 지킬 수 있었던 아이를 죽음
에 이르게 만든 우리 사회 아동보호 시스템의 허술함을 적
나라하게 보여주고 있었다. 너무 화가 났다. 그리고 아기에
게 너무 미안했다. 지킬 수 있었던 아기를 구하지 못했기에
더욱 미안했다.

사실 당시 우리 법인은 해체를 심각하게 고민 중이었
다. 「아동학대 범죄의 처벌 등에 관한 특례법」 통과, 「어린이
집 CCTV 의무 설치 법안」 통과 등에 앞장서 성과를 이뤄내
고 가해자 엄벌 및 아동 보호 관련 시스템이 만들어지도록

정책선도가의 역할에 최선을 다했지만, 박수만 배부르게 받았을 뿐 경영난으로 운영이 힘들었다. 정부·지자체의 보조금을 일절 받지 않고 일부 회원들의 후원금으로만 운영이 되고 있었기에 아무리 무급으로 일을 해도 사무실 임대료나 공과금 등의 고정 지출을 감당할 수 없었다. 벌이가 없는 내 개인 생활도 비참하기 그지없었고 정신적, 신체적, 경제적으로 더 이상 버틸 여력이 없었다. 그래서 이 사건을 마지막으로 법인 운영을 마무리해야겠다고 생각하는 중이었다.

우선 SBS〈궁금한 이야기 Y〉의 오현두 피디에게 연락하여 사건을 취재해 달라고 부탁했다. 양모의 지인들을 수소문하여 방송 인터뷰에 응해 달라고도 요청했다. 2020년 10월 23일 보도된 방송에서 양부 안성윤(가명)은 '자신들이 아이를 학대하고 사망하게 한 것으로 언론에 보도되는 것은 억울한 누명'이라고 주장했다. 그리고 아기의 다리에 생긴 것은 멍이 아니라 몽고반점이고, 아기가 입병이 나서 이유식을 잘 먹지 않아서 체중이 감소한 것이라며 '입양에 대한 편견과 오해 때문에 아동학대 신고를 당했다'고 항변하였다. 아기가 소파에서 놀다 혼자 떨어져서 숨겼는데 '아이의 죽음이 자신들 때문이 아니란 걸 자꾸 변론해야 하는 이 상황이 너무 힘들다'고 눈물까지 흘렸다.

하지만 아기의 몸 곳곳에서 발견된 멍과 골절의 흔적은 오랜 기간 이어진 폭행과 사망 당일 가해진 엄청난 충격을 여실히 보여주고 있었다. 응급실 담당 의사는 '교과서에 실릴 정도의 아동학대 소견'으로 의심하여 경찰에 신고를 했다. 양부 안성윤에 대해 우리 협회가 방임과 학대가 아닌 공동정범으로 처벌해야 한다고 들고 일어난 것은 바로 이러한 가증스럽고 뻔뻔한 주장 때문이었다. 양부의 변명은 이미 양모의 학대를 알고 있기에 할 수 있는 주장이었다. 또한 양부가 적극적으로 사건을 무마하려고 나선 것 또한 아기에 대한 학대 사실을 감추기 위해서라는 확신이 들었다.

방송이 나가고 3일 후 부검 결과가 나왔다. 사망 원인은 췌장이 절단될 정도의 강한 외력에 의한 것으로 밝혀졌다. 아기가 혼자 소파에서 떨어졌다던 양모는 말을 바꾸어 아기를 실수로 떨어뜨렸는데, 복부가 의자에 부딪혀 사망한 거라고 주장했다. 경찰은 양모 장하연(가명)을 '아동학대치사죄'로 구속하였다.

아동학대치사는 살인의 고의 없이 '어쩌다 보니' '실수로' 아기가 죽게 되었다는 것을 뜻한다. 수많은 학대가 반복되고 마침내 엄청난 외력으로 췌장이 절단되어 사망했는데 이것이 어떻게 어쩌다, 실수로 죽은 것이란 말인가? 죽어가

지키지 못한 아이들

는 아이를 두고 '병원에 데려가? 형식적으로' '그게 좋겠다 번거롭겠지만'이라고 주고받은 양부모의 문자는 아이가 죽어가고 있음을 알았다는 걸 반증한다. 위급한 순간에 구급차를 부르지 않고 택시를 탔다는 것 또한 아이를 구할 마음이 전혀 없었다는 뜻으로 보인다. 이것이 아이가 죽어도 상관없다는 마음이 아니고 뭐란 말인가. 길고 긴 끔찍한 학대 끝에 사망했으면 살인이지 어쩌다 보니 실수로 죽게 됐다는 어처구니없는 꼬리표가 웬 말인가. 나는 분노에 차서 8년 전 울산 계모 사건에서 했던 바로 그 말을 내뱉었다.

"이게 어떻게 살인이 아니야?"

이것은 살인이다. 입양모는 살인죄로 처벌받아야 하며 입양부 역시 공범으로 처벌받아야 한다. 방송 이후 나는 양부모에 대해 아는 것이 있음 제보해 달라는 글을 카페에 게시하였고 협회 메일에는 수많은 사진과 제보가 쌓였다. 그중에는 방구석 탐정들이 양부모의 SNS를 탈탈 턴 것과 양모의 카페 활동을 캡처, 양부모의 부모들이 목회하고 있는 포항과 안동의 교회 홈페이지를 보내온 것들이 많았다.

양모 장하연은 결혼 전부터 입양이 자신의 버킷리스트였다고 공공연히 떠들고 다녔다. 주변에서는 첫째 딸도 제대로 키우지 못하는 형편에 입양을 하겠다고 하는 것에 대한 우려가 많았다고 했다. 입양 이후 양모 장 씨는 누가 물어보지 않아도 '입양했다'며 아기를 소개하곤 했는데 주변에서 훌륭한 일을 한다고 칭송받는 것을 즐기는 것 같다고 했다. 장 씨는 입양을 부모 없는 아동에게 가족을 만들어주는 일이 아닌, 자신의 인생을 빛내 줄 액세서리로 생각한 듯했다. 돌도 안 된 아기를 혼자 놔두고 서너 시간 동안 외출을 한다거나 아기 이유식에서 비린 냄새가 나도 억지로 먹인것, 함부로 아기를 내려놓아 심하게 부딪히는 일들이 예사였다고 지인들은 증언하였다. 다른 아동학대 사건에는 분개하며 댓글을 쓰던 그녀가 오히려 자신의 입양아에게 학대를 자행하고 있었다.

게다가 사망 당일, 아기가 심정지 상태에서 의료진이 혼신을 다해 심폐소생술을 하던 그 시간에 양모는 태연하게 온라인으로 어묵을 공동 구매했다. 아기 사망 이틀 후에 온 가족이 양모의 부친인 포항 모 교회 목사의 생일파티를 해주었다는 것은 차마 인간의 탈을 쓰고는 할 수 있는 일이 아니었다.

나는 수시로 제보받은 사실을 카페에 게시하였고, 회원들은 분노하여 게시글을 SNS나 맘카페, 지역 카페 등으로 퍼 날랐다. 또한 여러 경로를 통해 입수한 사건의 진실을 정리하여 게시글로 올렸다.

2019년 6월 10일 출생한 아기는 생후 8일이 되던 날 탯줄이 붙은 채로 입양기관을 통해 위탁모에게 보내졌다. 생후 8개월 무렵인 2020년 2월 포항의 모 교회 목사의 자녀 안성윤, 장하연에게 입양되었다.

입양 3개월 후인 5월 25일, 어린이집에서 최초로 아동학대 신고를 하였다. 아이 얼굴에 손자국이나 발자국 같은 모양의 상처와 멍이 빈번하게 들어서 등원했고 사고로는 다칠 수 없는 귓바퀴 안쪽에도 멍과 상처가 있었다. 복부와 허벅지 안쪽에도 수없이 많은 멍의 흔적이 있는 것을 보고 더는 참을 수 없어 어린이집에서 신고를 했다고 한다. 하지만 귀의 상처는 아토피로 인해 아기 스스로 긁다가 난 상처이고 여러 멍 흔적은 멍이 아니라 몽고반점이라는 양부의 변명을 들은 경찰이 '뼈가 부러지거나 어디가 찢어지지 않는 이상 아동학대로 보기 어렵다'라며 무혐의 처분을 하고 말았다. 아기가 구조될 수 있었던 첫 번째 기회가 그렇게 사라지고 말았다.

양부모는 아동학대 신고가 기분 나쁘다며* 아기를 어

---

* 비밀 신고였기에 양부모는 아동학대 신고를 한 것이 어린이집인 것을 모르고 있었다.

린이집에 보내지 않았다. 그런데 1차 학대 신고에서 한 달이 지난 6월 29일, 두 번째 학대 신고가 들어갔다. 무더운 여름날 아기가 장시간 차 안에 홀로 방치되어 있는 것을 본 지인이 경찰에 신고를 한 것이다. 하지만 경찰은 이 사건에 무 대응하였고 또 다시 혐의없음으로 종결하고 말았다.

이후 아기를 집에서 보는 것이 힘들었던지 양모는 어린이집에 아기를 다시 보냈다. 아기의 체중이 많이 줄어 있고 영양 상태가 좋지 않아 보여 어린이집에서 아이를 소아과 병원에 데려갔다. 이때가 2020년 9월 23일, 의사는 아동학대를 의심하여 경찰에 신고하였다. 하지만 해당 아동보호전문기관(이후 아보전) 상담원과 경찰은 학대 신고를 무시했다. 아이를 데리고 다른 소아과 병원을 찾아가 학대 신고 사실을 고지하지 않은 채 진료를 받게 해, 아동학대가 아닌 것 같다는 말을 의사로부터 끄집어냈다. 하지만 두 번째 병원에서도 아기의 체중이 줄어든 것은 이상하니 큰 병원에 가서 진료를 받아보라는 말을 했다고 한다. 그러나 아보전과 경찰은 이 말 역시 무시했다. 그렇게 경찰은 양부모에 대해 무혐의 처리를 하고 사건을 종결하고 말았다.

이에 아기를 살릴 수 있었던 마지막 기회도 날아가고 말았다. 그로부터 20일이 지난 2020년 10월 13일, 네 번째

지키지 못한 아이들

이자 마지막 아동학대 신고가 들어갔다. 아기가 사망한 병원에서 학대 사망을 의심하여 신고를 한 것이다.

나는 아동학대 신고 의무자인 어린이집, 가장 가까운 곳에서 아기를 봐온 지인, 전문가인 의사가 세 번이나 신고를 했음에도 제대로 수사를 하지 않고 번번이 무혐의 처분을 한 경찰 때문에 화가 치밀었다. 아기를 직접 죽인 것이 양모라면, 간접적으로 사망에 영향을 끼친 것은 해당 경찰이라고 생각했다. 해당 경찰서에 돌멩이라도 하나 던지고 오지 않으면 밥이 넘어가지 않을 것 같았다.

그래서 해당 경찰서 앞에서 항의 기자회견을 하겠다고 공지, 회원들의 동참을 촉구했다.

너의 이름은 정인

기자회견 3일 전, 협회 사무실로 전화가 한 통 걸려 왔다. 한동안 울음소리만 들리던 전화기 너머에서 들린 첫 말은 '우리 애기'였다. "우리 애기는요. 그렇게 죽어서는 안 되는 애기였어요"

생후 8일 만에 아기를 위탁받아 안 씨 부부에게 입양 보내기 전까지 키웠다는 위탁가정의 따님이 걸어온 전화였다. "우리 애기는요, 건강하고 야무지고 밥도 잘 먹었던 똑똑했던 애기였어요." 우느라고 힘겹게 말을 잇는 따님의 우리 애기라는 말에 나도 눈물이 퍽 터졌다. 안 씨 부부를 용서할수 없다고 말하는 그녀는 위탁모와 함께 기자회견에 참석하겠다고 말했다. 위탁모가 나서겠다고 하자 언론의 취재가맹렬해졌다.

11월 16일, 기자회견을 하던 날, 나는 양모에 대한 살인죄 기소와 부실 수사를 한 해당 경찰서 담당자들에 대한 엄중 징계를 요구하는 성명서를 발표했다. 위탁모는 눈물을흘리며 '천사의 탈을 쓴 악마'라며 양부 또한 공범으로 처벌해 달라고 요구했다.

기자회견 후 모였던 사람들이 찻집에서 대화의 시간을가졌다. 나는 위탁모가 안고 있던 아기를 안아보았다. 돌이채 되지 않은 아기는 너무나 순했다. 위탁모가 말했다.

"정인이도 이렇게 순했어요."

그동안 쉬쉬하며 알려졌던 아기의 이름은 양부모가 지어주고 서류에 올린 율희(가명)였는데 위탁모는 "정인이는친엄마가 지어준 이름이에요. 성은 정이고 이름은 외자로인이에요"라고, 정확하게 알려주었다. 우리는 입양된 후 고통스럽게 살다 간 이름 대신 친모와 위탁모가 사랑으로 불러준 이름, 정인으로 부르기 시작했다.

위탁모가 휴대폰에 간직했던 정인이의 사진과 동영상을 보여주었다. 포동포동한 뽀얀 얼굴에 발그레한 뺨으로 웃고 있는 정인이는 복숭아를 닮은 예쁜 아이였다. 위탁모에게 사진과 동영상을 공개해도 된다는 허락을 받은 그날 우리 협회가 운영하는 인터넷 카페에 사진과 동영상을 올렸다. 입양 후 8개월간 참혹한 학대 끝에 췌장이 끊어져 죽은 '양천구의 16개월 아기'가 아니라 '어여쁜 아기 정인'이로 기억되게 하고 싶어서였다.

정인이 사진과 동영상이 공개되자 난리가 났다. 막연하고 추상적으로 생각되었던 아이가 사진과 동영상을 통해 '살아 있었던 아기'로 현실감 있게 다가왔기 때문이다. 사진 공개 후 정인이 사진과 동영상을 사용할 수 있느냐고 묻는 언론사의 전화가 빗발쳤다. 나는 위탁모로부터 전달받은 사진과 동영상을 언론사마다 모두 전달하며 양부모를 살인죄로 처벌할 수 있도록 사건을 널리 널리 알려달라고 신신당부하였다.

뉴스마다 모자이크된 정인이의 사진과 동영상이 보도되자 그동안 망설이고 있던 지인들이 메일로 정인이의 사진을 보내왔다. 나는 또 한 번 분노하지 않을 수 없었다.

입양 전에는 뽀얗고 포동포동하고 잘 웃던 정인이가 입양 후 안색은 거멓게 되었고 이마에는 멍 자국이 선명했으며 아무런 표정도 없는 얼굴이 되어 있었다. 입양 후 얼마나 학대가 심했는지 그 깊이조차 모를 지경이었다. 나는 사실을 알리기 위해 메일로 받은 사진들을 게시하였고, 분노한 회원들은 입양 전, 입양 후 사진을 비교하는 포스터를 만들어 여기저기 퍼 날랐다. 그리고 입양 부모가 자랑하던 EBS의 입양가족 추석 특집극 〈평범한 가족〉 영상이 누군가에 의해 인터넷 사이트에 올려지자, 여기저기 그 방송이 퍼 날라지며 양부모들이 방송에서 자랑스럽게 내세웠던 실물과 실명이 모두 공개되고 말았다.

제가 숨을 못 쉬어요

모종의 경로를 통해 아기가 안치되어 있는 경기도 양평의 수목원을 알아낼 수 있었다. 거리가 멀기에 우선 전화를 걸어 관리하고 있는 교회의 목사님과 통화를 하였고 당시, 다 쓰러져가는 협회 살림을 헐어 30만 원을 후원하며 아기의 안식처를 잘 보살펴 달라고 부탁하였다.

정인의 장지를 우리 협회의 카페에 공개하였다. 이 내용이 또 전국으로 퍼져나갔다. 그러자 수많은 사람들이 정인이가 안치되어 있는 수목원을 찾았다. 그들은 지켜주지 못한 미안함을 꽃으로, 옷으로, 인형으로, 음식으로 애도하였다.

그런데 이것이 예기치 못한 문제를 일으키고 말았다. 너무나 많이 쌓인 애도물품들이 관리가 안 되어 비와 눈에 젖고 상하여 수목원 전체가 커다란 쓰레기더미로 변하게 된 것이다. 게다가 음식 냄새에 멧돼지들이 내려와 그곳을 짓밟고 돌아다니고 벌레까지 꼬이기 시작했다. 보다 못한 협회 회원들이 팔을 걷어 부치고 뛰어가 성한 옷과 인형들을 분류하여 몇 트럭분을 아이들이 있는 시설로 보내 기부하였고 나머지는 곱게 정리하여 처리하였다.

제발 애도의 마음만 가지고 찾아달라고 몇 번이나 공지하였으나 여전히 많은 사람들은 마음을 대신한 애도물품을 정인이 나무 아래 놓아두곤 하였다. 우리 협회는 우체통을 하나 만들어 정인이 수목나무 아래 놓아두고 '편지'만 가지고 가 달라고 다시 한 번 부탁하였다. 그 우체통은 곧 전국 각지에서 오신 애도객들이 정인이에게 쓴 수천 장의 편지로 채워졌다.

길잃은 천사 - 정인 양을 위하여

나태주

하늘나라 아기 별님
하늘나라 아기천사님
세상에 잘못 내려와
길을 잃고 헤매다 가셨네

미안해요 아기님
좀 더 사랑해 드리지 못하고
좀 더 붙잡아드리지 못해서
미안할 뿐이에요

하늘나라 가서는 부디
아프지 말고 울지도 말고
반짝이는 별로만 사세요
방긋방긋, 꽃이 되세요

잘못했어요 하나님
우리에게로 온 하늘의 손님

지키지 못한 아이들

울려서 돌려보낸 우리
다만 여기 와 무릎 꿇어요

2020년 11월 말경, 협회로 전화 한 통이 걸려 왔다. "제가 숨을 못 쉬어요"라는 말을 힘겹게 꺼낸 사람은 정인이가 다녔던 어린이집 원장이었다. 정인이 사건을 알게 된 사람들 모두 마음 아파했지만, 누구보다 더 충격을 받고 아파한 사람은 정인이의 학대 사실을 알고 경찰에 신고하고 병원에 데려갔던 어린이집 원장 및 교사들이었다. 원장은 눈물을 흘리며 정인이에 대해 여러 가지 증언을 해주었다.

사망 전날 너무 상태가 안 좋은 정인이가 걱정되어 일으켜 세웠더니 정인이가 다리를 부들부들 떨었다. 양모가 양말도 안 신겨서 보냈기에 교사가 여분의 양말을 찾아서 신겼다고 했다. 정인이 손발이 너무 차서 주물러 주기도 했다고 한다. 너무 말라서 겨드랑이 안쪽이 주름지며 살이 축축 늘어져 있었고 눈을 뜨고 허공을 보다가 다시 폭 안기던 정인의 모습이 너무 마음이 아프다며 내내 울기만 하셨다. 양모는 이유식을 일주일 내내 같은 것만 보냈는데, 냄새도 비리고 보기에도 이상했다고 한다. 이유식 안에 비곗덩어리가 있고, 완두콩은 갈아져 있지도 않았다고 했다. 아기를 키우기 위한 최소한의 일마저도 양모는 귀찮아했던 것 같다. 게다가 양모는 바나나를 먹으면 변을 많이 본다고 먹이지 말아 달라고 요청도 했다고 한다. 아기의 기저귀를 갈아주는 것조차 싫었던 걸까. 그나마 정인이가 먹성이 좋아 잘 먹었는데도 왜 그렇게 말랐던 건지, 안으면 부서질 것 같아 겁이 날 정도였다고 했다.

사망 전날 양부가 데리러 왔을 때 교사가 정인이 상태를 걱정하자 보통의 아빠 같으면 당연히 아이를 안아주며 토닥거릴 텐데, 오히려 아픈 아기에게 걸어와 보라 하고 뒤로 물러났다고 한다. 나중에 밝혀졌지만, 이미 그날 췌장이 손상되어 엄청난 고통에 시달리고 있던 정인이는 양부가 오라고 하자 겨우 걸음을 떼며 가서 안겼다. 그토록 사랑받고 싶었던 아이였는데⋯. 그들은 어찌 그리 모질었을까. 정인이를 병원에 데려가 달라는 원장의 신신당부에도 양부모는 정인이를 병원에 데려가지 않았다. 그리고 그들은 사망 당일 아래층이 쿵쿵 울릴 정도로 아이를 폭행하여 죽게 했다. 원장은 숨을 몰아쉬면서도 양부모 처벌을 위해서 앞장서서 증언을 하겠다고 약속하였다.

그런데 원장의 말 중에서 "죽기 전날, 정인이는 세상 모든 걸 내려놓은 듯한 표정이었어요"라는 대목이 이해되지 않았다. 겨우 16개월 된 아기가 세상 모든 걸 내려놓은 듯한 표정을 지을 수 있나? 도무지 이해가 되지 않았지만 나중에 재판에 참석해 보게 된 증거 동영상으로 인해 의문이 풀리게 되었다.

겨우 16개월, 세상을 제대로 경험해 보지도 못한 아기가 세상 모든 걸 내려놓은 듯한 그 표정을 나는 보았다. 기저귀만 찬 채 겨우 올려다보던 힘없이 풀린 눈동자, 아무런 감정이 없던 그 얼굴에서 모든 것을 포기한 것 같다는 느낌을 분명히 받았다. 그 후 너무 마음이 아파서, 세상을 다 내려놓은 듯한 정인이의 그 표정이 떠오를 때마다 숨을 몰아쉬어야 했다.

이러한 현상은 나뿐만 아니라 다수의 회원에게 나타났다. 정인이 기사나 글을 읽으면 감정이입이 되어 우울증이 오고, 마음이 괴로워 펑펑 울기도 하고, 일이 손에 잡히지 않는 대리외상증후군*을 앓는다는 회원들의 호소가 줄을 이었다. 밥 먹고 웃고 떠드는 일상적인 것조차 정인이에게 미안해지고 매 순간이 정인이와 연결이 되어 제대로 생활할 수 없어져 버린다는 것이었다.

* 사건·사고의 당사자가 아님에도 불구하고 간접 경험으로 인해 마치 자신과 연관된 일처럼 비탄에 빠지고 무기력함이나 불안을 겪는 증상.

대리외상증후군은 나도 매번 겪는 일이다. 2016년 중앙일보 주최로 전국 자원봉사자 축제에 연사로 초청받았을 때 같은 테이블에 앉아 있던 나이 지긋하신 분들께서 충고를 해주셨다. "힘들고 상처받으면서까지 왜 활동을 하세요? 봉사는 즐거운 마음으로 해야 하는 거예요."

우린 봉사활동 하는 게 아니라고 했더니 그분들은 봉사든 사회활동이든 꾸준히 지속적으로 하려면 '객관화' 작업이 필요하고 '심리적 거리유지'와 함께 사건에 가볍게 접근해야 한다고 충고를 해주었다. 그런데, 아무리 그러려고 해도 눈앞에서 처참하게 죽어가는 아이들을 보게 되면 다시 흥분해서 전력 질주를 하게 됐다. 그 후 힘들어 탈진하는 일도 반복이 되었다. 고백하자면 너무 마음이 힘들어 의학의 힘을 빌릴 때도 종종 있었다.

아예 사건을 외면하고 자기 생활에 충실하게 사는 것도 대리외상증후군을 치유하는 방법 중 하나이다. 시간이 약이 되는 것이 바로 이 경우다. 하지만 나처럼 외면하는 것이 불가능하거나 외면하려 했다가 오히려 죄책감만 더하게 된다면, 적극적인 활동을 통해 해소하는 것도 좋은 방법이다. 가해자 엄벌을 위해 진정서를 쓰거나 시위나 공판에 참석하는 것, 협회 활동을 간접적으로 응원하는 등 아동과 관련한 봉사활동을 하는 것이 그것이다.

대리외상증후군을 앓는 회원들은 입양 부모를 아동학
대 살인죄 외에 불특정 다수의 국민들을 패닉으로 몰아넣
은 죄로 고소하고 싶다는 말까지 할 정도로 많이 아파했다.

계란이 불러온 포크레인들

시간이 흐르자, 정인이에 대한 언론보도가 뜸해졌다. 게다
가 양부모를 살인죄로 기소하지 않겠다는 검찰의 발표에
우리가 더 이상 무엇을 할 수 있을까 하는 무기력증에 빠지
기도 했다.

소위 전문가들이 '살인죄 기소 변경은 안 될 것이다'
'살인죄로 기소하면 증거 입증이 어려우니 학대치사밖에 안
될 것이다'라는 말을 해 회원들을 더욱 불안하게 만들었다.
'법에는 학대치사만으로도 무기징역을 선고받을 수 있으니
학대치사로 최고형을 끌어내는 활동을 해야 하는 것 아닌
가?'라는 의견들도 나왔다. 모르는 말이다. 법조문과 실형
은 다르다. 당시까지 학대치사로는 15년 형이 최고 선고였
다. 하지만 그보다 더, 우리는 학대치사란 죄목 자체를 용납
할 수 없었다. 정인이는 어쩌다, 실수로 죽은 아이가 아니었

다. 정인이를 살해한 살인자는 살인죄로 처벌됨이 마땅하다는 것이 나의 신조였다.

나는 회원들에게 호소하였다.

"계란으로 바위를 부술 수 없지만 계속 계란을 던지다 보면 소문이 나고 의로운 포크레인이 소문을 듣고 와서 바위를 부숴줄 수 있습니다. 그러기 위해선 우리가 마중물 역할을 해야 합니다. 첫 번째 소아과 전문의들이 적극 개입해야 합니다. 두 번째 변호사의 법률적 개입입니다. 세 번째 입법하는 국회의원들이 국회 차원에서 나서야 합니다. 네 번째 언론의 힘입니다. 언론에서 계속 문제를 제기하고 사람들이 잊지 않도록 하며 국회에서 관심을 갖게 하려면 언론의 힘이 절대적입니다. 그리고 언론을 움직이는 것은 우리와 같은 국민의 여론입니다."

그때 기적처럼 첫 번째 포크레인이 나타났다. 회원 중 한 사람이 내 글을 보고 대한 소아청소년과 의사회 회장과 연락을 해보라고 했다. 당시 소아청소년과 의사회 회장은 외국 출장 중이었는데 나와의 첫 통화에서 이렇게 말했다. "양모를 살인죄로 사형에 처해야 합니다."

통쾌한 한마디에 다시 기운을 차릴 수 있었다. 그래서 (사)대한아동학대방지협회와 대한 소아청소년과 의사회는

지키지 못한 아이들

"검찰은 이 흉악무도한 사건의 범죄자들에게 아동학대치사죄가 아니라 최고 사형까지 가능한 살인죄로 기소함이 마땅하다"라는 성명서를 공동으로 발표하였다. 하지만 당시까지만 해도 서울남부지검은 양모의 죄를 살인죄로 공소장 변경을 하는 일은 없을 거라고 딱 잘라 못을 박았다.

그때 두 번째 포크레인이 나타났다. 김병욱 국회의원실에서 아동학대 사건과 관련하여 면담을 하고 싶다는 연락이 온 것이다. 내가 쓴 글의 포크레인들이 현실에서 나타나고 있어 내심 신기하다는 생각까지 들었다. "와이프가 정인이 일로 너무 마음 아파해서 며칠을 울더라고요. 와이프가 보여준 정인이 사진을 보니 정말 이상하게 우리 막둥이 딸과 비슷해서 저도 마음이 너무 아팠습니다"라고 말하는 김 의원은 가족들과 함께 정인이 수목장에도 다녀왔다고 했다.

그 후 김병욱 의원은 국회 기자회견을 통해 "가해자들을 살인죄가 아닌 학대치사죄로 기소한 것은 지나치게 미온적인 처사로 볼 수밖에 없다"라면서 양부모에 대한 살인죄 적용을 요구하였고 학대아동 보호를 위한 '정인이법 1호'를 발의하였다.

입양 부모에 대한 첫 재판 날짜가 2021년 1월 13일로 정해졌다. 첫 재판을 앞두고 엄벌 진정서 제출, 온·오프 엄벌 서명지 제출에 박차를 가했지만 뭔가 부족하다는 생각이 들었다. 그래서 재판을 앞두고 서울남부지방검찰청 앞에서의 시위를 제안하였다. 검사나 판사들이 볼 수 있는 아침 출근 시간, 점심시간을 이용하여 살인죄 기소 시위를 한다면 조금이라도 우리의 진심이 전달될 수 있지 않을까 하는 생각에서였다. 나의 제안에 회원들이 적극 찬성하고 날짜와 시간대별로 조를 짜서 시위대를 조직하였다.

한편으로 정인이에 대한 애도의 마음으로 근조화를 설치하면 좋겠다는 생각이 들었다. 근조화 가격을 따져보니 당시 빈사 상태이던 협회 재정으로는 도저히 지출할 수 없는 상황이었다. 그래서 조심스럽게 회원들이 자발적으로 보내면 어떻겠냐고 제안을 하자 수백 명의 회원들이 너도나도 근조화 설치에 동참하겠다고 나섰다.

근조화 설치는 국민들의 진정성을 위해 협회의 이름을 떼고 OO 지역 엄마, 아빠, 이모, 삼촌, 할머니 등으로 써 보내달라고 부탁했다. 그리고 회원들의 입금 내역을 취합, 근조화 업체를 수소문하고 가격 협상, 설치, 철거 등을 관리하는 일은 김승희 회원이 수고를 해주었다.

첫 시위를 앞두고 몹시 분주하던 어느 날 낯선 번호로 전화가 걸려 왔다. "그것이 알고 싶다 이동원 피디입니다"

라는 인사말에 드디어 올 것이 왔다는 생각이 들었다. 그동안 회원들은 〈그것이 알고 싶다〉에 제보하기 운동을 맹렬하게 벌이고 있었다. 하지만 나는 사실 회의적이었다. 이미 〈궁금한 이야기 Y〉에서 두 번이나 방송을 했었는데 같은 SBS에서, 그것도 같은 탐사보도팀인 〈그것이 알고 싶다〉에서 또 방송을 해줄 리 없다고 생각했다. 하지만 회원들의 뚝심은 놀라웠다. 방송국 제보 게시판에는 정인이 사건을 취재해 달라는 요청이 쇄도했고, 이동원 피디도 가는 곳마다 정인이 사건을 왜 취재 안 하느냐는 질문에 시달렸다고 한다. 그래서 내게 전화를 하게 되었는데 이런저런 얘기 끝에 그는 "당장 찾아뵙겠습니다"라고 하였다.

세 번째 포크레인이 나타나 주었다. 이동원 피디는 당일에 간신히 기차표를 구해서 경남 창원까지 먼 길을 달려왔고 내가 준비한 엄청난 자료들을 심각하게 살펴보고 '아직은 아무에게도 말하지 말아 달라'고 부탁하였다. 팀과 논의가 있어야 확실해 진다는 것이었다. 그날부터 나는 임금님 귀는 당나귀 같은 심정으로 혼자 조바심치며 취재가 확실해 질 때까지 입단속을 하느라 마음고생을 해야만 했다.

그날 여러 이야기 끝에 이동원 피디가 뜬금없이 내게 물었다. "대표님은 전생에 무슨 죄를 지으셨어요?" 자신의 직업이 살인자나 범죄자를 만나면서 전국을 누벼야 하는 것이니 전생에 죄가 많았기 때문이 아니겠냐고 그는 말했다. 하여 이 일을 하는 내게 전생에 무슨 죄를 지어서 이 일을 하고 있는 것이냐고 물어본 거였다. 그래서 나는 이렇게 대답했다.

"아마도 전생에 독립군 때려잡는 일을 했었나 봐요…."

검찰청 담장에 핀 슬픈 꽃

2020년 12월 14일 경차인 대협이(법인 차)에 시위 물품을 가득 싣고 새벽 7시에 남부지검 앞에 도착했다. 미친 듯한 칼바람 속에서도 회원들이 많이 모여 있었다. 서울 남부지방검찰청은 남부지방법원과 정문을 같이 쓰고 있었는데 우리는 서울남부지방검찰청 현판 아래서 시위를 시작했다. 살인죄 기소 청원을 위한 시위니까 당연히 검찰청 쪽에서 하였다(이후 재판이 열리고부터는 남부지법 현판 앞에서 시위를 진행하였다).

아침 8시 어둠이 조금 가실 무렵, 전국 각지에서 보내온 근조화환들이 검찰청 담벼락을 타고 진열되기 시작했는데, 문제가 생겼다. 너무 추운 날씨 때문에 근조화환이 세워

지자마자 하얀 국화꽃이 얼어붙어 갈색으로 변하고 만 것이다. 게다가 바람까지 휘몰아쳐서 근조화환은 세우자마자 쓰러지곤 했다. 회원들이 발을 동동 구르며 근조화환을 일으켜 세우는 와중에 검찰청 경비원이 나와서 당장 철거하라고 명령했다. 해보자는 거냐고 덤비는데 정보관이 중간 역할을 하여 양천구청에서 금요일에 자진 철거를 하면 문제 삼지 않겠다고 하여 일이 해결이 되었다.

이후 배문상 회원이 어디선가 타이백을 구해 와서 모두 힘을 합쳐 남부지검 담장에 근조화환을 겨우 고정했다. 바람에 사정없이 날리던 리본도 스테이플러를 구해와, 일일이 박아서 고정시킬 수 있었다.

서울 남부지방검찰청 담장을 가득 메운 근조화환의 행렬을 보니 눈물이 솟았다. 전국의 정인이 엄마 아빠 이모 삼촌 할머니 할아버지가 보내준 근조화환들은 억울하게 죽은 정인이의 넋을 달래고 끔찍한 학대를 자행한 입양 부모들에게 법정 최고형을 선고해 사법 정의를 실현해 달라는 염원의 꽃이었다. 그리고 이 땅에 다시는 또 다른 정인이가 생기지 않도록, 아동학대 범죄자들에게 경종을 울려달라는 간절한 바람이었다.

11시 30분부터 시작하는 시위에도 회원들이 많이 동참하였는데 추워도 너무 추웠다. 내복을 껴입고 그 위에 핫팩을 붙였는데도 발가락 끝이 떨어져 나갈 것처럼 시리고, 아팠다. 그래도 누구 하나 물러서지 않고 서로서로 피켓을 들고 서 있겠다고 나섰다. 여러 방송국에서 근조화환과 시위하는 회원들을 찍어갔고 뉴스마다 이 소식이 전해졌다.

두 번째 날 오후 시위에는 귀국 후 자가 격리 중인 소아청소년과 의사회 회장 대신 법제 팀장이 갑자기 참석하여 피켓 시위에 동참하였다. 그런데 시위 도중 낯선 번호로 전화가 걸려왔다.

"남부지검인데요. 면담 신청하셨어요?"

"아뇨? 진정서와 서명지만 제출했는데요?"

"면담 신청 안 하셨어요?"

"안 했지만 면담할 수 있나요?"

"네, 언제 가능하세요?"

나는 다음 날 오전 시위를 마치고, 정인이가 있는 양평 수목원에 들렀다가 대전고법에서 열리는 '천안 계모' 사건 항소심에 참석한 후, 창원사무소로 내려갈 예정이어서 당일 밖에 시간이 없었다. "지금 가능할까요?" 하고 물으니 가능하다고 했다. 당장 자리에 있는 대한 소아청소년과 의사회 법제 팀장과 함께 남부지검 회의실로 올라갔다. 남부지검 측에서는 인권감독관(공보 검사)과 담당수사관 두 분이 참석했다.

공보검사는 사건에 대해 상당히 신중하고 철저하게 조사를 한 후(아동학대치사로) 기소한 것을 알아달라고 하며 추운데 고생하는 모습을 보니 소통의 장을 만들어야겠다는 생각을 했다고 설명했다. 나는 우리가 떼법으로 이런다고 생각지 말아 달라며 입을 열었다. 지난 8년간 수많은 학대 사망 아동의 재판에 참여했고 판결문도 가지고 있지만, 이번 사건을 학대치사로 기소한 것이 도무지 납득이 되지 않아서 나선 것이라고 말했다. 공보검사는 겸손하게 "여러분의 고견을 듣겠습니다"라고 하였다.

"입양 부모의 학대로 아이가 사망했습니다. 아이가 고아라서, 아무도 나서지 않을 것으로 생각해서 손쉽게 학대치사로 기소한 것은 아닙니까?"

말하다 말고 울컥해서 끝말이 울먹이며 나왔다. 공보검사는 손사래까지 치며 절대 그렇지 않다고 말했다. 나는 숨을 가다듬고 다시 말했다.

"나쁜 사람을 나쁜 죄로 기소하는 게 검사의 역할 아닙니까? 나쁜 사람을 처벌하는 게 검사의 할 일 아닌가요?"

그러자 공보검사는 "나쁜 사람을 나쁜 죄로 기소하는 게 검사가 할 일 아니냐는 말씀 유념하겠습니다. 일반인의 상식으로 이해할 수 없는 법은 법의 기능이 아니지요"라는 말까지 하였다. 무언가 실낱같은 희망이 보이는 것 같았다.

이때 대한소아청소년과 의사회 법제 팀장이 나섰다. "언론에 나온 것만 봐도 아무 의도 없이 타격을 하면 그렇게 될 수 없어 보여요. 온몸의 힘을 실어서 밟아야 췌장 손상이 생깁니다. 부검 결과와 1차 소견을 알아야 정확한 판단이 가능합니다. 전문가의 의견을 수렴하는 과정이 있어야 하는데, 아동을 가장 잘 아는 소아청소년과 의사회에 부검 자료 공개가 가능합니까?"

그 순간 정말 정인이 영혼이 우리 곁에 있는 건 아닐까 하는 생각이 들었다. 생각지도 않은 법제 팀장의 시위 합류가 갑자기 있었고, 하필 법제 팀장이 있는 시간에 면담 요청이 들어왔으니 말이다.

공보검사는 학대치사로 기소했다고 엄벌의 의지가 약한 건 아니라고 설명했다. 나는 욱해서 말했다.

"실질적으로 학대치사는 살인죄보다 형량이 낮잖아요. 형량도 문제지만 우리는 가해자의 죗값을 묻고 있는 것입니다. 가해자인 양모는 살인자로 기록되어야 합니다. 우리는 아기의 죽음에 원인을 묻고 있는 것입니다. 우리는 아기가 어쩌다 실수로 죽었다는 죄명을 용납하지 못합니다.”

"다수가 이상하다고 생각하는 법은 법이 아니라고 생각합니다. 상식을 반영하고 많은 이의 공감을 반영하는 게 법입니다.”

공보감사는 이렇게 말하며 아직 공판이 남았으니, 수사팀과 고민해서 적극적으로 새로운 법리 적용을 찾아보겠다고 약속했고 소아 전문 기관에 부검 결과를 의뢰하겠다고 하였다.

면담을 마치고 나오며 다소 아리송해졌다. 우리 협회와 국민들이 하도 떠들어대고 언론에서 관심을 두고 덤비니 계속 무시할 수 없어서 '옜다!' 하는 제스처를 취하는 것인지, 진정으로 전문가들의 의견을 수렴하여 새로운 법리 적용을 하고자 하는 것인지 그 무엇도 단정할 수 없었다. 그래서 괜한 희망에 들뜨기보다 그냥 우리의 할 일을 계속하자고 생각했다. 면담 마지막에 공보검사가 친절하게 말했다.

"지금 시위하시는 곳이 북향이라서 정말 추운데, 법원 쪽이 더 따뜻할 테니 그쪽으로 옮겨서 시위를 하시는 건 어떨까요?”

시선이 법원 쪽으로 옮겨지는 것을 염두에 둔 것인지

정말로 우리 시위대를 걱정하는 건지 의도는 잘 모르겠으나 나는 절대로 옮기지 않겠다고 딱 잘라 거절했다. 검사와의 면담을 마치고 나오는데 총무팀에서 보자는 연락이 왔다. 금요일에 자진 철거하겠다고 이미 양천구청과 협의가 된 사항임에도 또 근조화 철거 문제를 들고 나온 것이다. 실랑이를 주고받은 끝에 금요일 오후 1시 이후에 자진 철거하라고 당부를 하여 면담이 종료되었다. 이 사실을 회원들에게 알리자 분기탱천하여 다음 날 새벽에 인근에 사는 회

지키지 못한 아이들

원들이 빗자루를 들고 나와 근조화환이 있는 검찰청 담장 주변을 싹싹 청소해 버렸다. 꽃잎 한 장이라도 떨어져 남부지검에 조금의 빌미라도 주면 안 된다는 의지의 표명이었던 것이다. 회원들은 아침과 오후에 검찰청 담장 밑을 깨끗이 청소하는 것으로 시위를 마쳤다. 그리고 약속된 날짜에 근조화를 철거하고 보란 듯이 먼지 한 톨 없이 청소하는 것으로 남부지검에 시위 아닌 시위를 하였다. 그러자 이를 좋게 본 남부지검 총무팀은 이후 시위 물품을 맡아주는 등 협조를 아끼지 않았다.

〈그것이 알고 싶다〉가 몰고 온 폭풍들

근조화 시위가 계속되는 가운데 〈그것이 알고 싶다〉 방영 시간이 2021년 1월 2일 밤 11시 10분으로 정해졌다. 방송을 기다리며 우리는 〈그것이 알고 싶다〉 김상중 MC가 제안한 '정인아 미안해 챌린지'에 적극 협조하였다. '정인아 미안해' 문구를 작성해 들고 인증샷을 찍은 다음 〈그것이 알고 싶다〉에서 개설한 메일로 보내면 방송 말미에 인증샷을 모아 모자이크를 하여 정인이 얼굴로 만든다는 계획이었다. 수천 명의 회원들이 인증샷을 찍어 보냈고 소문이 퍼지자, 회원이 아닌 일반 국민들도 인증샷 찍어 보내기 운동에 동참하였다. 단합된 힘이 무서울 지경이었다.

〈그것이 알고 싶다〉가 방송되던 토요일 아침, 나는 공지를 통해 다음과 같이 호소하였다.

"1월 2일(토) 오전 9시. '정인아 미안해' 챌린지 사진을 각자의 SNS에 일제히 올려주십시오. 그리고 반드시 #정인아미안해 해시태그를 붙여주십시오. 1월 2일(토) 오전 10시. 오후 10시 두 차례 네이버 검색란에 '정인아 미안해'를 적어서 실시간 검색어에 올려주십시오. 억울하고 끔찍하게 죽어간 정인이 사건을 널리 알려서 가해 양부모가 반드시 살인죄로 기소되도록 해야 합니다. 정인이로 인해 아프고 슬프고 분노한다면, 꼭 함께 해주십시오. 마음으로는 아무것도 해결되지 않습니다. 정인이가 가엾어 눈물이 난다면 우는 대신 자판 한 번 두들겨 주십시오."

자동 완성된 글자는 통계에 들어가지 않는다 하여 우리는 일일이 '정인아 미안해'를 적어서 넣고 쿠키 삭제를 하고 다시 적어서 넣는 수작업을 하루 종일 반복했다. 나중엔 손가락이 곱아서 아플 지경이었지만 멈추지 않았다. 회원들은 '정인아 미안해'가 몇 순위로 올라가는지 실시간으로 카페에 올리며 마음을 졸였고 드디어 오후 1시 무렵 하루 종

지키지 못한 아이들

일 실검에 머물던 '정인아 미안해'가 실시간 검색어 1위에 올랐다. 간절한 마음들이 모여 작은 기적을 이룬 것이다.

드디어 〈그것이 알고 싶다〉에서 '정인이는 왜 죽었나?' 편이 시작될 때, 나는 뿌옇게 흐려진 시야 때문에 영상을 제대로 볼 수 없었다. 죽기 전날 교사의 품에 힘없이 안겨 있던 정인이, 동그랗게 앉아 있던 정인이 뒷모습이 너무나 애처로워 울고 또 울었기 때문이다. 〈그것이 알고 싶다〉에서는 정인이가 양모의 강력한 외력에 의해 사망했을 가능성이 크다며 실험 결과를 검찰에 공유하겠다고 약속하였다.

방송이 끝난 직후 카페에 접속했던 나는 너무 놀라고 말았다. 그 야밤에 카페 가입 인원이 수천 명에 달했고 계속해서 초 단위로 가입 인원이 늘어나고 있었다. 다음 날부터 언론사의 인터뷰 요청 전화가 빗발쳤다. 단 1초도 입을 다물고 있을 틈이 없어서 나중에는 목에서 쇳소리가 날 지경이었다. 〈그것이 알고 싶다〉가 방송된 후 언론이 뒤집어지고 정치권은 난리가 났다.

정인이를 입양 보낸 후 아동학대 신고가 세 번이나 있었다는 사실을 알고 있었음에도 전화 통화와 문자로 양부모의 일방적인 변명을 듣고 아무런 보호조치를 취하지 않은 입양기관에 항의가 쏟아졌고 해당 기관은 결국 〈정인아 미안해)라는 사과문을 게시하였다. 하지만 변명으로 일관 된 내용이 국민들에게 더욱 지탄을 받자 2차 사과문까지 게시하게 되었다.

아동학대 신고에 대한 초동수사 미흡으로 양부모에게 무혐의 처분을 내린 경찰들은 징계를 받았고 해당 경찰서 장은 대기 발령 조치되었다. 경찰청장은 대국민 사과를 통해 경찰의 아동학대 대응체계를 전면 쇄신하는 계기로 삼겠다고 하였다. 하지만 소아청소년과 의사회장은 경찰청장을 직무 유기와 살인 방조로 고발하였다.

당시 현장출동을 했으나 아동학대 판단을 하지 않은 해당 아동보호전문기관에도 항의 전화가 쏟아졌고, 상위 기관의 후원자 탈퇴 열풍이 일어났다. 우리 협회는 무의지, 무대응, 무능력으로 인해 정인이가 사망하는데 일조한 해당 아동보호전문기관의 관장 및 상담원들을 유기치사, 업무상 과실치사, 공무집행방해 혐의로 고발하였다. 이후 나는 관할 경찰서에서 몇 시간 동안 고발인 조사를 받느라 녹초가 되어야 했다.

국회의원들은 너도나도 '정인이법'을 발의하였고 분노한 국민들도 진정서 제출 열풍에 동참하였다. 진정서를 어떻게 쓰냐고 묻는 문의가 협회로 쏟아져 들어와, 필독 공지

지키지 못한 아이들

를 통해 진정서에 대한 Q&A를 올렸고 이것이 또 온라인 여기저기로 퍼져나갔다. 유명 인사, 연예인들도 진정서 쓰기 대열에 합류하였고, 이는 그 팬들까지 진정서 쓰기에 참여하게 하는 또 다른 효과를 내었다. 수십만 장의 진정서가 남부지법으로 쏟아져 들어갔다. 국내뿐만 아니라 외국에서도 재판부와 우리 협회로 양부모에 대한 엄벌 진정서*가 엄청나게 들어왔다. 우리 협회의 업무용 메일함은 외국에서 들어오는 진정서로 가득 찼고, 출력해서 비우면 다음 날 또 가득 차곤 했다.

협회 사무실 전화벨은 울분에 찬 시민들로 인해 하루 종일 울려댔다. 정신없는 와중에도 전화한 시민들을 위로하고 달래주며 열심히 활동하겠다는 약속을 해야 했다.

정인이로 인해 아동학대의 심각성에 눈을 뜬 시민들은 촉각을 곤두세우고 아동학대가 의심이 되면 서슴없이 신고를 하기 시작했다. 그렇게 아동학대 신고 접수율이 전년 대비 27.6% 증가했다. 하지만 현장의 체감도는 거의 3배가 넘는 것 같다고 말할 정도였다. 그렇게 정인이는 우리에게 아픈 딸이자, 아동학대 대응체계를 바꾸는 하나의 상징이 되

---

* 엄벌 진정서는 해당 재판부로 보내야 한다.

어주었다.

하지만 긍정적인 부분만 있었던 것은 아니다. #정인아미안해가 SNS를 강타하자 정인이를 이용하는 장사꾼들이 나타났다. 정인이 사진을 이용해서 굿즈를 만들어 파는 자들이 나타났다가 누리꾼들의 뭇매를 맞고 사라지기도 하였고 일명 사이버렉카*들이 자극적인 제목과 확인되지 않은 허위 내용으로 정인이 사진을 사용하여 조회수를 올리고 광고 수익을 챙기며 후원금과 슈퍼챗으로 대박이 나는 일이 벌어지기도 했다. 무속인들이 유튜브를 이용하여 정인이에 빙의됐다며 돈벌이를 하기도 했다. 정말 속이 상했지만, 권한이 없는 우리는 손을 쓸 수가 없었다.

게다가 SNS에는 난데없이 대한아동학대방지협회에 수백만 원을 기부했다는 합성사진과 허위의 글이 게시되기도 하였다. 제보를 받고 그러한 사실이 없으니 당사자의 연락을 부탁한다고 하자 글이 사라졌다. 대체 '좋아요'가 뭐길래 거짓말까지 하는지 도통 이해할 수가 없었다.

정인이에 대한 열풍이 조금씩 가라앉고 더 이상 정인이로 인해 새로운 내용이 나올 것이 없어지자 소위 떡밥이

---

* 남의 불행이나 사건 사고 등을 인터넷에 올려서 이득(조회수, 인지도, 광고 수익)을 챙기는 사람.

떨어진 사이버렉카들은 느닷없이 대한아동학대방지협회에 관한 내용으로 자극적인 섬네일을 만들고 허위의 글을 올리며 물어뜯기 시작했다. 유튜버들이 정인이 사진을 무단으로 사용하여 상업적 이득을 올리는 것 때문에, 사진을 보내준 분들이 마음 아파하기에, 정인이 사진을 이용하여 돈벌이를 하지 말라고 강력하게 경고를 한 적이 있었다. 그것이 그들의 심기를 거스른 것 같았다.

우리 협회에 대한 거짓이 꼬리를 물고 이어지며 온갖 허위 소문이 판을 쳤다. 결국 참다못해 허위 사실로 인한 명예훼손과 업무방해로 고소를 진행하였고 일부는 사과를 하고 일부는 혐의가 인정되어 벌금을 냈다. 일부는 아이피 주소는 자신의 거주지가 맞지만 자신이 한 짓이 아니라고 우겨서 혐의없음으로 결론이 나기도 했다.

사이버렉카들은 그 후에도 우리 협회에 대한 허위사실을 올리곤 했다. 자극적인 섬네일과 내용으로 조회수를 올려 광고수익을 얻는 게 몇 곱절 많다 보니 그깟 벌금 1,2백만 원은 우스웠을 것이다. 치졸하고 못난 사람들이다.

그와 더불어 〈그것이 알고 싶다〉의 이동원 피디는 정인이의 얼굴을, 방송을 통해 공개했다는 이유로 '정치하는 엄마들'이라는 단체에게 고발을 당하였다.

첫 재판은 2021년 1월 13일 10시 30분에 시작하지만 아침 7시까지 남부지법 앞에 도착하여 시위 물품을 풀어놓았다. 전국 각지에서 회원들이 속속 모여들었고 시위에 참석하지 못하는 회원들은 현장에 물과 빵 등을 보내며 응원하였다. 회원들은 '우리가 정인이 엄마 아빠다' '살인죄! 사형!'이라는 피켓을 준비하고 남부지방법원 쪽 담장에 도열한, 얼어붙은 근조화환 옆에 모였다.

법원 앞으로 모인 것은 우리 회원들뿐만이 아니었다. 수백 명의 경찰기동대가 도착하여 바리게이트를 쳤다. 그리고 허가받지 않은 불법집회라고, 해산하지 않으면 다 잡아가겠다는 경찰 마이크 소리가 왕왕 시끄럽게 울렸다. 우린 집회를 하러온 게 아니었다. 1인 시위를 하러 온 인원이 좀 많았을 뿐이다. 구치소에서조차 전도를 하기 위해 들어왔다는 등 반성이 전혀 없는 양모 안 씨에게 국민들의 분노를 알려주고 싶었다. 재판 진행 상황을 현장에서 알기 위해 모인 것뿐인데 경찰 측이 너무 심하게 경계를 하는 것 같아 언짢아졌다.

정보관과 모종의 협상을 벌이고 있는 와중에 양모에

대한 살인죄 기소 소식이 전해졌다. 법원 앞에 모여 있던 우리들은 환호성을 터트리며 눈물을 흘렸다. 첫 번째 고비를 넘긴 것이다. 하지만 살인죄에 대한 입증이 남았다. 재판이 시작되고 방청권에 당첨되어 법정으로 입장했던 회원들의 문자 등을 통해 실시간 진행 상황이 전달되었다.

재판에 증인으로 나선 법의학자들은 '최소 사망 2,3주 전부터 이미 췌장이 손상되었을 것이다' '아기의 등이 고정된 상태에서 복부를 발로 밟았을 가능성이 가장 높다' '영양실조로 활동을 거의 못 하던 아기를 발로 밟으면 죽는다는 걸 당연히 예상했을 것이다'라는 소견을 내었다. 법정 안은 눈물바다가 되었지만, 양부와 양모는 끝내 잘못을 시인하지 않았다.

드디어 재판이 끝났고 불구속 상태였던 양부가 법정에서 나오자 대기하던 시민들이 몰려들어 아수라장이 되었다는 소식이 전해졌다. 나는 양모 쪽에 집중하기로 했다. 여경들이 두 줄로 대기하고 있는 가운데 양모 장하연을 태운 호송버스가 나오자, 사람들이 몰려들어 "사형!"을 외치며 울부짖었다. 나는 일부러 호송버스 앞으로 달려가 "질서를 지키세요! 나오지 마세요!"라고 외치며 가로막았는데 나의 꼼수를 눈치챈 경찰들이 밀어내는 바람에 저질 체력인 나는 허

수아비처럼 떠밀려나고 말았다.

그런데 누군가 버스의 창문으로 눈덩이를 집어 던졌다. 아찔했다. "하지 마! 호송버스 건드리지 말라고! 우리 협회 돈 없단 말이야! 버스에 흠집이라도 나면 우리가 물어내야 한다고!"를 외치며 회원들을 말렸다. 진심이었다. 바닥이 난 가난한 협회의 살림으로는 손상된 버스에 대해 변상조차 할 수 없는 상황이었다. 버스가 상하면 우리도 망한다는 일념으로 회원들을 뜯어말리느라 정신이 없어서 호송차가 내빼는 줄도 몰랐다.

2월 17일 두 번째 재판에서는 경비 인력이 대폭 보강되어 수십 대의 경찰 버스와 이전보다 곱절은 넘어 보이는 기동 대원들이 도열해 있었다. 그러거나 말거나 우리 협회는 남부지법 앞에 자체 테이블을 놓고 회원들의 열 체크를 하고 검정 리본과 검정 마스크를 나눠주었다. 전국 각지에서 올라온 회원들은 17개 팀으로 나뉘어 지역 깃발 아래 모여 들었고, 참석하지 못한 회원들은 김밥, 과자, 빵, 음료수 등을 현장으로 배송해 주었다.

나름대로 질서정연하게 피켓시위를 하고 있던 법원 앞은 양모 장 씨를 태운 호송버스가 도착하자 아수라장으로 변했다. "사형!"을 외치는 사람들의 울부짖음과 온몸으로 막아서는 기동대원들, 해산하지 않으면 잡아 가두겠다고 반복하는 아무짝에도 쓸모없는 마이크 소리, 이런 모습을 카메라에 담기 위해 사다리 위에까지 올라간 기자들로 인해 법원 앞 도로는 흡사 전쟁터 같았다. 하지만 이것은 전초전에 불과했다.

재판은 오전 10시, 오후 2시, 오후 4시, 3차례에 걸쳐 진행이 되었다. 방청에 당첨되지 못한 회원들은 오전 시위를 마친 후 각자 흩어져 입양기관으로, 해당 아보전으로 담당 경찰서로 시위를 하러 갔다. 우리는 재판이 끝나는 시간에 맞춰 후문에 집결하기로 하였다.

재판이 끝난 후 수많은 회원들이 호송 차량이 있는 후문을 막고 앉아 진을 쳤다. 양모 장 씨를 태운 호송버스가 오도 가도 못 하고 있는 와중에 기동대가 달려들어 앉아 있는 회원들을 무지막지하게 끌어냈다. 우리가 폭도냐? 그냥 앉아 있을 뿐인 우리들을 왜 내동댕이치냐고 소리치다가 낌새가 이상해 정문 쪽을 향해 냅다 뛰었다. 버스가 정문 쪽으로 후진하는 것을 본 순간 아무 생각도 나지 않아 그냥 주저앉아 버렸다. 그때 아주 스위트한 목소리가 들렸다. "대표님, 다치세요, 올라가세요, 위험해요." 상냥한 목소리와 달리 경찰들이 달려들어 밀어댔고 나는 넘어지고 말았다. 넘어진 김에 쉬어가자는 심정으로 아예 드러누워 버렸다. 마침 힘들던 참이었다.

그때 내 팔다리가 허공으로 떠올랐다. 경찰 4명이 달려들어 팔다리를 각각 잡아들어 올렸다. 내 옆으로 상복을 입은 이수진 회원이 경찰들에게 대롱대롱 매달려 발버둥 치며 끌려 나가는 모습이 보였다. 소란을 틈타 회원들이 달려와 호송버스를 에워쌌고 회원 차량 2대가 도로를 막아버렸다. "버스 치지 마!" 나는 그 와중에도 혹시라도 누군가 버스를 두들겨 흠집을 내거나 우리가 폭도로 오해당할까 봐 악을 썼다. 인도로 떠메어져 이송(?)된 후 정신을 차리고 보니 호송버스를 에워싸고 농성하는 회원들 외에 정문 쪽으로 가는 길목을 막고 있는 차량과 실랑이하는 경찰들 모습이 보였다.

주차선을 한참 빠져나와 도로를 가로막고 있는 승합차에는 충북에서 올라온 우리 회원이 앉아 있었다. 경찰이 차를 빼라고 하자 "제가 후진을 못해요"라고 차주가 상냥하게 말했다. 후방주차를 해놨는데 후진을 못 한다고? 차주 이향숙 회원은 회원들이 호송버스 앞에서 하고 싶은 말을 실컷 하라고 시간을 벌어주고 있던 참이었다.

지키지 못한 아이들

수백 명의 회원들은 호송버스를 둘러싸고 그 안에 있는 양모를 향해 사형을 외치고 있었지만 감사하게도 그 누구도 버스를 두들기는 일은 발생하지 않았다. 회원들과 기동대원들은 한 치의 양보도 없이 서로 대치하고 있었고 경찰 간부와 정보관들은 내게 달려와 어떻게 좀 해보라며 소리를 질러댔다. 한 시간이 넘어가고 있었지만, 아우성과 대치 상황은 변하지 않았다.

그런데 어느 순간 내게 이상한 현상이 일어나기 시작했다. 갑자기 아우성들이 붕붕거리는 소음으로 변하고 주변 풍경들이 흐릿하게 사라지는 느낌이 들었다. 그리고 어디서인지 모르지만 깊숙하게 밀려 올라오는 슬픔.

이게 뭐야, 아기가 학대 신고를 당했을 때는 모른 척하던 경찰들이 살인자 양모를 보호하기 위해 죄 없는 엄마들을 내동댕이치고 있는 이 일들이 다 뭐냐고. 제 자식 잘 키우는 게 최선이라고 믿고 있던 엄마들이, 울부짖으며 나서게 만든 이게 다 뭐냐고. 나는 울었다. 그저 우는 일밖에는 할 수 있는 게 없었다. 누군가 손수건을 던져주어 퍼뜩 현실로 되돌아왔다.

이미 시간이 많이 지나 있었고, 정보관의 거듭된 부탁으로 우리는 모두 입을 모아 사형을 외치는 것을 끝으로 호송버스가 구치소로 향하는 길을 터주었다.

모든 것을 포기한 정인이 얼굴

우리는 정인이라는 한 아이만을 위해 나선 게 아니었다. 정인이로 상징되는 모든 학대받는 아동들을 위해, 제대로 된 아동학대 방지 시스템을 만들어 달라고 호소하기 위해, 짐승보다 못한 아동학대 가해자들을 엄벌에 처해 달라고 요구하기 위해 모인 것이다. 아동학대는 한 아이의 일이 아닌 사회 전체의 일이며 내 아이와 동시대를 살아가는 또 다른 내 아이의 일이란 것을 알기에 엄마 아빠라는 이름으로 나선 것이다.

한사람이 외치면 미친 사람처럼 보이지만, 열 사람이 외치면 시끄럽다고 외면 받겠지만, 백 사람이 외치면 무슨 일인지 돌아보게 되고 천 사람이 외치면, 만 사람이 함께하게 될 것을 믿으며 나선 것이다. 부모가 지키지 못한 아이들에게 나라가 부모 노릇을 해달라고 읍소하기 위해 나선 것이다. 그런 우리를 관할 경찰서는 폭도 취급을 하였다. 우리는 그저 살인자를 사형시켜 달라고 외치는 것뿐인데도 말이다.

지키지 못한 아이들

다음 재판에서 나는 본 법정에 당첨되는 행운을 얻었다. 정인이 양부모의 재판에 참관하려는 사람들이 너무도 많았기에 본 법정 당첨은 로또 당첨만큼이나 힘들다고 했다. 당첨 운이 지독하게도 없는 내가 본 법정 참관에 당첨된 걸 보면 아마도 평생의 운을 이때 다 끌어다 쓴 게 아닐까.

2021년 4월 7일, 5차 공판이 열렸다. 법동 안으로 들어갈 때 이미 검색대에서 가방 검사를 다 했는데도, 306호 법정 앞에서는 아예 가방 안의 물건을 전부 꺼내라고 하고 몸수색을 꼼꼼하게 했다. 대체 이들이 두려워하는 것은 무엇일까 궁금했다.

재판이 시작되고 검사가 부검 감정서를 낭독했다. 요약하자면 '사망 당일 아래층 주민이 덤벨을 떨어뜨린 것 같은 엄청난 소음 때문에 항의하러 올라갔다거나, 10시 30분경 피해 아동이 눈을 반쯤 뜬 채 대답이 없어서 택시를 불렀다는 장 씨의 진술을 토대로 췌장이 상하로 절단되었다는 것은 2회 이상 밟힌 것으로 추정된다'는 것이다. 그리고 이어서 증거 동영상이 틀어졌다.

◦ 2020년 8월 18일(14개월)

헐렁한 반바지와 늘어진 윗도리를 입고 있는 정인이의
다리가 점점 벌어지며 주저앉았다. 정인이는 카메라를
향해 눈치를 보다가 팔로 바닥을 짚고 일어서는데
팔이 아픈지 만지며 다시 눈치를 보았다. 정인이는
주저앉으면서 울지도 않고 소리도 내지 않았다. 많이
부어 있는 얼굴로 계속 카메라 쪽을 향해 눈치만 보고
있었다. 영상을 보던 검사가 "이미 학대가 있었고 팔이
골절된 상태 같다"라고 설명을 했다.

◦ 8월 24일 C 방송국 엘리베이터

짧은 반바지를 입은 양모 장 씨가 유모차를 거칠게
밀자, 정인이가 목이 뒤로 꺾일 만큼 충격을 받고
손잡이를 꽉 움켜쥐었다. 그래도 정인이는 울지
않았다. 검사는 양모의 이러한 행동이 처음은
아니었을 것이라고 설명했다.

◦ 9월 14일 아파트 엘리베이터(숨지기 한 달 전, 15개월)

하체에 달라붙는 레깅스를 입고 어깨가 훤히 드러난
민소매 옷을 입은 양모 장 씨가 정인이 목만 달랑 잡고

지키지 못한 아이들

엘리베이터 안으로 들어왔다. 정인이는 목이 잡힌 채
대롱대롱 매달려 있었고 양모는 엘리베이터 손잡이
봉 위에 정인이를 위태롭게 올려놓았다. 자신은 거울을
보며 매무새를 가다듬고 있었다.

◦ 9월 14일 엘리베이터

또 다시 정인이 목만 잡고 엘리베이터에 탑승한 양모
장 씨가 정인이를 손잡이 봉 위에 올려놓았다가 내릴
때 정인이의 한쪽 손목만 거칠게 잡아끌고 내렸다.
이 장면을 보다가 "헉! 아기 팔 빠지면 어떡해" 소리가
저절로 나왔다. 그런데도 정인이는 익숙한 듯 아무런
움직임 없이 그냥 매달려 있었다. 한두 번 당하는 것이
아닌 듯 울지도 않고 저항하지도 않고 아프다는
몸짓조차 없었다.

다음 영상은 양부 안 씨의 휴대전화를 포렌식으로 복구한
것이었다. 양부가 정인이 손뼉을 치게 해서 학대했다는 기
사가 났을 때 '아기에게 박수치게 한 게 왜 학대지?'라며 의
아해했는데 영상을 보는 순간 놀라서 입이 떡 벌어지고 말
았다.

○ 2020년 4월 5일(9개월 무렵)

양부가 돌도 안 된 정인이의 작은 두 손을 움켜쥐고
박수를 치게 하는데, 마치 빨리 감기한 것처럼 빠르고
강하게 두 손을 부딪치게 만들었다. 정인이가
고통스러워 자지러지게 우는데도 양부는 멈추지 않고
웃으며 그 작은 손을 더욱 세게 부딪치게 하였다.
검사가 자신의 20개월 아기에게 해봤더니 너무
고통스러워하더라고 말했다.

○ 2020년 9월 17일(15개월. 사망 26일 전)

기저귀만 찬 채 벌거벗은 정인이가 범보 의자에 눈을
감고 앉아 있었다. 머리카락은 젖어 있었고 이마에는
멍 자국이 선명했으며 얼굴이 많이 부어 보였다. 팔을
늘어뜨리고 있는데 오른쪽 팔꿈치가 심하게 튀어나와
있었고 육안으로도 부어오른 게 보였다. 정인이는
고개를 약간 떨구고 눈을 감고 있었는데 팔다리가
가늘어서 더욱 볼록하게 보이는 배 위로 눈물인지
물인지 떨어져 맺혀 있었다. 정지화면인 줄 알았는데
갑자기 목소리가 들렸다. "졸았니?" 앙칼진 양모 장
씨의 목소리였다. 정인이는 전혀 놀라지 않고 고개를

조금 들면서 힘겹게 눈을 떴다. 좋지 못한 화질임에도 두 눈에 고인 눈물이 보였다.

나는 고통스럽게 영상을 보면서 이 모습이 고문을 당해 잠시 기절했다가 깨어나는 모습 같다고 생각했다. 정인이 얼굴이 말라서 눈이 더 커보였다. 힘없이 풀린 눈동자로 겨우 올려다보는 정인의 얼굴에서 나는 세상을 다 내려놓은 그 표정을 보고야 말았다.

눈물이 북받쳐 나오는 걸 억지로 구겨 넣었다. 봐야만 한다, 보고 사람들에게 증언해야 한다, 그러니 절대 울지 말아라.

전문가들은 아무런 움직임과 표정이 없는 얼굴을 보고 아마 이때 심한 통증 때문에 울지도 웃지도 못하고 있었던 것 같다고 말했다. 양부는 무엇 때문에 이 영상을 가지고 있었던 걸까? 그들은 왜 정인이 학대 영상을 찍은 것일까? 이 악마 같은 부부는 정인이의 고통을 즐겨온 게 아닐까.

정인이 사건을 알게 된 후 내 어머니는 이렇게 말했다. "법이 왜 필요해? 똑같이 해줘야지."

영상을 보면서 너무 고통스러웠던 나는 주먹을 꼭 쥐고, 속으로 그 말을 백번쯤 되뇌었다. 할 수만 있다면 정말 그렇게 하고 싶은 심정이었다.

- 사망 당일 10월 13일
  카메라 멀리 작은 정인이가 서 있는데 귀를 쨍하게
  울리는 쇳소리의 목소리 장 씨가 "빨리 와! 빨리!" 하고
  외치는 소리가 들리자, 정인이가 힘겹게 비틀비틀
  걷기 시작했다.

- 사망 당일 10월 13일 오전 8시 34분
  위에서 아래로 정인이를 보고 찍은 구도였다. 정인이가
  부은 얼굴로 카메라를 올려다보고 있었는데 입술이
  하얬고 밥을 입에 물고 있었다. 이때 이미 내장 손상이
  심각하여 삼키지 못하는 상태였는데, 뱉으면 맞을까 봐
  뱉지도 못하고 있는 것 같았다.

- 같은 날 오전 9시 2분
  같은 상태로 입에 밥을 물고 겁먹은 눈으로 눈치를
  보고 있는 정인이 얼굴이 보이더니 갑자기 "eat! shit!"
  하는 양모의 앙칼진 소리와 함께 영상이 휘리릭
  돌더니 장 씨의 표독한 얼굴이 순간 비쳤다. 아마

지키지 못한 아이들

핸드폰을 든 손으로 정인이를 때리는 바람에 팔이 한
바퀴 돌아 자신의 얼굴이 찍힌 것 같았다. 입을 악물고
있는 표독한 장 씨 얼굴에서 영상이 멈추었다. 영상에
장 씨의 목소리는 나오는데 정인이의 우는 소리는
없었다. 정인이는 맞아도 울지 못하는 아이였다.

◦ 119 녹취 음성이 나왔다. 위독한 정인이를 택시에
  태우고 가던 장 씨에게 택시 기사가 119를 부르라고
  강력하게 말해서 마지못해 전화를 한 상황이었는데,
  "양쪽 젖꼭지 사이를 두 손가락으로 누르세요!" 하는
  119 요원의 음성이 나왔다. 검사가 이 녹취 음성을 튼
  이유는 양모 장 씨가 정인이의 갈비뼈가 부러진 것이
  CPR 때문이라고 주장한 것에 반박을 하기 위해서였다.
  두 손가락으로 눌러 아기의 갈비뼈가 부러질 리
  없다는 것을 증명한 것이다.

◦ 10월 12일 오전 10시 29분
  친딸을 뒤에 태우고 정인이는 유모차 안에 맨발로
  비스듬히 앉혀서 정상적으로 밀고 가는 모습. 이어
  정인이가 혼자 탔을 때는 양모 장 씨가 유모차를

거칠게 밀고 있는 모습이 보였다.

○ <u>10월 13일 10시 39분</u>
  녹즙기사와 미수금 얘기를 나누는 통화 내용이
  공개되었다. 친딸을 등원시키고 돌아와 정인이가
  눈을 반쯤 뜨고 대답이 없어 위독한 상태였던 그 시간,
  장 씨는 아주 침착하고 상냥한 목소리로 녹즙 기사와
  웃으며 대화를 나누었다.

○ 제주도로 같이 여행을 갔던 지인이 정인이가
  계단에서 굴러 떨어진 적이 없다는 증언 전화도
  녹취로 나왔다. 정인이의 머리 골절이 제주도
  여행을 갔다가 계단에서 굴렀기 때문이라는
  장 씨의 거짓말에 대한 검사 측의 반박 증거였다.

○ 놀이터 시소에 정인이가 부딪힌 적 없다는 지인의
  전화 내용도 공개되었다. 이때 장 씨는 열심히 글을
  써서 옆에 있는 변호사에게 보여주며 서로 고개를
  끄덕거리고 있었다. 법이 왜 필요해⋯ 다시 주먹을
  그러쥐었다.

지키지 못한 아이들

이어서 정인이를 들고 흔들다 가슴 수술 후유증으로 아파서 아이를 떨어뜨렸고, 그때 범보 의자에 부딪혀서 췌장이 절단됐을 거라는 장 씨의 진술을 반박하기 위한 검사 측 실험 영상이 재생됐다. 정인이를 재현한 무게와 크기의 더미를 흔들다 떨어뜨리자, 다리부터 떨어졌다. 결코 배나 등이 먼저 떨어지지 않았던 것이다.

하나님을 믿는다는 목사의 딸 장 씨의 거짓말은 대체 어디까지인가. 십계명에도 '거짓 증언 하지 말라'고 되어 있지 않는가. 하나님의 말씀을 어긴 장 씨는 죽어서 분명히 지옥에 갈 것이 틀림없다.

기동대 감옥에 갇히다

2021년 4월 14일, 6차 공판이자 결심 공판이 열렸다. 나는 만반의 준비를 하고 비밀리에 회원들을 규합하였다. 결심 공판에는 분명히 더 많은 경찰 인력이 올 것이고 아예 우리의 손과 발을 묶을 것이라고 예상했기 때문이다. 그리고 그동안 일반인들이 법원 앞에 와서 욕설을 퍼붓고 폭력적인 행동을 했지만, 비폭력 평화 시위를 고수하는 우리 협회와 그들을 구분할 필요가 있었다. 그래서 미리 참석자를 모집

하고 명찰까지 만들어 두었다.

양천구청에서 우리 협회에 '10인 이상 집회 금지' 행정 명령 위반 시에 주최자 및 참여자에게 300만 원 이하의 벌금이 부과되며 집회 과정에서 확진자 발생 시 손해배상을 청구하겠다는 공문을 보내왔다. 그래서 우리는 공판 전날 자가 진단 키트로 검사를 한 결과를 인증샷으로 올렸고 현장 테이블에도 체온계를 놓고 참석 회원들의 체온을 일일이 체크했다. 지킬 것은 지키는 대아협이니까 말이다.

비밀 카톡 방에 시위대를 모아놓고 기동대에 끌려갈 것을 대비하여 1차 2차 3차 저지선을 만들었다. 1차 저지선은 호송 버스 바로 앞을 가로막는데, 아마 경찰 기동대가 달려들어 끌어낼 것이니 최소 몸무게 70kg 이상, 유치장 들어갈 각오가 된 사람만 지원하라 했더니 사진으로 몸무게 인증까지 하며 반드시 유치장에 가고 말겠다며 20여 명이 지원했다. 2차 저지선은 1차가 뚫리면 곧바로 합류해야 하니 몸무게 60kg 이상만 지원하라고 했더니, 30여 명이 지원했다. 그리고 마지막 3차 저지선은 똘똘 뭉쳐 후문을 막으라고 했고, '우린 그날 절대로 걸어 나오지 않는다. 들려 나올 것이다'라고 했음에도 총 140여 명이 지원을 했다. 그리고 차막팀에는 외제차 차주들만 지원하라고 요청했다. 어디선가 외제차는 견인을 잘 하지 않는다는 말을 들었기 때문이었다. 사실인지 아닌지 모르지만, 아무튼 외제차 차막팀들은 공판 전날 호송버스가 대기하고 있을 검찰청 주차장 제일 안쪽에 차를 대거나, 당일 새벽 5시에 주차장 제일 안쪽에 차를 두고 대중교통을 이용하여 집으로 돌아갔다. 그리고 경찰 채증에 대비한 우리 협회 라방팀들도 미리 핸드폰 충전, 대용량 배터리를 준비했다.

우리는 장 씨의 출근길은 막지 않는다, 빨리 구형을 받아야 하니까. 하지만 순순히 구치소로 퇴근시키지 않겠다며 긴장 상태로 일주일을 보냈다.

어떤 이들은 우리에게 왜 그렇게까지 하느냐고 물을지도 모른다. 우리가 이렇게 간절히 외치는 것은 정인이를 죽인 장 씨에게 반드시 살인죄가 선고되어야만 이 사건이 선례가 되어 또 다른 억울한 죽음의 가해자들이 엄중한 법의 처벌을 받을 수 있기 때문이다. 그리고 정인이에게 했던 그 무수한 고문과 학대를 우리가 그대로 갚아주지 못해도 살인자 장 씨가 오늘 밤만이라도 편하게 잠들지 못하게 하겠다는 나름의 복수의 방식이기도 했다.

4월 14일, 12시 30분쯤 법원 앞에 도착했다. 그동안 시위를 통해 안면을 튼 정보관이 커피나 한잔하자며 나를 불러냈다. 정보관과 커피를 마시고 있는데 카페 창문 아래로 깃발을 들고 법원으로 줄지어 들어가는 기동대들이 보였다. 서둘러 법원 후문 쪽으로 달려갔더니 기동대원들이 벌써 인간 벽을 만들어 그 안에 우리 회원들을 가둬놓고 있었다.

뒤따라온 정보관에게 이게 뭐 하는 짓이냐고, 왜 우리를 폭도 취급하냐고, 대체 우리가 뭘 했다고 이러냐며 소리를 지르고 기동대 틈을 비집고 안으로 들어갔다. 공공건물인 법원에 들어와 바닥에 가만히 주저앉아 있기만 했는데 왜 이렇게까지 하는 걸까 생각하다 보니 우리 회원들의 비밀 카톡방이 뚫려 경찰 측에서 미리 손을 쓴 것 같았다. 그 사이 속속 도착한 회원들은 기동대 벽 바깥에 주저앉았고 정문에도 수십 명의 회원들이 또 다른 기동대 감옥에 갇혀 있었다.

나는 카톡을 통해 "사형'이라고 외치면 집회로 인식되어 끌려 나갈 빌미를 주게 되니 아무 말도 하지 말고 가만히 있어라, 2m 이상 떨어져 앉아 거리두기를 하라, 그 어떤 빌미도 주지 말고 재판 끝날 때까지 견디라'고 지시하였고 회원들은 차가운 바닥에 주저앉아 책을 읽고 그 와중에 진정서도 쓰면서 시간을 보냈다. 열중쉬어 자세로 겹겹이 둘

지키지 못한 아이들

러싸고 있는 기동대 감옥 바깥에 있던 또 다른 회원들은 기동대원들 다리 틈새로 물과 떡을 던져주며 다치지 말라고 격려를 해주었다.

경찰이 대놓고 하자고 하니 우리도 대놓고 하기로 했다. 차막팀에게 지시했다. "차막하세요." 호송버스가 나가야 하는 출구 쪽에 바짝 대놓은 외제차들은 일제히 도로를 막아버렸고 차주들은 차량 키를 빼 들고 어디론가 사라졌다. 정보관과 경찰 간부들이 나를 불러 어떻게 좀 해보라며 난리가 났다. 일단 후문 쪽 출구는 차량으로 막아놨으니 정문 쪽만 막으면 장 씨의 구치소행 퇴근길은 발이 묶이게 된다.

하지만 잠시 후 문제가 발생했다. 몇 시간 동안 기동대 감옥 안에 갇혀 있던 회원들에게 생리적 문제가 일어난 것이다. 회원들과 경찰들 간에 말다툼이 일어났다.

"화장실 가면 안 돼요?"

"가세요."

"나가면 다시 안 들여보내 주실 거잖아요."

"그럼요."

"그럼 안 나갈래요."

"별로 안 급하신가 보네요."

"급하거든요?"

"그럼 나가세요."

무한 반복되는 말씨름을 듣고 있던 정보관이 말했다. "대표님, 인제 그만 하세요." 갑자기 혈압이 상승했다.

"뭘 그만해요? 우린 아무것도 안 했는데! 우리가 뭘 어쨌다고 기동대를 이렇게 깔아놓고 인간 감옥까지 만듭니까? 우리가 테러를 했어? 버스를 두들겼어? 법원 창문을 깨부수길 했어? 가만히 앉아 있을 뿐인 우리를 왜 폭도 취급하며 이렇게까지 하는 겁니까!"

정보관이 물었다. "그럼 어떻게 하길 바라세요?"

"3분! 딱 3분만 장 씨 호송차를 우리 앞에 멈춰주세요. 아무것도 안 해, 사형 소리만 하고 곱게 보내 드릴게요."

"그냥 천천히 가 드릴게."

"천천히? 하!! 그동안 보니 레이싱 카인 줄 알았네, 필요 없고 딱 3분!"

정보관이 어디론가 사라졌다 돌아오더니 서장이 안 된다 하더라는 말을 전했다.

"양천경찰서 경비과장이 알립니다. 여러분은 지금 불법집회를 하고 있으며…." 땅바닥에 그냥 앉아 있었을 뿐인데 불법집회라니! 회원들은 진심으로 화가 나서 한목소리로 외쳤다. "잡아가! 잡아가!" 마이크가 왱 소리만 내도 "잡아가,

지키지 못한 아이들

잡아가"를 외치자 정보관과 경찰은 열 받은 얼굴로 사라지고 말았다. 5시가 지나자 여경들이 열을 맞춰 우리를 향해 걸어왔다. 그러더니 방패를 든 기동대원들이 도열했고 소화기까지 도착했다. 그야말로 '헐'이었다. 달랑 핸드폰 하나 들고 앉아 있는 아줌마들이 뭘 어쨌다고 이렇게 거창한 대접을 하는 것인지 도무지 이해가 되지 않았다.

아직도 재판이 끝났다는 소식은 없었고 7시가 넘어가자, 4월의 차가운 밤기운이 어두운 아스팔트에서부터 뻗쳐 올라왔다. 그러던 중 카톡으로 정문 쪽에서 기동대원들이 기동대 감옥 안의 회원들을 마구잡이로 끌어내고 있다는 소식이 전달됐다. 비폭력 무저항의 평범한 시민들을, 그저 16개월 아기를 죽인 살인자에게 사형이라는 말만 들려주고 싶다는 엄마들을 폭도로 몰아 과잉 진압을 하는 경찰들이 너무나 원망스러웠다. 울면서 발만 동동 구르고 있는데 갑자기 후문 쪽에도 기동대 병력이 많아지더니 여경들이 기동대 안으로 몰려들었다. 우리는 긴장해서 서로 팔짱을 끼고 둘러앉았다. 덩치 좋은 여경들이 맨 끝에 앉은 회원부터 하나씩 떼 내어 끌고나갔다. 여기서 우리가 덤벼들면 그야말로 폭도가 되고 말 판이었다. 우리는 끝까지 비폭력을 고수하며 떠밀려 나가지 않기 위해 안간힘을 쓰고 있었는데 기동대 감옥 바깥에서 와~~ 하는 함성이 들렸다.

"사형이래요! 사형 구형 됐대요!"

우리는 일제히 팔짱을 풀고 만세를 부르며 자리에서
일어났다. 하지만 함성은 이내 울음소리로 바뀌었다.

지키지 못한 아이들

양모 장 씨가 학대치사로 기소되었을 때 우리 협회만 살인
죄를 주장하였다. 날고 긴다는 똑똑한 사람들이 학대 치사
만으로 무기징역을 이끌어낼 수 있는데, 무식하게 살인죄를
요구한다며 우릴 멧돼지 집단 취급을 했을 때도 우리는 포
기하지 않았다. 살인자가 살인죄로 처벌받는 게 상식이라
고, 정인이를 참혹하게 죽인 장 씨는 살인자로 기록되어야
함이 마땅하다고 우리는 믿었고 행동했다.

　　누가 시킨 게 아니었다. 이렇게라도 하지 않으면 정인
이에게 미안해서, 지켜주지 못한 것이 너무나 미안해서 자
발적으로 피켓을 만들고 사건을 알리며 시위를 했다. 그동
안 학대로 죽어간 수많은 아이들에게 미안해서, 오래도록
모르고 살아온 게 미안해서, 아동학대 가해자들에게 엄중한
경고를 보여주기 위해서, 투표권이 없으니 학대 아동 보호
를 외면하는 위정자들을 향해 엄마 아빠들이 눈 부릅뜨고
있다고 알리기 위해서, 아동학대 가해자들에게 솜방망이 처
벌로 일관하는 대한민국의 법에 국민들이 똑똑히 지켜보고
있음을 알리기 위해서, 우리는 스스로 나선 것이다. 그리고
결국 살인죄로 양모 장 씨에게 사형이 구형되었다.

회원들이 서로 부둥켜안고 울고 있을 때 기동대들이 소리 없이 사라졌다. 이럴 걸 왜 하루 종일 우릴 가둬 놓은 건지 어이가 없었다. 구형 공판의 본 법정에 들어갔던 회원들의 소식에 의하면 사형이 구형된 후 양모 장 씨가 오열했다고 한다. 그리고 정인이에 대해 '귀찮은 X' '개진상' '하루 종일 굶겨라' '기침도 장난 같다' '개도 아니고' 등등의 문자를 양모에게 보냈던 양부는 최후진술에서 정인이를 우리 공주라고 부르며 자신이 정인이를 사랑했다고 호소했다고 한다. 구질구질한 변명이 듣기 싫어 귀를 틀어막은 회원들도 있었다고 한다.

앞장서서 정인이의 학대를 부인했던 양부, 아토피와 멍자국이라며 학대 사실을 은폐했던 양부, 정인이 학대 사실이 밝혀지자, 자신은 전혀 몰랐다고 발뺌했던 안동 모 교회 목사의 아들 양부 안성윤에게는 방임과 학대로 징역 7년 6개월이 구형되었다. 양부가 살인죄의 공동정범으로 인정되지 않은 것이다. 기대 이하의 구형에는 실망스러웠지만 일단 양모에 대한 살인죄와 사형 구형은 그동안 쉬지 않고 달리며 고생했던 우리들에게 위로가 되었다.

우리는 모두 정문으로 달려갔다. 정문에는 기동대원들, 언론사 기자들, 수십 대의 카메라와 수백 명의 회원들로 인해 인산인해를 이루고 있었다. 우리는 기다랗게 줄을 서서 양모가 타고 있는 호송버스를 향해 잘 가라며 일제히 손을 흔들어 배웅해 주었다.

한 달 후인 2021년 5월 14일 13시 50분, 정인이 양부모에 대한 선고 공판이 열릴 예정이었다. 우리는 서울남부지방법원 앞 버스 정류장에 정인이 사진을 넣은 광고판을 설치했다. 그리고 서울남부지방법원 경유 버스 1개 노선, 양모 장씨의 부친이 목회하는 동네를 경유하는 포항 시내버스 2개 노선, 양부 안 씨의 부친이 목회를 하는 동네를 경유하는 안동 시내버스 2개 노선에 '반드시 기억해야 할 그 이름, 정인'이라는 버스 외부 광고를 붙였고, 전국 각지 회원들은 각 지역의 게시대에 '정인이를 기억해 주세요'라는 현수막을 동시에 게시하였다.

양부모의 선고 공판에는, 현장에서 직접 소식을 듣기 위해 전국의 회원 250여 명이 참석하였다. 그리고 초조하게 기다리고 있는 우리에게 '살인의 고의를 인정하여 양모 장씨에게는 무기징역, 양부 안 씨에게는 징역 5년'이 선고되었다는 소식이 전해졌다. 불구속 상태로 재판을 받던 양부가 그 자리에서 즉각 구속되었음은 물론이다. 양부 안 씨에 대한 형량은 아쉬웠지만 양모에 대해 살인죄가 적용되고 무기징역이 선고되었다는 것은 상당히 고무적인 일이었다. 모여 있던 회원들은 환호하며 울었다.

우리나라는 실질적인 사형제 폐지 국가이기에 무기징역이 사실상 법정최고형에 버금간다고 볼 수 있다. 물론 상징적으로나 가석방 유무를 볼 때 사형이 더 바람직하지만, 아동학대 사건에서의 무기징역은 2016년 발생한 포천 입양아* 사건 다음으로 강력한 선고였다. 포천 입양아 사건에서 재판부는 "이들에 대한 엄벌은 피해자에 대한 죄송함의 고백이자 최소한의 예의이며 향후 아동학대 범죄에 대한 사회의 무관심에 적극적이고 주도적인 대응 의지를 천명하기 위해 불가피하다"라고 판시했었다. 그런데 양부 안 씨는 5년 형이 무겁다며 즉각 항소하였다. 양모도 살인의 의도가 없었다며 항소하였다. 검사도 이에 맞서서 항소했다.

항소심은 서울고등법원에서 열렸다. 회원들의 의지는 다시 불타올랐다. 우리 협회는 서울고등법원 앞 정류장에 '아동학대에 대한 관대한 처벌은 아동학대를 방조하는 것입니다'라는 광고판을 설치했다. 매일 아침, 점심 시위도 잊지

---

* 2016년, 민간 입양된 여섯 살 유진이를 양부모와 동거인이 학대하여 사망케 한 후 시신까지 불태워 암매장한 사건.

지키지 못한 아이들

않았다. 엄벌 진정서 역시 카페에서 카운팅을 해 제출하였다. 할 수 있는 모든 일을 해야만 했다.

하지만 항소심 선고 날, '정인이 몸이 살인의 증거다'라는 피켓을 들고 고등법원 앞에 줄지어 서 있던 우리는 '양모 35년 형 선고' 소식에 무너지고 말았다. 아기를 얼마나 더 잔인하게 죽여야만 무기징역이나 사형이 선고될 수 있다는 것인가. 땅바닥에 주저앉아 통곡을 하는 회원들을 붙들고 나도 울고 말았다.

항소심 재판부는 양모 장 씨에게 미필적으로나마 살인의 고의가 있었다고 보면서도 계획 살인이 아니고, 우리 사회의 아동 보호 체계가 제대로 작동하지 않아 사망을 막지 못한 부분도 있는 점 등을 이유로 무기징역에서 징역 35년으로 감형했다.

아기를 죽이는데 얼마나 더 치밀한 계획이 있어야 한다는 말인가. 대부분의 아동 '학대살해'는 지속적인 학대 끝에 아동이 사망하는 것이기에 치밀한 계획이 없어도 아이들은 죽음에 이를 수 있다. 아동학대 살해는 오히려 계획된 살해보다 그 지속성과 반복성, 잔인함이 더 끔찍함에도 불구하고 항소심의 판사는 아동학대 가해자들에게 아주 나쁜 선례를 만들어주고 말았다. 아이를 실컷 학대하고 고문해서 죽여도 계획적인 건 아니었다고 하면 살인죄를 면할 수 있기 때문이다.

우리가 원한 것은 고문보다 더한 학대를 자행하다 아이를 죽인 자들에 대한 '정의로운 판결'이었다. 정의의 실현이란 죄를 지은 만큼 죗값을 치러야 하는 것이다. 그래서 양모가 살인죄를 적용받아 법정 최고형으로 처벌되는 것을 '정의'라 여겼고, 그 정의를 실현하는 것이 죽어간 정인이에 대한 애도이며 지켜주지 못한 죄송함에 대한 고백이라고 생각했다.

우리가 원한 것은 '항거불능의 아동'을 성인과 같은 잣대로 판결하지 말아 달라는 것. 저항할 수조차 없는 아동을 살해하는 것이 다른 어떤 것보다 더 잔혹한 범죄라는 것을 알려달라는 것이었다. 그런데 끔찍하게 죽은 아기에 대한 애도와 예의는 없이, 철저하게 가해자 편에서 선고된 판결을 보고 절망하고 말았다.

아동보호 체계가 제대로 작동하지 않아 사망을 막지 못한 사회적인 책임을 지적한 판사에게 묻고 싶었다. 대한민국의 법은 어떤 책임을 지고 있느냐고. 아동학대에 대한 법의 책임이 바로 '저지른 죄의 댓가'를 제대로 치르게 하는 것 아니겠냐고. 사회적 책임을 묻겠다면서 입양기관, 아동

지키지 못한 아이들

보호전문기관, 경찰들에 대해서는 왜 무혐의 처분을 하고 경징계로 그쳤느냐고. 사회적 책임의 마지막이 바로 법의 역할이 아니냐고 목이 터지도록 외치고 싶었다. 하지만 끝내 울음소리에 막히고 말았다.

대법원은 검사의 항소를 기각, 양모 장 씨는 최종 35년, 양부는 최종 5년 형이 확정되었다.

이제는 아스라한 이름으로만 남은 정인

천지의 도는 다투지 않아도 잘 이기고,
말하지 않아도 잘 대응하며 부르지 않아도
스스로 오고, 가만히 있어도 잘 꾀하니 하늘의
그물은 넓디넓어서, 성기면서도 놓치는 것이 없다.
── 〈도덕경〉

사람의 법은 천지의 도와 달라서 숭숭 구멍이 뚫려 있었다. 뚫린 구멍 사이로 애절하게 울부짖던 목소리도, '정인이법'을 만들겠다고 앞 다투던 위정자들도, 아동보호 시스템을 강화하겠다고 맹세하던 기관들도, 사라져 버리고 말았다.

어쩌면 정인이는 우리에게 묻고 있을지도 모른다. 자신의 죽음 이후에 무엇이 변했느냐고. 지금도 여전히 많은 아이들이 학대에 시달리고 있고 학대로 죽어가고 있다.

　　나는 그저 정인아, 미안해라고 말하는 것 외에는 할 말이 아무것도 없다.

© 박재인

2부

끝내 구해낸 아이들

감옥에 갇힌 아이

김해 방임 아동 사건

"엄마는 제가 살 필요가 없대요,
나가서 죽으래요. 저는 세상에서 쓸모 없는 존재예요,
그래서 저를 좋아하는 사람이 하나도 없을 거예요."

엄마가 나가 죽으래요

아이가 집에서 학대를 당하고 있는 것 같다는 지역아동센터 측의 연락을 받고 처음 만난 서진이는 초등학교 4학년임에도 또래 아이들보다 키가 한참 작았고 몹시 야위어 있었다. 얼굴에는 버짐이 피어 있고, 입고 있는 점퍼는 때가 꼬질꼬질했으며 낡은 운동화의 밑창은 반질반질 닳아 구멍이 뚫리기 직전이었다. 아이의 뒤통수에는 세로로 난 긴 상처가 있었는데 그곳에는 머리카락이 자라지 않고 있었다. 누가 보더라도 돌봄이 전혀 이루어지고 있지 않은 아동의 모습이었다.

 게다가 더듬더듬 쏟아놓는 아이의 말은 너무 충격적이었다. 초등 1학년 때 온몸이 보랏빛이 되도록 맞은 서진이를 본 학교에서 아동학대 신고를 했으나 법원은 가해자인 서진이 엄마에게 보호처분*만 내렸다. 이후 아이를 분리하

아이의 뒷머리 상처에 머리카락이 자라지 않고 있다.

거나 모니터링하는 최소한의 조치도 이루어지지 않았다.

초등 3학년 때 또다시 서진의 온몸에 있는 상처를 본 학교에서 아동학대로 신고를 하였으나 서진이 엄마는 아이에게 라면을 끓여주며 '아동보호전문기관은 우리 가정을 파괴하는 원수고 경찰은 우리의 적이다'라고 말하며 회유했

---

* 아동학대의 혐의는 인정되나 형사적 처벌이 아닌 개선의 기회를 주는 조치로써 가정법원에 넘겨 아동보호 재판을 받게 하는 제도. 처분이 내려지면 교육 및 상담을 강제적으로 받게 하며 전과는 기록되지 않는다.

끝내 구한 아이들

다. 아이는 경찰 조사에서 엄마에게 맞은 적이 없다고 거짓 진술을 하여 사건은 기각되고 말았다.

서진이 엄마는 자신을 신고한 학교에 거의 매일 민원을 제기해서 선생님을 괴롭히는 한편 서진이 아빠와 서류상 위장 이혼을 한 후, 자신의 집에서 차로 4분 거리에 원룸을 얻어 서진이만 혼자 그곳으로 이사시켰다. 서진이 아빠는 주소지만 원룸으로 옮겼을 뿐 아이의 엄마, 누나와 이전 집에서 여전히 함께 살았다. 서진이 아빠가 주소지를 원룸으로 옮긴 것은 아이를 혼자 방치하는 것에 대해 아동학대 신고를 피하려는 꼼수였던 것으로 보인다. 서진이가 혼자 살고 있는 원룸에는 살림살이라곤 얇은 이불 한 채뿐, 책상이나 TV도 없었고 아이가 가지고 놀 장난감도 하나 없었다.

원룸의 주방문을 잠가놓아 아이는 화장실의 수돗물을 마셔야 했고, '군인들은 겨울에 얼음물 속에도 들어간다'며 강하게 키운다는 핑계로 겨울에도 보일러를 틀어주지 않았다. 전기장판도 없는 추운 바닥에서 아이는 이불 하나를 접어 깔고 덮으며 냉골에서 덜덜 떨며 쪼그리고 잠을 잤다. 하루 한 끼 반찬과 밥을 한데 섞은 '개밥'(아이는 이렇게 표현했다)을 주었지만, 그나마도 밥상에 주는 것이 아니라 들고 서서 먹게 하였다. 아이는 학교 급식과 지역아동센터에서 주는 저녁 식사로 끼니를 해결했다.

"냄비를 머리에 뒤집어씌우고 주걱이나 숟가락으로 막 세게 두들기면 고막이 찢어지는 것처럼 아파요."

두 번이나 아동학대 신고를 당한 엄마는 이제 교묘한 방법으로 서진이를 학대했다. CCTV로 원룸에 있는 아이를 감시하며 "왜 아직 안 죽고 살아 있니. 나가서 담벼락에 머리를 찧어서 죽어라, 산에 올라가서 뛰어내려서 죽어라"라는 말을 매일 퍼부었다. 서진이가 선생님께 칭찬받은 쪽지를 CCTV에 보여주고 인정받기 위해 자랑하면 "원래 선생들은 누구한테나 칭찬해, 그래서 너처럼 못돼 먹은 애한테도 그러는 거야" 하고는 당장 달려와서 칭찬 쪽지를 찢어버렸다. "야 XX 쓰레기야. 아무도 너 같은 XX랑 살 필요 없다, 엄마 아빠라고 부르지 마라. 이 XX 쓰레기야." 엄마는 이런 험한 욕들을 매일 서진이에게 쏟아 부었다.

"저는 세상에서 쓸모없는 존재예요, 저를 좋아하는 사람이 하나도 없을 거예요."

아이는 엄마가 매일 욕설하는 것을 들으며 자신을 놓아버렸다. 겨우 열한 살인 아이가 자살하고 싶다고 했다. 왜 그런 생각을 하냐고 내가 물었다.

"엄마가 하라고 해서요. 엄마는 제가 살 필요가 없대요."

나는 서진이 엄마가 '처벌'을 하는 거라고 느꼈다. 아동학대 신고를 당한 '수치스러움'이 오로지 서진이 때문이라고 여겨 그 어린아이를 감옥 같은 원룸에 혼자 있게 하고 CCTV로 아이의 일거수일투족을 감시하며 매일 욕설을 퍼붓는 것으로 처벌과 복수를 하는 것 같았다.

서진이는 학교에 무단결석하고 배회하거나 공격성도 심해 엄마가 자신에게 했던 욕설을 어른이든 아이든 가리지 않고 쏟아 부었다. 또 아무 데서나 옷을 활활 벗고 드러누웠다. 이유를 물었다. "답답해서요. 속에서 불이 나는 것 같아서요." 전형적인 아동학대 후유 증상이었다.

한 연구 결과에 따르면 학대 피해 아동은 반항, 공격성, 학교 부적응, 우울감, 낮은 자아존중감 등을 보이며 소년범죄 아동은 한 종류 이상의 학대 또는 방임에 대한 경험이 80.4%에 달한다고 한다.* 서진이뿐 아니라 수많은 학대 피해 아동들이 후유증으로 고통을 받으며 살아가고 있다.

아이에게 소원을 물으니 첫 번째가 엄마를 보지 않는 것이고 두 번째가 맛있는 것을 먹는 것이라고 했다. 첫 번째 소원은 당장 들어줄 수 없지만 두 번째 소원은 들어줄

* 「아동학대가 피해 아동에게 미치는 영향 및 후유증 연구」, 법무부, 서울대학교 산학협력단, 2015.

수 있었다. 좋아한다는 짬뽕을 먹으러 가는 길, 서진이는 자신이 가장 좋아한다는 노래를 내게 불러주었다.

> 딸각딸각 아침 짓는 어머니의 분주함과
> 엉금엉금 냉수 찾는 그 아들의 게으름이
> 상큼하고 깨끗한 아침의 향기와
> 구수하게 밥 뜸 드는 냄새와 어우러진
> 가을 아침 내겐 정말 커다란 기쁨이야
> 가을 아침 내겐 정말 커다란 행복이야

음치 박치인 아이가 작게 읊조리는 노래를 들으니 가슴이 저렸다. 아이가 간절히 바라는 것은 엄마를 보지 않는 것이 아니라 오히려 엄마의 사랑을 받는 것, 그것이 너무나 느껴졌기 때문이다.

당장 아동학대로 신고하겠다고 하자 센터 사모님이 간곡하게 말렸다. 서진이가 학대를 당하는 것을 많은 사람들이 알고 있었지만, 그동안 신고를 못 했던 이유는 두 번째 학대 신고에서처럼 부모가 아이를 회유하여 진술을 번복하게 만들면 사건 자체가 성립되지 않을 가능성이 컸기 때문이다. 그리고 서진이가 제대로 진술한다 해도 우리나라 법은 정서, 방임학대에 대해 심각하게 생각하지 않기 때문에 신고 후 부모와 분리가 되지 않을 가능성도 높았다. 만일 부모가 아이를 전학시키거나 가출했다며 감추게 된다면 아이를 다시는 만날 수 없거나 아주 극단적인 형태로 만나게 될지도 모른다는 우려가 있었다. 우리가 방법을 강구하는 사이, 정인이 사건으로 세상이 떠들썩해졌다.

정인이가 구한 오빠

세 번이나 학대로 신고됐으나 양부모와 분리되지 않아 결국 끔찍하게 살해당한 정인이 사건은 전 국민을 분노로 들끓게 했다. 경찰청장은 2회 이상 학대 신고를 당한 아동은 즉각 분리 조치하겠다고 발표했다. 마침내 서진이를 구할 약간의 가능성이 생겼다. 하지만 서진이가 부모의 회유로 진술을 번복했던 전력이 있었기에 상의 끝에 제3자가 아닌 서진이 스스로 경찰에 신고를 하는 게 낫다고 판단하였다.

2020년 12월 중순경, 서진이가 제 발로 경찰서로 찾아가 자신이 당한 학대 내용을 털어놓았다. 마침 정인이 사건으로 예민하던 경찰은 따뜻한 곳에서 살고 싶다는 서진이를 즉각 분리 조치하였다. 서진이는 그제야 '엄마를 보지 않는 것', 첫 번째 소원을 이룰 수 있었다. 끔찍한 원룸 감옥에서 그제야 벗어날 수 있었다.

이후 나는 한동안 서진이를 볼 수 없었다. 학대로 분리 조치된 아동의 안전을 위해 누구에게도 아동의 위치를 노출하지 않기 때문이다. 1년 여가 지난 후, 지역경찰서에서 서진이 문제를 논의하고자 하니 참석해 달라는 공문이 왔다. 그곳에서 서진이를 보호하고 있는 시설의 원장님을 만나 방문 허락을 받을 수 있었다.

어느새 서진이는 6학년이 되어 있었다. 키도 훨씬 커졌고 얼굴의 버짐도 없어졌고 따뜻하고 깨끗한 옷을 입고 튼튼한 새 신발을 신고 있었다. 서진이는 날 보더니 달려와 꼭 끌어안았다.

"선생님, 글쎄 우리 엄마가요, 친엄마가 아니래요."

한동안 언론이 '김해 방임 아동' 사건으로 뒤덮여 있었기에 아이는 인터넷으로 자신의 사건을 찾아본 것 같았다. 사건 조사 결과 서진이가 태어난 후 얼마 되지 않아 입양된 아이라는 것이 밝혀졌고 보도를 통해 서진이도 자신이 입양아라는 사실을 알게 되었다. 나는 서진이가 상처를 입었을까 봐 걱정되었지만 서진이는 "그럴 줄 알았어요. 진짜 엄마라면 그럴 수 없잖아요" 하고 덤덤하게 말했다.

끝내 구한 아이들

사실 아동학대 사건의 80% 이상이 친부모에 의해 발생한다. 계부모, 양부모에 의한 학대는 2.5% 정도만 발생함에도 사람들은 계부모나 양부모에 의한 아동학대 사건이 더 많이 발생한다고 잘못 알고 있다.

서진이가 진술을 위해 해바라기 센터에 갔을 때 나도 경찰의 요청으로 '신뢰 관계자' 자격으로 참석하게 되었다. 두 시간이 넘는 동안 서진이는 차분하게 자신이 당한 학대 사실을 얘기했는데, 어느 순간 나는 울컥하고 말았다.

"내가 엄마한테 맞고요, 막 소리를 지르고 울고 그래도요, 아무도 안 왔어요. 한 시간도 넘게 우는 데도요."

미안하다… 몰라서… 외면해서… 도와주지 못해서… 우리 모두 아이 앞에서는 죄인이었다.

서진이의 양부모는 불구속 상태로 재판에 넘겨졌다. 재판 날이면 나와 회원들은 양부모 엄벌을 위한 피켓 시위를 한 후 법정에 참석했고 전국의 회원들이 양부모 엄벌을 탄원하는 진정서를 재판부에 제출했다. JTBC 부산지국의 배승주 기자는 '기사를 내면 가만 있지 않을 것'이라는 양모의 협박에도 굴하지 않고 서진이에 대한 기사를 여러 차례 보도하였다. 이후에도 서진이의 치유를 위한 방법을 여러 기관과 협의하며 관심의 끈을 놓지 않고 있다.

피고인 심문에서 양모는 '서진이가 보고 싶다'며 울먹이는 시늉을 했지만, 재판이 끝난 후 "서진이가 어떻게 지내고 있는지 알려드릴까요?" 하고 말하는 나를 피해 도망갔다. 감형을 위한 '쇼'가 제대로 먹혀들었는지 1심 재판부는 양부모에게 징역 1년에 집행유예 2년을 선고했다. '향후 보호기관 및 전문가와의 협의하에 피해 아동에 대한 지원을 다짐했고 부양이 필요한 미성년 자녀(고등학생 누나)가 있다'는 것이 솜방망이 처벌의 이유였다.

우리 (사)대한아동학대방지협회와 대한소아청소년과의사회는 창원지방법원 앞에서 즉각 성명서를 발표하며 낮은 형량에 대한 항의와 피해 아동을 가해 양부모의 집으로 돌려보내지 말라는 기자회견을 하였다. 하지만 항소는 기각되어 1심의 형이 유지되었다.

서진이는 엄마 아빠가 자신에게 사과를 했으면 좋겠다고 하였으나 '피해 아동에 대한 지원을 다짐'해 감형을 받은 양부모는 지금까지 서진이에게 일체의 연락이 없다.

어린아이가 소년이 되었지만

무엇을 해도 인정받지 못하고 무슨 행동을 해도 멸시와 모

끝내 구한 아이들

욕과 폭력만 당해 반항과 공격성을 보였던 아이는 양부모와 분리된 후 시설에서 안정적이고 따뜻한 보살핌을 받으며 주 2회 상담 치료를 받고 있다. 다시는 양부모를 만나지 않아도 되어 자신이 안전하다고 여긴 이후로 서진이의 반항심과 공격성은 놀라울 정도로 잦아들었다.

서진이는 빼곡히 난 여드름을 감추려고 머리를 길러 이마를 덮고 목소리는 변성기로 인해 삑사리가 자주 나는 소년이 되어 내게 강아지처럼 달려와 안기거나 매달리지도 않고 손잡고 걸어야 한다고 징징거리지도 않는다. 학교에서도 선생님을 잘 따르고 인사성이 좋다고 칭찬받는 아이지만 예전의 그 천방지축으로 제어가 안 되던 아이가 이제는 반대로 매사에 자신감이 없고, 도전 의욕도 없이 위축이 되어 있었다. 그리고 '불안 인형'이 되고 말았다.

"선생님 백두산 화산이 터지면 우리 집(보육원)도 땅속으로 꺼질 수 있대요, 어떡해요?" "기차 타고 가다가 고장이 나면 어떡해요?" "이거 들고 가다 떨어뜨리면 어쩌지요?" 아이의 불안감은 학대로부터 기인한 것이다. 언제 어떻게 맞을지 몰라 항상 불안했던 아이, 천둥번개가 치는 밤에도 혼자 덜덜 떨며 견뎌야 했던 아이, 깜깜한 밤에 원룸에 갇혀 귀신이 나올까 봐 무서웠다는 그 조그맣던 아이는 아직도 불안감에서 해방되지 못하고 있다.

이런 아이들은 학대받는 것 외에 사람과 관계 맺기를 제대로 해본 적이 없었기에 퍼주는 것으로 인정을 받으려 하기도 한다. 나를 만나고 돌아갈 때면 "형들 주게 음료수 사주실 수 있어요?"라고 묻곤 하여 나는 매번 시설 아이들이 모두 먹을 수 있도록 음료수나 빵, 치킨 등을 들려 보내고 있다. 나는 아이에게 "무얼 사주지 않아도 너를 좋아해 주는 사람이 진짜 널 좋아하는 거야"라고 말했지만, 아직 아이에게는 더 많은 시간을 견디며 치료받아야 할 시간이 남은 것 같다.

시설 아이들 중 대부분은 부모가 있어서 명절이나 방학, 생일이면 집에 다녀오기도 하는데 서진이는 다녀올 집도 없고 안부를 물을 가족도 없다. 간혹 내가 만나러 가고 협회 회원들이 선물을 보내기도 하지만 그건 일시적일 뿐이다. 서진이는 학교 친구들이 엄마 아빠가 없다고 놀리고 시설아이라고 수군거려 속이 상한다고 털어놓기도 한다.

"평생 그런 말을 들어야 할 거야, 그럴 때마다 싸울 수 없잖아. 속상해도 인정해 버려. 대신 너에겐 걔들에게 없는 더 많은 어른들이 있어. 널 위해 기도해 주는 어른들 말이야."

서진이를 위해 간절하게 마음 쓰는 대한아동학대방지협회의 어른들이 모여 서진이의 자립을 대비해 다달이 디딤씨앗통장*에 후원도 하고 있다.

어린 시절의 학대 피해는 흉터와 옹이로 평생 남을 것이다. 그러나 더욱 걱정되는 것은 서진이가 앞으로 자립해야 하는 미래이다. 가족도 친척도 없이 오로지 홀로 세상에 나가야 하는 서진이는 '학대 피해 아동' '시설아동'이라는 굴레를 스스로 벗어야 한다. '자립 청년'이라는 현실에 맞서야 할 것이며 무수한 날들을 외로움과 싸워야 할 것이다. 좋은 부모를 선택하지 못하고 태어난 죄로 버림받고 학대받은 서진이에게, 앞으로 남은 많은 삶의 선택들은 오롯이 서진이의 몫이 되었다.

어린아이가 소년이 되었지만 이제는 청년이 되어 살아갈 날들이 남아 있다. 응원과 기도만으로는 해결되지 않는 것도 있다. 세상에 무수히 많은 서진이들을 위해 할 일이 무엇인가 하는 고민은 우리 어른들의 몫이다.

---

* 취약계층 아동의 사회 진출 시 초기비용 마련을 위해 적극적·장기적 자산 형성을 지원함으로써 빈곤의 대물림을 방지하고, 건전한 사회인을 육성하고자 보건복지부에서 마련한 시스템.

큰엄마 큰아빠네 집

창녕 탈출 소녀

"집에 가기 싫어요.
  큰아빠 큰엄마 집에 데려다 주세요."

가족 희생양의 탈출

2020년 5월 29일, 신호 대기 중인 운전자 A씨 눈에 한 아이가 눈에 띄었다. 두 눈이 선글라스를 쓴 것처럼 시커멓고 맨발인 아이는 몹시 야위고 불안한 모습으로 절뚝거리고 있었다. 차를 세우고 다가간 A씨가 뭐 하고 있느냐고 묻자, 아이는 A씨를 경계하며 슈퍼에 가려고 나왔다고 둘러댔다. 하지만 신경이 쓰인 A씨가 계속 걱정을 하자 아이는 "괜찮아요. 놀고 있었어요" 하며 달아나려고 하였다. A씨는 무서워하지 말라고 아이를 안심시키고 인근 편의점으로 아이를 태우고 갔다. 가서 먹을 것을 사준 후 왜 열 손가락이 다 곪아 있느냐고 물으니 아이가 겨우 경계를 풀고 말했다.

"아빠가 프라이팬에 지졌어요."

아이는 며칠간 쇠사슬에 묶여 있다가 엄마가 집안일 하라며 잠시 풀어준 사이 4층 지붕을 타고 도망쳤다고 했다.

놀란 A씨는 아이를 데리고 경찰서로 향했다. 아이는 경찰 조사에서 "집에는 가기 싫지만, 학교는 가고 싶어요. 다시 집에 안 가도 되죠?"라며 많이 불안해하였다. 며칠 후 '창녕 탈출 소녀'라는 제목의 기사가 쏟아져 나오기 시작했다.

경찰 조사가 시작되면서 피해 아동 은희(가명)를 비롯하여 의붓동생 세 명까지 강제 분리 조치가 되자 친모인 장경미(가명)와 계부인 박형복(가명)은 자해 소동까지 하며 저항을 하였다. 하지만 결국 계부 박 씨는 구속되었고, 조현병을 주장하며 조사를 거부하던 친모 장 씨는 정신병원으로 입원 조치되었다.

중학교를 중퇴하고 가출해 가출팸에서 살던 친모 장 씨는 17세의 어린 나이에 미혼모 시설에서 학대 피해 아동 은희(가명)를 낳은 후 혼자 키우다 계부 박 씨를 만났다. 박 씨와의 사이에서 셋째 아이까지 출산하게 되어, 다섯 살이던 은희는 위탁가정에 맡겨져 2년간 생활을 하다가 일곱 살에 친모와 계부에게 돌아왔다. 친모 장 씨는 이후 아이를 더 낳아 은희를 비롯해 네 명의 아이를 키우며 매달 지자체로부터 아동 수당 및 양육 수당 등의 명목으로 90만 원을 지급받아 생활을 꾸렸다. 거제시에서 살던 이들 부부가 창녕군으로 이사 온 것과, 당시 창녕이 경남 지역 중 출산장려금

액수가 가장 높았던 것과의 상관관계가 궁금한 지점이 바로 이것이다. 계부는 사건이 발생한 이후에도 지자체에 아동 및 양육 수당을 신청했던 것으로 알려졌다.

넷째를 낳은 후 코로나19가 심해지고 경제적 어려움으로 부부간에 갈등을 겪게 되자 이들 부부는 초등학교 4학년인 은희에게 폭력적 학대를 가하기 시작했다. 학교에서 늦게 온다거나 밖에서 놀고 싶어 하는 은희에게 친모는 쇠 젓가락을 가스레인지에 달구어 아이의 발바닥을 지지거나, 글루건으로 녹인 뜨거운 실리콘을 양쪽 발등과 배에 떨어뜨려 화상을 입혔다. 계부 박 씨도 빨래건조대로 때리거나 막대기 등으로 때려 어린 은희는 이빨이 깨지고 뼈가 부러지고 손톱이 거의 빠질 듯 들리게 되었다. 양쪽 눈을 포함한 전신에 멍이 드는 심각한 신체적 외상과 함께 영양실조와 빈혈 증상까지 보이고 있었다. 하지만 이들 부부는 은희 외에 친자녀들에게는 그 어떤 학대도 하지 않았다.

나는 재판 과정을 지켜보며 은희가 전형적인 '가족 희생양'이라는 생각이 들었다. 가족희생양은 가족 간의 갈등이나 불화가 있을 때, 특정한 한 아이를 '나쁜 아이'로 지목하여 모든 문제가 그 아이 때문에 발생한다고 몰아붙이면서 부부 또는 가족관계를 돈독하게 유지하는 것을 말한다.

「가족 희생양에 대한 박해 혹은 폭력은 별 죄책감 없이 가족 안에서 행해져 희생양에게 신체적, 정서적 학대와 폭력이 가해진다. 이들은 "저 아이가 저러하니 이 정도의 일을 당하는 것은 마땅하다"고 자신들을 합리화하며 정당한 교육임을 강조한다.」[*]

친모와 계부 역시 이 패턴과 같이 은희가 '말을 듣지 않는 문제아였기에' 훈육을 했을 뿐이라고 주장하였다.

재판마다 친모 장 씨는 정신병원 구급차를 타고 법정에 나왔고 계부는 죄수복을 입고 빡빡 민 머리로 출석하였다. 둘은 애틋한 눈빛을 주고받으며 피고인석에 앉아 재판 내내 손을 꼭 잡고 있었다. 친모 장 씨는 편집성 조현병을 앓고 있다고 주장하며, 넷째를 임신하고 부작용을 우려해 약을 끊은 후 증상이 심해져 환청이 들렸으며 피해 아동이 친모에게 위협을 가한다, 생각했다고 주장했다.

은희에게 하루 한 끼 주는 맨밥을 비닐봉지에 넣어서 준 것은 학대가 아니라 손에 밥풀이 묻을까 봐 배려한 것이라는 주장을 들으며 어이없는 실소가 터져 나왔다. 너희들도 밥 먹을 때 밥풀 묻을까 봐 비닐봉지에 넣어 먹느냐고

* 양희숙, 「삼각관계와 가족희생양의 통합적 가족치료 모델에 대한 연구」, 한세대학교 박사논문, 2011.

끝내 구한 아이들

묻고 싶었다. 밥 먹을 때는 숟가락을 사용해야 하는 것이라고 친절하게 알려주고 싶었다. 친모는 아이에게 무릎을 꿇게 하고 뒤통수를 밀어 머리를 욕조 물속에 넣어 숨을 쉬지 못하게 한 일도 있었는데 그것은 '아이의 잠을 깨우기 위해서'였을 뿐이고 냉장고의 얼음을 꺼내어 욕조 물에 넣은 것은 '말을 잘 듣게 하기 위해서'였다고 주장하였다. 어처구니가 없고 기가 찬 변명에 속이 터질 지경이었다.

친모는 다른 것은 잘도 기억하여 변명을 하면서도 아이 목에 쇠사슬을 묶어 자물쇠로 채웠던 것은 기억나지 않는다고 모르는 체하였다. 하지만 은희의 동생은 다음과 같이 진술했다.

"언니 목에 쇠사슬을 묶고 자물쇠를 채워 화장실 수도꼭지에 묶어놔서 언니는 화장실 욕조에서 잠을 잤어요. 집안일을 할 때는 쇠사슬을 풀었다가 집안일이 끝나면 다시 묶었어요. 쇠사슬은 엄마가 묶었지만, 엄마가 시키면 아빠도 묶었어요." 그리고 계부 박 씨의 휴대전화에는 "XX년 쇠사슬 풀고 청소 싹 해, 빨리 해라. 저 쓰레기 같은 X 때문에 목욕탕도 사용 못 하고, 화장실도 사용 못 하고"라고 말하는 장면이 촬영되어 있었다.

계부 박 씨는 은희를 친자녀들과 차별 없이 키웠다며

"손으로 때리면 안 된다고 배워서 효자손으로 엉덩이 발바닥, 팔을 때렸다"라고 자신의 학대를 훈육이라고 주장하였다. 손으로 때리면 학대고 도구를 이용해서 때리면 훈육이라는 가공할 헛소리에 하마터면 자리에서 벌떡 일어날 뻔했다. 게다가 계부 박 씨는 자신의 학대에 대해 "아이를 가볍게 혼내서 그런 것 같다. 이 악물고 애를 혼냈다면 좋았을 것이다"라고 주장을 하여 순간 욕이 나올 뻔하였다. 그래서였는지 거듭된 학대로 인해 은희가 집을 나가겠다고 하자 계부는 가스레인지에 프라이팬을 달구어 친모와 세 명의 동생이 보는 앞에서 은희의 열 손가락을 지져버렸다. 그 순간을 내 눈으로 보지는 못했지만 계부 박 씨의 말대로라면 '이를 악물고' 그랬을 것 같아 상상만으로도 소름이 돋았다.

은희의 동생들은 학대 과정을 다 지켜보았다. "언니가 맞을 때면 투명하게 사라지는 느낌이 들었다" "마음이 아프고 무서웠다"라고 증언해 동생들 역시 상당한 충격을 받아 정서적 피해를 보았음이 드러났다. 이들 부부는 다른 자녀들에 대한 정서적 학대 혐의로 추가 고소되었다.

계부 박 씨의 변호사는 "여러 명의 자녀를 키우며 수입이 끊기고 아내의 정신병과 아이와 싸우는 과정에서 스트레스가 극에 달해 훈육이 지나쳤다"라며 선처를 호소했다.

끝내 구한 아이들

상습적으로 폭행하고, 쇠사슬로 묶고, 열 손가락을 지지고, 공동으로 감금을 하고, 영양실조에 걸릴 정도로 아이를 굶긴 것을 '훈육이 지나쳤다'고 가볍게 생각하는 변호사의 궁색한 변론은 은희가 입은 외상뿐 아니라 인간의 존엄성까지 모욕하는 것이었다.

조현병을 주장하는 친모는 정신병원 입원실에 편안하게 누워 자신의 기사를 모니터링하면서 인터넷에 자신들과 관련된 글을 포스팅한 누리꾼 60여 명을 고소하였다(언론에

알려진 것은 20명이었으나 실상은 훨씬 더 많았다). 그녀는 피고소인들을 대상으로 변호사를 시켜 '200만 원에 합의를 봐주겠다'며 협상을 종용하여 공분을 일으켰다. 하지만 우리 협회로 연락이 왔던 피고소인들은 하나같이 저런 범죄자들과 '절대 합의하지 않겠다'고 강경하게 대응을 하였다. 이후 그들은 대부분 무혐의 처분을 받았다. 재판부에 반성문을 써내면서도 뒤로는 누리꾼을 고소하여 돈벌이를 하려 했던 뻔뻔함은 그야말로 탈 우주급이었다.

계부 박 씨와 친모 장 씨는 "단란한 가정을 이루고 화목하게 살 수 있도록 기회를 달라"고 재판부에 읍소하였지만 1심에서 계부 박 씨는 6년, 친모는 심신미약을 이유로 3년 형에 처해졌다. 이후 항소심 재판부에서는 이들이 일부 범행을 부인하면서 납득하기 어려운 변명으로 일관하거나 자신들의 범행을 피해자의 탓으로 돌리는 등 진정으로 반성하는지 의심, 딸에게 아직 용서를 받지 못했다는 점을 들어 각각 1년씩 형량이 더해졌다. 최종적으로 계부 박 씨는 징역 7년, 친모 장 씨는 징역 4년을 선고받았다.

어렸을 때부터 학대에 길들여진 아이는 다른 아이들도 이렇게 맞을 거라는 생각을 한다고 한다. 하지만 은희는 좋은 위탁가정에서의 양육 경험이 있었기에 탈출할 용기를

낼 수 있었다. 만일 은희가 위험을 감수하고 베란다 난간을 타고 올라가 옆집 창문을 통해 도망치지 않았다면 이들 부부의 학대는 심해졌을 것이고, 더 심각한 결과가 발생할 수도 있었을 것이다.

"집에 가기 싫어요. 큰아빠 큰엄마 집에 데려다주세요"라던 은희는 소망대로 예전의 위탁가정인 큰아빠 큰엄마의 집에 재위탁되어 잘 자라고 있다. 몸과 마음의 상처도 많이 치유되어 가고 있다. 사례 관리를 맡은 해당 지역의 아동보호전문기관은 은희의 친모와 계부가 출소 후 친권을 주장하는 걸 막기 위해 은희가 성인이 될 때까지 피해 아동 보호 명령*을 계속 유지하겠다고 밝혔다.

큰엄마 큰아빠네 집

정인이 사건을 접한 후 충격이 심했던 대한아동학대방지협회 회원 우은주 씨는 학대로 분리된 아이들에게 작은 도움

---

*　아동학대의 피해자를 보호하기 위해 가해자가 접근하는 것을 차단하거나 친권행사 등을 제한하는 것을 명령하는 제도. 은희의 경우 아동학대범죄의 처벌 등에 관한 특례법 제 47조 6항의 가정위탁에 의한 보호 명령에 해당함.

이라도 되고자 가정위탁지원센터에 위탁 신청을 하였다. 제 3자에 의한 가정위탁은 자신은 물론 가족의 시간과 마음을 온통 바쳐야 하는 희생이기에 보통의 마음으로는 감당할 수 없는 일이다. 하지만 은주 씨는 대면으로 기본 교육을 받은 후 서류심사와 신체검사를 받았다. 또한 가족 전체의 동의서를 받는 까다로운 과정을 거쳤다. 이후 지자체 직원들이 가정방문을 하여 주거 환경 등을 면밀하게 조사하였고, 당시 미성년이었던 큰아들과는 부모가 없는 자리에서 따로 면담까지 마친 후에 위탁가정으로 선정이 되었다.

그리고 지민이(가명)가 왔다. 심각한 방임으로 분리 보호된 아기였다. 아기의 친권과 양육권을 가지고 있는 친부는 나중에 자신이 다시 데리고 와 살겠다며 한시적으로 위탁해 달라고 요청하였다.

가정위탁 지원 제도는 아동이 친부모와의 재결합을 통해 원가정으로의 복귀를 목표로 하고 있다. 따라서 아동이 원가족과 물리적으로는 함께 살지 못하더라도 관계를 유지하는 것이 심리적 안정감과 함께 정체감의 혼란을 덜 겪을 수 있다. 향후의 원만한 원가정 복귀를 위해서는 분리 직후부터 아동과 부모의 정기적인 만남이 중요하기 때문에 지민이의 친부도 3개월에 1회 아기를 만나기로 약속했으나,

지원센터의 독촉에도 불구하고 계속 바쁘다, 다른 일정이 있다는 등의 이유로 만남을 거부하였다.

처음 은주 씨가 지민이를 만났을 때 아기의 머리카락과 몸에서는 찌든 냄새가 진동했다. 또한 목이 한쪽으로 뒤틀린 사경 증상이 있었다. 15개월인데도 허벅지와 엉덩이에 살이 거의 없어 6개월 무렵의 아기 키와 몸무게였으며 혼자 앉지도 못하고 옹알이도 거의 하지 못하는 상태였다. 발달장애가 의심될 정도로 눈을 맞추지 못하고 빨대도 빨 줄 몰랐다. 원하는 것이 있으면 우는 것으로 의사를 표현하는 것밖에 할 줄 몰랐다. 그런데 일반 아기들의 울음과는 달리, 별일 아닌 일에도 악에 받친 듯 울어댔다. 그렇게까지 악을 쓰고 울지 않으면 양육자의 반응을 끌어내지 못했기 때문이 아니었겠느냐고 은주 씨는 추측했다. 지민이는 특히 먹을 것에 대한 집착이 심했고, 한동안 통제도 되지 않았다. 은주 씨는 '어린것이 얼마나 굶주렸으면 먹고살려고 저러나' 싶어 마음이 아렸다고 한다.

지민이의 목을 정밀 검사한 결과 뼈나 근육에는 아무 이상이 없고, 생활패턴으로 인해 목이 고착된 것이라는 판단이 나왔다. 아마 아주 어릴 때부터 셀프 수유를 한 방향으로만 했기 때문이 아니겠냐고 추측이 되었다. 치료가 시급했다. 꾸준한 재활 치료 끝에 2년이 지난 지금은 거의 완치가 되었다. 가끔 자기도 모르는 사이에 목이 기울어져 있어서 "지민이 예쁜 목~" 하면 얼른 자세를 고치곤 한다. 눈도 마주치지 못할 정도로 발달이 늦었던 아이는 은주 씨 가정의 따뜻한 보살핌으로 인해 위탁 온 지 일주일 만에 걸음마를 하여 가정위탁 지원센터를 놀라게 하였다.

현재 36개월이 된 지민이는 자기표현이 정확하고 사람을 좋아하는 활달한 아이로 자라고 있다. 하지만 아기가 자

끝내 구한 아이들

라면서 은주 씨 가족은 깊은 고민에 빠졌다. 지민이가 은주 씨 부부에게 엄마, 아빠라고 부르기 시작했기 때문이다. 아직 어리니까 놔두라는 은주 씨와 나중에 알게 되면 더 충격을 받으니, 지금부터 정확하게 알려주어야 한다는 은주 씨의 남편은 고민과 상의를 거듭한 끝에 '큰엄마, 큰아빠'라고 부르게 하였다. 처음에 지민이는 혼란스러워하며 '아냐, 엄마야, 아냐, 아빠야" 하며 울었다. 하지만 은주 씨는 아픈 마음을 가다듬고 "지민이한테 진짜 엄마 아빠가 따로 있어. 우리는 큰엄마 큰아빠야~ 하고 차근차근 거듭 알려주었다.

지민이에게 한동안 혼란의 시간은 있었지만 이제 지민이는 은주 씨 부부를 "큰엄마, 큰아빠"라고 부른다. 원가정 복귀를 주장하던 친부가 정기적으로 지민이를 만났다면 겪지 않았어도 되는 아픔이었다.

은주 씨의 가족이 지민이를 데리고 해외여행을 가거나 대형 병원에 진료를 받으러 가면 서류에 친부의 사인을 받아야 했기 때문에 시청에서 대신 서류에 사인을 받아오기도 했지만, 친부는 끝내 지민이를 면접하지 않았다. 그러던 중 친부가 원가정 복귀를 포기하겠다고 하여 지민이의 입양이 갑작스럽게 진행되었다. 은주 씨는 "정신을 못 차릴 정도로 힘들었다"는 말로 갑작스럽게 닥친 이별의 충격을 얘기했다. 하지만 아무리 친부에게 친권 양육권이 있어도 입양을 보내기 위해선 친모의 승낙이 있어야 한다. 이에 친모는 생후 14개월 이후 처음으로 지민이를 만나게 되었다.

친모는 "어? 목이 똑바로 있네?" 하고 놀라더니 건강하고 예쁘게 자란 지민이를 욕심내어 자신이 키우겠다며 입양 서류에 사인을 거부했다. 제대로 된 집과 직장이 없는 친모에 대해 지자체는 우려를 표했다. 하지만 친모가 직장을 얻고 지민이를 잘 키우겠다고 약속하여 올해(2024년) 말, 지민이는 친엄마에게 가기로 결정이 되었다.

친엄마를 만난 지민이에게 저분이 너희 진짜 엄마라고 알려주자 "엄마, 싫어 큰엄마 좋아"라고 품에 파고들었다. 은주 씨 마음은 더 아프고 무너졌다. 하지만 이별은 피할 수 없는 현실이었다. 한없이 예쁜 짓을 하는 지민이와의 이별을 준비하는 은주 씨 가족들의 마음은 쉽지 않다. 위탁이 종결된 후 지민이가 겪게 될 분리로 인한 정서적 스트레스도 걱정이고, 가족들 역시 이별로 인한 감정 치유를 어떻게 해야 할지 아직 모른다. 게다가 지민이와 두 살 터울인 은주 씨의 둘째 아들도 걱정이다. 지금은 여느 친남매들처럼 다투기도 하고 잘 놀기도 하지만 이제는 서로가 조금만 안 보여도 찾을 정도로 정이 들어버린 상태이기 때문이다.

끝내 구한 아이들

은주 씨는 가끔 아들에게, 얼마 안 있어 지민이가 진짜 엄마한테 가야 한다고 말한다. 하지만 아직 어린 둘째아들은 "지민이 안 가면 안 돼?" 하고 묻는다. 그래서 은주 씨는 더 마음이 아프고 난감하다.

지민이 친모의 경우 양육에 대한 경험과 지식이 거의 없는데 원가정 복귀를 위한 양육 지도 등의 부모 교육 프로그램이 현재로서는 없기에 그 부분도 큰 걱정이다. 아이와의 유대감만으로 육아의 모든 게 해결되는 게 아니기 때문이다.

은주 씨는 매달 조금씩 나오는 위탁 지원금을 처음 1년간 한 푼도 안 쓰고 지민이를 위한 통장에 넣어두었는데 센터에서 그렇게 모으면 지민이의 수급자 지위가 위태로워진다고 하여 지금은 지민이 옷 등을 구입하는 데 조금 쓰고(사용한 금액은 6개월에 한 번, 영수증을 제출해야 한다) 나머지는 자립을 대비하여 디딤돌 씨앗 통장에 모두 넣어주고 있다.

은주 씨는 지민이가 떠난 이후 또다시 가정위탁을 할 수 있을지 자신이 없다고 했다. 위탁 양육의 여러 어려움은 감내할 수 있지만 또 맞이해야 할 이별에는 자신이 없다고 했다. 원가정의 부모와 아동의 복귀를 위해서는 시간을 두고 유대감 프로그램을 진행하고 있지만 위탁가정에 대한 종결 프로그램은 따로 없기에 이별을 추스르고 이겨내야 하는 것은 오로지 위탁가정의 몫으로 남는다. 지민이가 원가정으로 돌아가게 될 경우 앞으로 닥칠 마음의 타격이 얼마나 될지 가늠조차 되지 않는다는 은주 씨는 "모르겠어요. 미리 생각하지 않으려고 해요. 지금은 아이를 키우는 데 최선을 다할 뿐이에요"라며 닥쳐올 이별의 그날을 애써 외면하고 있다.

하지만 한 가지 분명한 것이 있다. 은주 씨 부부가 지민이에게 큰엄마, 큰아빠가 되어 따뜻한 가정의 양육 경험을 제공한 것은 아이에게 타인과 세상에 대해 긍정적 기억으로 남게 될 것이다. 또한 아이의 삶에 좋은 자양분이 되어 창녕 탈출 소녀 은희처럼 용기 있고 강하게 자랄 수 있는 토대가 되어줄 것이란 사실이다.

끝내 구한 아이들

얘들아, 노올~자

목포 지호 사건

언젠가는 민들레 홀씨처럼 날아가
어느 곳에서 뿌리를 내리고 살아야 하는 아이들.
그래도 지금, 이 순간이 훗날 거름이 되어
아름다운 열매를 맺으리라 믿는다.

지호야 노올자

푸른 바다를 가르며 바나나보트를 끌고 가는 제트스키 뒤
로 아이들의 즐거운 비명소리가 청명한 여름 하늘로 울려
퍼졌다. 구명조끼를 야무지게 묶어 입은 아이들이 꺄아아
소리를 지르며 물속으로 빠지자, 엄마 아빠들의 휴대폰은
쉬지 않고 찰칵거렸다. 무섭다는 아이를 조심스레 안아 들
고 조금씩 물에 적응시켜 혼자 물놀이할 수 있게 하거나 청
소년 아이들을 메다꽂아 물에 빠뜨리는 안전 요원들의 장
난이 재미난다.

　"아빠, 아빠 이리 와봐. 나랑 같이 타. 무섭단 말이야."
"엄마 이것 봐. 내가 탔어, 봤어?" 아이들은 "엄마" "아빠"를
찾으며 모험담을 자랑하기에 바빴고 엄마들은 선크림을 들
고 다니며 아이들 얼굴 탈까 봐 안달하며 발라주었다. 목
하나는 더 큰 아이들 얼굴에 까치발까지 들고 발라주기에

"다 큰 애들한테까지 뭘 발라주시고 그래요. 자기들이 바르라고 놔두세요" 하자 "어릴 때부터 해 버릇해서…" 하고 엄마들이 수줍게 웃는다.

물놀이를 하면 쉬 배가 꺼지는 법인데다 돌이라도 삭일 나이의 아이들이기에 주문한 점심 도시락을 두 개씩 먹고도 모자라 컵라면까지 먹었다. 잠시 휴식을 취하라고 했지만 아이들은 엉덩이를 들썩이며 어서 빨리 물에 들어가자고 재촉하더니, 허락이 떨어지자마자 푸른 바다 속으로 달려 들어갔다. 아이들이 몸을 던질 때마다 남해의 푸른 물

끝내 구한 아이들

결이 아름답게 퍼져나갔다.

　유난히 잘생긴 남자아이 하나가 왁자지껄한 무리 속에서 패들 보트 위에 얌전히 앉아 있었다. "같이 놀자" 하며 끌어내리려 하자 그저 "네" 하고 웃고는 발로 물만 튕기며 혼자 놀았다. 지호(가명)다. 언뜻 보면 의안(義眼)인지 모를 정도로 아이는 평범한 초등학생 같지만, 얼굴에 그늘이 스치는 건 내가 자꾸 그렇게 생각해서 그런지도 모르겠다.

　지호는 만 다섯 살이던 2016년, 친모가 사귀던 연하의 동거남 이종국(가명)으로부터 상습적인 학대를 당하여 팔이 부러진 채 병원에 실려 왔다. 담당 의료진은 골절과 함께 몸에 있는 수많은 멍을 보고 아동학대를 의심해 경찰에 신고했다. 하지만 당시 학대 판정을 맡았던 해당 아동보호전문기관은 "베란다에서 자전거를 타다 넘어졌다"는 친모의 거짓말만 듣고 학대가 아니라고 판단, 아무런 조치 없이 집으로 돌려보냈다.

　하지만 한 달 후 지호는 다시 응급실에 실려 왔다. 이번에는 팔다리가 모두 부러지고 안구가 파열되어 적출해야 했다. 고환 한 쪽도 제거해야 했고 심한 간 손상과 함께 담도 관이 파열되었다. 하마터면 아이가 죽을 뻔했고 영구 장애까지 입었지만, 초동수사를 소홀히 했던 경찰은 가장 낮은 단계인 징계처분을 받았다. 아동보호전문기관의 해당 직원은 그마저도 아무런 처벌을 받지 않았다. 우리 협회는 친모의 내연남에 대해 중상해죄가 아닌 살인미수로 처벌해 달라는 아고라 청원을 올렸다. 그 청원이 일주일 만에 달성이 되어, 우리는 친모와 내연남에 대한 엄벌 진정서와 전국 서명지를 재판부에 제출하였다. 친모는 학대를 알고도 내연남이 처벌받을까 봐 아이를 병원에 데려가지 않았다. 결국 아이의 한쪽 눈을 잃게 하는 등의 방임 행위로 징역 6년에 친권 박탈을 선고받았고 내연남은 항소심에서 살인미수가 적용되어 징역 18년 형에 처해졌다.

외상후 스트레스 장애 진단을 받을 정도로 상태가 심각했던 지호는 이후 그룹홈*에서 따뜻한 보살핌을 받아 안정을 찾아가고 있다. 상위권에서 등수를 다툴 정도로 공부를 잘하는 지호는 특히 수학을 잘하고 태권도 학원에도 열심히 다닌다고 한다.

"삼촌이 뱅글뱅글 나를 돌리다 던졌어요." "엄마가 밤에 혼자 놔두고 나갔어요." 아직 그 당시의 기억이 아이를 괴롭

* 아동 청소년 공동생활가정을 일컫는 말. 보호가 필요한 아동들에게 집단시설보호보다 가정 보호 형태가 필요하다는 점에 착안하여 7명 이내의 아동을 모아 가족처럼 살게 하는 제도.

히지만, 우리 협회에서 지원하는 장기 심리치료 덕분에 좀 더 안정을 찾고 있고 집중력도 좋아졌다고 한다.

　지난 2023년 여름, 나는 지호를 경남 남해의 푸른 바다 위에서 만났다. (사)대한아동학대방지협회와 구세군이 함께 진행한 여름 체험활동 프로그램인 〈얘들아 노올자〉에 지호네 그룹홈도 참석했던 것이다. 혼자 패들 보트 위에서 물장구를 치고 있던 지호는 "지호야, 같이 놀자"고 재촉하는 아이들의 성화에 못 이겨 물속으로 들어가더니 이내 해맑게 웃으며 어울려 놀았다.

　우리 협회는 학대 피해 아동에 대한 장기적인 심리치료비와 생활용품을 지원하는 한편, 아이들의 여가, 문화 체험에도 지원을 아끼지 않고 있다. 정부나 지자체의 지원을 전혀 받지 않는 협회 입장에서는 특히 방학 때, 그룹홈 아동들의 여가 활동에 대한 지원은 상당한 재정적 지출을 각오, 아끼고 또 아꼈던 운영비 통장을 헐어야 하는 일이다. 하지만 경남, 전남 아동·청소년 그룹홈 아동 300여 명을 대상으로 2022년 겨울방학부터 진행되고 있는 문화 체험 활동, 여름방학 해양 레저 활동, 겨울방학 스키 캠프 활동인 〈얘들아 노올자〉는 이제 그룹홈 아이들이 방학을 손꼽아 기다리는 이유가 되고 있다. 생전 처음 바나나보트를 타고 즐거워

하는 아이들과 스키 타는 법을 배운 아이들의 행복한 미소에는 '노는 것' 이상의 의미가 있다.

아동·청소년 그룹홈에는 학대 피해 아동, 무연고 아동(유기 학대), 빈곤 가정의 아동들이 주로 거주하고 있는데 요즘은 학대 피해로, 부모로부터 분리된 아동들이 대부분이라고 한다. 아동들은 학대 트라우마로 인한 자아 존중감 저하, 열등감, 우울감, 분노 등의 심리적 외상과 함께 애정결핍과 정체성의 혼란에 시달린다. 이는 행동적 문제로 이어지는 경우도 있다. 게다가 또래와 비교되는 여가 문화에 대한 상대적 박탈감은 자존감 저하와 행동 위축으로 이어지며 스스로 집단에서 소외되거나 사회적 분노로까지 이어질 수도 있다.

건강한 여가 문화 활동은 결핍되고 소외된 아동들의 정신적, 사회적 건강을 향상하고 삶의 질과 만족도를 높여 심리 치유까지 가능하게 하는 중요한 지원임에도 불구하고 '배부른 소리'로 취급되기 일쑤다.

유엔아동권리협약 제31조*에는 여가 활동이 아동의 권

---

* 문화 예술 활동에 충분히 참여할 수 있는 아동의 권리를 증진하며 문화, 예술, 레크리에이션 및 여가 활동을 위해 적절하고 균등한 기회 제공을 촉진해야 한다.

리임을 선언하고 있다. 이제는 학대 피해 아동들을 먹이고 입히고 재우는 생존 보호 수준에서 벗어나 행복 추구권을 통해 자존감을 향상시켜, 아이들의 마음 치유에도 일조를 해야 할 것이다.

가족의 탄생

"아이들이 엄마, 아빠라고 부르는데, 시설 아동 외에 종사자들 자녀도 함께 온 건가요?"

여가 체험 활동 지원금 일부를 후원해 준 구세군의 직원 두 분이 참석했다가 궁금한 듯 내게 물어보았다.

"아뇨, 아이들이 이 선생님들을 엄마 아빠라고 부르는 거예요." 내가 이렇게 답하자 구세군 직원들은 상당히 감동을 받은 듯했다.

그룹홈에 따라 차이는 있지만 많은 아이들은 그룹홈 시설장이나 교사들을 엄마, 아빠라고 부른다. 그만큼 신뢰와 애정이 있음을 반증하는 것인데 오히려 이것 때문에 위기에 빠진 아이도 있다. 생후 100일도 되기 전에 친부의 심각한 방임으로 죽을 고비를 넘긴 예진(가명)은 모 그룹홈에 맡겨진 후 시설장을 진짜 엄마로 알고 안정적인 애착을 형성하며 자라고 있었다. 그런데 초등학교 3학년 때 느닷없이 생면부지의 친엄마가 아이를 키우겠다며 나타났다. 아이는 친엄마로 알고 있던 시설장과 자신이 혈연관계가 아니라는 것을 알게 된 후 심한 정체성 혼란을 겪었다. 또한 자신이 버려진 아이였다는 상실감은 분노와 함께 친모에 대한 적개심으로 이어졌다.

법원의 면접교섭권 허락에도 불구하고 아이는 친모와의 면접을 강하게 거부했다. 하지만 법원은 '천륜'을 내세워 친모가 아이를 보기 원하기에 원가정과의 관계를 맺을 기회를 줘야 한다며 면접 교섭을 통한 원가정 복귀를 암시하였다. 마지못해 친모와 몇 번 면접을 하고, 원가정에서 1박 2일을 보냈던 아이는 양육과 보호에 소홀한 친모를 더욱 강하게 거부하였다. 언젠가 친모에게 가야 할지도 모른다는 불안감과, 그동안 관계 맺어온 모든 것이 부정당한 것 같은 상실감 때문에 정서적으로 극심한 고통에 시달렸다.

결국 아이는 법원에 장문의 편지를 보냈다. 그 후에야 법원의 허락으로 자립할 때까지 그룹홈에 남을 수 있게 되었다. 아이에게 자신이 보호 아동임을 천천히 알려줄 시간, 준비하는 과정도 없이 갑자기 들이닥친 상황은 아이를 더욱 예민하고 공포스럽게 만들었다.

하지만 시설보호 아동들은 자립에 대한 불안을 끊임없이 가지고 있다. 자립을 관계의 단절과 인연의 끝이라고 인식하기 때문이다. 아동이 원하면 24세까지 그룹홈에서 지낼 수 있음에도 아이들은 자립을 '혼자 세상에 내던져지는 것'이라고 생각한다. 그 서러움은 시설 아동들에게는 공포와도 같다. 그래서 시설장들은 일반 가정의 아이들도 대학교를 가거나 취업을 해서 독립을 하지만 부모와의 인연이 끊어지는 게 아닌 것처럼 너희들도 언제든 찾아올 수 있고 가족관계를 유지할 수 있다고 설득한다. 하지만 그럼에도 세상에 맞서야 하는 것은 오로지 자립 아동의 몫이기에 그 부담감은 일반가정의 아동과 결이 다를 것이다.

보호가 종료된 아이 중 어렵게 친부모를 찾았으나 이미 재가하여 살고 있어 만나기를 원치 않아 하는 경우도 있다. 이런 경우, 아이들은 심한 방황을 하기도 한다. 혈연으로 엮였다고 다 가족은 아니다. 애정을 바탕으로 기본적인 생활양식을 함께하며 서로의 정서를 공유하는 공동체가 가족이다. 그래서 그룹홈은 가족이다. 가족이기에 투닥거리는 일도 있고 서로 속상한 일도 많지만, 함께 극복하고 정을 쌓으며 단단하게 뭉치기도 한다. 물론 사람 사는 곳이라 문제는 있기도 하지만 대부분의 그룹홈에는 선생님들이 교대로

24시간 상주한다. 열악한 처우에도 불구하고 '엄마' '아빠'들은 아이들을 올바로 양육하기 위해 아주 애쓰고 있다.

· 언젠가는 날아가 홀로

"엄마! 잠깐만 이리 와봐."

덩치가 있는 청소년 아이들이 그늘에서 쉬고 있는 '엄마'를 불렀다. 엄마가 다가가자, 아이들이 밀어 바닷물 속에 풍덩 빠뜨리고 좋다고 손뼉을 친다. 초등학생 이하 쪼꼬미들로 구성된 물놀이 기구에서는 연신 돌고래 소리가 터진다. 청량한 바다는 구름조차 아름답다.

자칭 물개인 김태은은 아이들과 물 시소를 타며 신나게 놀아주었고 이경은 회원과 카페 매니저 박슬기도 하루 휴가를 내어 아이들과 놀아주었다. 남형도 기자도 온몸으로 아이들과 함께 물놀이 기구 체험을 하며 즐거운 비명을 질렀다. 서로 빠뜨리려고 몸싸움을 하다 둘이 동시에 풍덩 빠지는 '논개' 같은 아이들도 있었다.

각각의 사연을 가슴에 담고 있지만 이 순간 아이들은 모두 행복하고 즐거웠다. 언젠가 민들레 홀씨처럼 날아가 어느 곳이든 뿌리를 내리고 살아야 하는 아이들, 그래도 지금의 추억들이 훗날 거름이 되어 아름다운 열매를 맺으리라 믿는다.

생존자들

"미안하다는 말이 그렇게 하기 어려웠나요?"
그는 이미 죽어버린 어머니를 향해 울부짖었다.

미안하다는 한마디

"거기가 아동학대에 대해 상담해 주는 곳인가요?"

전화기 너머 앳된 여성의 목소리가 들렸다. 간혹 청소년들이 상담 전화를 걸어오는 경우가 있는데 심각한 학대인 경우도 있지만 본인의 과실로 교사에게 야단맞고 기분이 나쁘다며, 아동학대로 신고 가능하냐고 묻는 사례도 있기에 정신을 바짝 차린다.

"네 그렇습니다"라고 대답하자 한참 흐느끼는 소리가 들리더니 물기 가득한 목소리가 다시 들렸다. "어릴 때 학대당한 것을 지금이라도 신고할 수 있나요?"

아동학대 공소시효*는 성인이 된 날로부터 7년이라고 답하자 그녀는 자신이 당했던 학대의 경험을 쏟아놓기 시작했다. 그녀가 기억하기로 네 살 때부터 친부와 계모로부터 학대를 당했다고 한다. 말을 잘 듣지 않는다, 거짓말을 한다는 등의 이유로 하루도 맞지 않는 날이 없었고 견디다 못해 초등학교 다닐 때 집을 나오기도 했지만 경찰에게 발견되어 집으로 돌려보내졌다고 한다. 당시 부모가 때리니까, 집에 가기 무섭다고 경찰에게 말했지만 부모가 '아이의 버릇을 고치려고 조금 때렸더니 가출을 했다'고 하여 결국 돌려보내졌고 이후 더 심한 학대에 시달렸다고 한다. 두들겨 맞고 발로 밟히는 일은 일상이었으며 어쩌다 맞지 않는 날이면 언제 맞을지 몰라 불안하여 편하게 잠을 자지도 못했다고 한다.

그녀는 조금 이른 나이에 남편을 만나 아기를 낳았다. 시간이 지나 자신의 딸이 자신이 학대를 당했던 네 살 무렵이 되자 견딜 수 없이 부모가 원망스럽고 더 용서가 안 된다며 서럽게 울었다. 지금도 계모와 친부에게 맞는 꿈, 도망치는 꿈을 꾸고 있고 감정의 기복이 심해 정신과를 찾았지만 우울증 약만 처방받았을 뿐 나아지지 않고 있다며 그녀는 전화기를 붙잡고 한 시간이 넘도록 울었다.

* 아동학대 공소시효는 형사소송법에 따라 7년이다. 단 아동학대범죄의 처벌 등에 관한 특례법(아동학대처벌법) 34조1항은 '아동학대 공소시효는 피해 아동이 성년이 달한 날부터 진행한다'는 공소시효 정지 규정을 뒀다.

끝내 구한 아이들

"미안해요… 학대당할 때 도와준 어른이 없어서… 어른으로서 정말 미안합니다…."

진심을 담아 말을 하자 울음소리가 통곡으로 변했다.

"그런 말을 해준 사람이 아무도 없었어요. 엄마도 아빠도 그 누구도… 다 제가 잘못했기 때문에 맞은 거랬어요."

쌍둥이 자녀를 둔 현정 씨는 아동학대 기사를 보는 날이면 감정조절이 되지 않아 가슴을 치며 울곤 한다. 머리를 쥐어뜯기고 온몸을 닥치는 대로 맞아 걷지도 못했던 자신의 어린 시절이 떠오르기 때문이다. 친부는 기분 나쁜 일이 생기면 폭력을 가했다. 어린 현정 씨는 친부에게 감정쓰레기통이고 분풀이 대상이었다. 울거나 소리를 내면 더 심하게 때렸기 때문에 한 대라도 덜 맞으려고 마구잡이로 맞으면서도 울지도 못했다. 초등학교에 다니던 어느 날, 파출소에 찾아가 살려달라고 했지만, 경찰관은 친부에게 "애를 때리시면 안됩니다"라는 말만 하고 돌아갔다. 이후로도 친부는 학대를 멈추지 않았고, 친척들도 죽던지 말던지 알아서 하라며 맞는 현정 씨를 외면했다.

고등학교를 다닐 때 친부가 사망했지만 현정 씨는 눈물 한 방울 흘리지 않았다. 해방되었다는 느낌뿐이었다. 그러나 친부의 죽음이 끝은 아니었다. 죽어도 잊히지 않는 그 기억과 엉클어진 상처는 여전히 현정 씨의 가슴을 후벼 파고 있다.

정인이 사건 이후 우리 협회 사무실로 전화를 걸어왔던 50대 중년 남자는 절규하듯 소리쳤다.

"아버지 무덤을 파헤치고 물어보고 싶어요, 왜 그렇게 날 미워하고 때렸는지, 내가 짐승처럼 맞아야만 했던 이유가 대체 무엇이었는지!" 전화기 너머의 그는 어린아이처럼 엉엉 소리내어 울었다.

2000년, 명문대에 다니던 이은석이 부모를 살해하고 시신을 훼손하여 전 국민을 충격 속에 몰아넣었던 사건이 있었다. 어릴 적부터의 학대로 인해 극심한 스트레스와 열등감 무기력증에 시달리던 그는 사건이 발생하기 열흘 전 처음으로 엄마에게 지난 시절의 학대에 대해 항의하였다. 그러나 엄마는 기억에 없는 일이라며 오히려 화를 냈다. 이후 부모가 합세하여 한 시간 이상 은석이를 모욕적인 말로 꾸짖었다. 나중에 경찰에 붙잡힌 그는 이렇게 울부짖었다.

"미안하다는 말이 그렇게 하기 어려웠나요?"[*]

수많은 아동학대 경험자들의 가슴 아픈 사연을 접하며

---

[*] 이훈구, 『미안하다고 말하기가 그렇게 어려웠나요』, 이야기(자음과모음), 2001.

한 가지 공통점을 발견할 수 있었다. 그들이 바라는 것은 부모의 처벌이 아니라 진심으로 미안하다는 말, 그저 그 한 마디를 듣고 싶었던 것이었다.

폭력면허증

아동학대예방교육에 가면 어떤 이들은 당당하게 주장한다. "나도 맞고 자랐고 우리 애들도 때리면서 키웠지만 지금 얼마나 잘 사는지 몰라요. 애들은 잘못했을 때 때려야지 제대로 자라는 법이에요."

그들에게 있어 세속적인 기준의 외면과 물질적인 부분이 '잘사는 것'의 기준인지 몰라도 그들의 자녀에게도 물어보고 싶다. "지금 잘 살고 계십니까?" 하고⋯.

사회적으로 성공하여 부와 명예를 다 가지고 있는 중견기업체의 대표이사는 처음 보는 내 앞에서 어린 시절 학대의 경험을 들려주며 눈물을 흘렸다. 그의 아버지의 손에 잡히는 모든 것은 '훈육'의 도구였다. 한 차례 매타작이 끝나고 나면, 아버지는 "네가 뭘 잘못했는지 이젠 깨달았느냐"고 말하며 이마가 터지고 온 몸에 멍이 든 어린 그를 꼭 끌어안았다. 어떤 잘못했는지, 무엇을 깨달아야 하는지도 모르는 그에게 '너를 사랑하기 때문에 훈육'했다며 무지막지하게 때린 후 끌어안곤 했던 아버지에 대한 기억은 중년이 된 지금도 그에게 고통으로 남아 있다.

가끔 기억이 떠올라 견딜 수 없는 날이면 남몰래 혼자 울 때도 있다고 한다. 하지만 누구도 그의 이런 고통을 알지 못한다. 남들은 '잘 자라 성공한' 모범적인 기업인으로만 그를 알고 있기 때문이다.

아동학대의 경험은 물병 속에 든 모래 알갱이들과 같다. 평소에는 차분하게 가라앉아 맑은 물처럼 보이지만 작은 충격에도 흔들려 온갖 아픔과 상처의 기억들이 뿌옇게 올라온다. 겉으로는 괜찮아 보이지만 속은 절대 괜찮지 않은 것이 아동학대 피해자들의 심리이다.

화풀이의 대상이었든 잘못된 방법의 교육이었든 '사랑의 매'라고 포장된 체벌은 피해자들에게는 평생 치유되지 않는 상처로 남아 있다. 체벌은 잘못된 행동을 감소시키기 위해 폭력적 자극을 사용하여 특정 행동을 억제하려는 목적으로 사용된다. 하지만 체벌은 일시적 멈춤의 효과는 있을지언정 공포심과 반발만 일으킬 뿐 교육적 효과는 전혀 없다. 체벌은 훈육이 아니라 '처벌'일 뿐이다. 아동기 체벌의 경험은 정서적인 문제를 발생시켜 자존감이 하락하고

끝내 구한 아이들

불안, 우울증 등 아동의 성장과 발달에 부정적인 영향을 미칠 수 있다. 또한 무언가 잘못된 행동을 폭력적 체벌로 다스리려 하면 아동은 '누군가 잘못을 하면 그를 때릴 수도 있다'라는 잘못된 신호로 받아들여 폭력을 정당화하게 된다. 이렇게 되면 '내 기준'에서 '잘못을 저지른' 대상에게 폭력을 가하게 되는데, 그 대상은 주로 연인이거나 가족인 경우가 많다. 체벌은 자칫 대물림되는 폭력면허증이 될 수 있는 위험한 행동이다.

자녀를 학대하는 부모의 75%가 어린 시절에 체벌받은 경험이 있으며 학대를 경험한 사람은 학대를 경험하지 않은 사람보다 부모가 되었을 때 자녀를 더 많이 학대하고, 자녀에 대한 학대를 당연시하는 경향이 있다고 한다.[*]

하지만 학대 피해 유경험 부모들은 사실 자신의 부모보다 더 좋은 부모가 되고 싶어 하기도 한다. 서경림의 논문에 따르면[**] 그들은 자기 부모의 안 좋았던 행동과 다르게 하려고 애쓰며, 자기 결핍의 보상으로 양육을 하느라 애쓰

***

[*] 홍순옥, 『부모의 아동기 학대 경험이 자녀 양육태도에 미치는 영향: 가족탄력성과 사회적 지지의 매개효과를 중심으로』, 대구가톨릭대학교 대학원 박사학위논문, 2022, pp.18-19.

[**] 서경림, 『아동학대를 겪은 어머니들의 자녀양육경험』, 백석대학교 박사학위논문, 2016.

고 있지만 실제론 에너지가 없어 자녀를 방임하거나 자녀와의 정서적 상호작용에 어려움을 겪는다고 한다. 또한 자녀가 자기 기준에 어긋나거나 자신을 무시한다는 생각에 분노하면서도 죄책감, 학대의 대물림에 대한 따른 우려, 자기처럼 살지 않길 바라는 간절한 소망을 가지고 있다. 그럼에도 부모 역할을 제대로 보고 배운 적이 없기에 그들은 그들의 부모가 했던 체벌의 방식을 그대로 사용하여 학대를 대물림하기도 한다.

아동학대로 인해 보호처분을 받은 부모들을 대상으로 아동학대예방 강의를 간 적이 있었다. 사랑의 매는 없다는 내용을 강의하고 있는데 한 남자가 눈을 세모로 뜨며 반발했다.

"우리 애 같은 애를 키워보고 그런 소릴 하세요, 말로 도저히 안 되는 아이도 있다고요."

그의 항변에 "때리면 효과가 있던가요?" 하고 묻자 그는 자신만만하게 대답했다.

"때리면 말을 듣죠."

"그런데 왜 그렇게 자꾸 때리셨어요? 매가 효과가 있는 거라면 처음 한 대 때렸을 때 모든 게 해결됐어야죠. 결국 아무 효과가 없으니까 또 때리고 또 때린 거 아닙니까?"

끝내 구한 아이들

그는 잠시 머뭇거리다가 분하다는 듯 소리쳤다.

"그럼 어떻게 하라고요! 말을 안 듣잖아요, 말을!"

아이에게 청각장애가 있지 않는 한 말을 듣지 못했을 리 없다. 다만 그가 하고자 하는 대로 따르지 않았을 것이다. 태어났을 때부터 작심하고 부모 말을 거역하거나 말썽꾼이 되려는 아이는 없다. 호기심이 많고 도전하고 싶어 하고, 이것저것 경험하고 싶어 실수도 하고 잘못도 저지르는데 부모가 사소한 실수에도 폭언을 하고 윽박지르고 습관처럼 때리면 아이는 맞지 않기 위해 눈치를 보거나 거짓말을 하는 등 움츠러들게 된다. 또 기질에 따라 어떤 아이들은 반항하고 공격적으로 행동하거나, 일부러 보란 듯이 말썽을 피우기도 한다. '그럼 어떻게 하라'는 것이냐는 그 남자의 격분한 목소리는 체벌 외에 다른 양육방법을 알지 못하는 부모의 애타는 마음이었다.

아동학대는 아이가 잘못해서 발생하는 것이 아니라 부모의 부적절한 양육과 폭력에서 비롯된다. 아동학대는 전형적인 스티그마 효과(stigma effect)*를 가져온다.

---

* 한번 나쁜 사람으로 찍히면 스스로 나쁜 행동을 하게 되는 것을 말한다.

자녀를 낳으면 부모라는 이름을 얻지만 부모의 역할까지 저절로 얻어지는 것은 아니다. 한 아이를 키우는 일은 한 우주를 만드는 것과 다름없는 막중한 사명과 책임이 따르는 일이다. 먹이고 입히고 학교 교육만 시켜주는 부모가 아니라 말에 앞서 행동으로 배움을 주는 부모가 되어야 하기에 부모노릇은 참 힘든 일이다. 1년짜리 농사도 뜨거운 햇볕과 폭풍과 장마를 견디며 잡초를 뽑고 물을 대며 온갖 정성과 인내를 기울여야만 하는데 부모 노릇을 매질로 쉽게 하려고 하니 관계가 어긋난다. 또한 평생 치유하기 어려운 상처를 아이에게 주게 된다. 농사도 감으로 하는 게 아니라 배워야 지을 수 있듯이 부모 노릇도 배워야 잘할 수 있다.

우리나라 각 지역에는 가족센터와 육아종합지원센터가 운영되고 있다. 부모교육 신청이나 육아상담을 할 수 있지만 문제는 정작 교육이나 상담이 필요한 부모보다는 더 좋은 부모가 되고 싶은 이들이 이곳을 찾고 있다. 그래서 아동의 발달 단계별로 주양육자가 부모교육을 의무적으로 이수해야 아동수당 등의 혜택을 받을 수 있도록, 제도가 바뀌었으면 하는 간절한 생각이 들기도 한다.

어린 시절 끔찍한 학대를 당했던 사람이 성인이 되어 자립하면서 부모와의 인연을 끊었다. 그러자 주변에서는 '그래도 부모인데 너무 매몰차다'며 오히려 그를 비난하였다. 그는 부모에 대한 원망과 더불어 부모를 용서하지 못하는 자신에 대한 죄책감까지 더하여 스스로를 할퀴게 되었다. 잘 알지도 못하는 주변의 어쭙잖은 조언이나 비난은 학대 피해자들에게 2차 트라우마 스트레스로 작용한다.

자신의 존재가치마저 훼손된 학대 피해자들에게 무조건적으로 가해자를 용서하라는 말처럼 잔인하고 무책임한 말은 없다. '용서하려고 애쓰지 말아요. 미워해도 괜찮아요'라는 내 말에 '정말 미워해도 괜찮아요?' 하고 몇 번을 되묻던 그. 그는 나중에 만났을 때 부모를 미워해도 괜찮다며 자신을 용서하자 오히려 부모와의 관계를 직면할 용기가 생겼다고 고백했다.

미워해도 괜찮다는 것은 계속 미운 감정을 가지고 살며 부모에게 복수하거나 완전하게 연을 끊으라는 뜻이 아니다. 상처받은 마음을 이해하고 현재의 마음을 살피고 지지하는 것이 치유의 출발일 수도 있다는 말이다.

학대의 경험을 이야기하며 눈물을 쏟는 현정 씨의 등을 다독거리며 "이젠 괜찮아, 네 탓이 아니었어. 괜찮아, 괜찮아"라고 말하자 그녀는 대성통곡을 하였다. 그녀가 여태 들었던 얘기들은 '잊어버려' '잘 견뎠네' '너무 힘들어 하지 마' 등의 말들뿐이었는데 괜찮다고 말해준 사람은 내가 처음이었다며 그녀는 한바탕 설움을 쏟아냈다. 이후 현정 씨는 전보다 훨씬 안정되고 편안해졌으며 아이들과의 관계도 훨씬 좋아졌다고 전해왔다.

부모를 처벌할 수 없느냐고 상담 전화를 걸어왔던 그녀에게 OO 대학에서 진행하고 있는 '학대 피해 경험자 미술심리치료' 프로그램을 안내했다. 스스로 이겨낼 수 없다면 지속적인 상담치료를 통해 상처받은 내면의 아이를 안아주고 성장시켜주는 것도 하나의 방법이 된다.

2016년 개봉했던 영화 〈너는 착한 아이〉에서 학대 피해 아동인 간다는 담임교사 오카노에게 묻는다.

"어떻게 하면 착한 아이가 될 수 있어요?"

피해 아동들은 학대가 부당하다고 억울해하면서도 어쩌면 자신들이 나쁜 아이이기 때문에 학대를 당하는 걸지도 모른다고 생각한다. 가해자들은 아이가 나쁘기 때문에, 무언가를 잘못했기 때문이라며 학대를 정당화하기 때문이다. 담임교사 오카노는 반복해서 말해준다.

"너는 착한 아이야"라고….

모든 어른들은 모두 어린아이였었다. 어른들이 자신의 미숙하고 연약했던 어린 시절을 돌아본다면, 자신이 사랑받고 존중받길 바랬음을 기억하고 있다면, 자신의 자녀에 대한 폭력과 폭언을 훈육이라고 생각하지 않을 것이다.

착한 아이가 되는 방법을 영화에서는 이렇게 말한다. "아이를 예뻐해 주면 아이들은 착하게 자라게 되고 세상은 평화로워진다."

마지막으로 학대에서 살아남은 생존자들에게 진심으로 해주고 싶은 말이 있다.

"이젠 괜찮아요, 당신은 나쁜 아이가 아니었어요. 당신은 소중한 사람입니다."

비겁한 자의 변명

지난 10여 년간 써왔던 글들을 다시 들추고 판결문에 밑줄을 치며 수차례씩 읽는 일은 상당히 고통스러운 작업이었다. 생생하게 되살아나는 기억들로 인해 머릿속은 수세미처럼 엉키고 손가락은 컴퓨터 자판 위에서 굳어버렸다. '포기해버릴까' 이 생각을 수없이 했지만 졸필로나마 글을 맺을 수 있었던 것은 떠나버린 아이들에 대한 미안함 때문이었다. 지켜주지 못한 주제에 도망까지 칠 수는 없으니까.

그러나 고백하자면 수없이 많은 날들을 도망치고 싶었고 주저앉고 싶었다. 아이들의 죽음에 얽힌 끔찍하고 참혹한 이야기들을 그만 듣고 싶었다. 와장창 깨져버린 모성과 부성에 대한 신화는 사람에 대한 회의로까지 이어졌다. 말투마저 전투적으로 변한 내 모습이 싫었고, 먹고 살아야 한다는 절박한 문제는 비참하게 내 목을 졸라댔다. 그래서 난

늘 도망을 꿈꾸었다. 사실 난 비겁한 사람이었다. 그럼에도 불구하고 나를 여기까지 올 수 있게 한 것은 손잡아 주고 함께 울어준 많은 이들과 더불어, 나에게 작은 꿈이 있었기 때문이다.

아동학대의 참상을 처음 접하고 내가 했던 일은 세상에 이처럼 끔찍한 아동학대 범죄가 일어나고 있다는 사실을 무작정 '알리는 일'이었다. 하지만 이제 나는 아동학대에 대해 '제대로' 알리고 싶다. 왜 이런 일들이 일어나고 있는지, 어떻게 하면 조금이라도 예방할 수 있는지, 살아남은 아이들을 안전하게 지키고 건강하게 성장시킬 수 있는 일이 무엇인지 알리는 일. 그것은 올바른 강사를 양성하여 제대로 아동학대에 관해 세상에 알리고 예방하는 일이다.

그것이 지금까지 하늘로 소풍간 많은 아이들에 대한 나의 애도이자 미안함이고 내 나머지 밥값은 하는 거라고 생각한다.

이 글은 잊혀져서는 안 되는 아이들에 대한 이야기다. 우리가 잊는 순간 아이들의 존재와 함께 미안하다는 반성과 다른 아이들은 지켜주겠다는 다짐마저 사라져버리고 만다. 아이들의 죽음이 법과 시스템을 개선하는 슬픈 계기가 되었기에 이 아이들은 '잊혀지지 않을 권리'를 가지고 있고 우리는 그것을 지켜주어야 한다.

"더 이상 못 쓰겠어요"라며 징징거리는 나를 다독이며 "천천히 하세요, 괜찮아요"라고 용기를 주고 기다려준 느린서재 최아영 대표와 모자란 어미를 긴 세월 동안 오히려 품어주고 힘이 되어준 사랑하는 거레와 누리에게 감사를 전한다. 그리고 멘토가 되어 나를 이끌어주신 천종호 판사님, 내 곁에 있어준 수없이 많은 좋은 사람들, 같은 꿈을 꾸고 있는 '동지'들에게도 깊은 존경과 감사를 드린다.

—— 2024 가을, 공혜정

추천사

책을 읽어보라는 추천을 하기가 어려운 책이다. 추천사를
써 달라는 부탁을 단호하게 거절할 걸 하는 후회가 드는 책
이다. 꽃을 피워보지도 못하고 산화한 아이들의 죽음에 대
한 속죄의 마음으로 겨우 책을 읽었다. 그럼에도 감히 이 땅
의 모든 부모들과 어른들이 반드시 읽으시기를 추천한다.
이 책을 통해 아동에 대한 우리 사회의 야만성을 선명하게
깨닫기를 바란다. 그리고 그 야만성을 거슬러 아이들을 지
키고자 힘겨운 투쟁을 하고 있는 대한아동학대방지협회 회
원들과 이사장인 저자의 피눈물 나는 호소를 가슴 깊이 새
겨주시기를 기도한다.

—— 부장판사 천종호

기억난다. 하루 24시간도 모자란 그가 내게 글쓰기를 배우

겠다고 왔던 날. 첫 수업 날, 저녁 8시부터 밤 10시가 넘을 때까지, 한 자라도 놓칠까 싶어 뚫어지게 바라보며 적던 모습을. 한 번도 과제를 빼놓지 않고 열심히 써서 제출하던 열정을. 그리 글을 절박하게 써야만 하는 이유가 뭔지 물었을 때 공혜정 대한아동학대방지협회 대표는 한 치 망설임도 없이 이리 답했었다.

"말하고 싶은 게 산더미처럼 쌓였습니다. 기록해야 한다는 사명이 있습니다. 그러나 첫 마디가 나오지 않아 답답하게 앓고 있습니다."

공 대표가 작가로서 첫 책의 마침표를 찍었단 소식에 한 문장씩 아껴 읽었다. 참담한 기록이었다. 초등학교 2학년인 서현이는 소풍 가고 싶다고 했다가 생니와 갈비뼈 16개가 부러져 숨졌다. 7살 수인이는 입과 온몸이 테이프로 꽁꽁 묶인 채 수십 차례 폭행당해 외마디 비명과 함께 축 늘어졌다. 3살 서준이는 개 목줄로 침대에 묶여 있다가 질식해서 하늘나라에 갔다. 천진난만했던 9살 진영이는 여행용 가방에 갇혀 사망했고, 허벅지엔 담뱃불로 인한 상처가 있었다.

어떻게 사람이 그럴까. 찬란했을 생이 고작 그 어린 나이에 멈췄단 게 슬퍼서, 얼굴도 못 본 넋을 위로하며 토하듯이 울었다. 공 대표가 첫 문장조차 쓸 수 없어 오래 앓았단 의미를 새삼 깨달았다. 이런 얘기가 속에 가득했다면 그럴 수밖에.

아동학대 부모를 사형하라며 법원 앞에선 사자후를 지르면서도, 김치통에서 발견돼 수의도 못 입고 한 줌의 가루가 된 아이 무덤 앞에선 무릎 꿇고 통곡하는 사람. 작은 단체에 걸맞지 않게 학대 피해 아동들을 위해 섬세히 많은 일을 하느라, 10년 만에 처음 여름휴가를 써봤단 사람. 이 책이 널리 읽혀, 공 대표가 이리 애쓸 필요 없는 세상이 되기를. 그리하여 휴가 때 좋았다던 7번 국도를 느긋하게 달리길 간절히 바라본다.

이는 공 대표 홀로 할 수 있는 일이 아니다. 그가 남긴 말처럼 '걸어가는 사람이 많아지면 그게 곧 길'이 되리니. 책에 남겨진 아이들의 생이, 독자의 마음에 등불처럼 '행동할 용기'로 켜지기를. 그리 곁에서 오래도록 함께 걷는 이들이 많아지기를.

—— 기자 남형도

'정인이 사건' 공판이 있던 날, 법원 앞에서 만난 공혜정 대표는 전사 그 자체였다. 눈이 수북한 아스팔트 위에서 수백 명의 사람들을 이끄는 그녀를 보며, '저 사람에게 안 걸린 게 천만다행이다'라는 생각이 들 정도였으니까. 그랬던 그녀가 오래전 내게 이런 고백을 했다. 자신의 경험을 남기고 싶지만, 단 한 글자도 쓸 수가 없다고. 과거의 기억을 떠올리는 것만으로도 손이 떨릴 정도로 두렵고 무섭다고 말이다. 범죄자들 앞에선 그 누구보다 냉혹했던 그녀가 트라우마에 시달리고 있는 줄은 꿈에도 몰랐다. 하지만 난 힘들어하는 그녀를 절벽 끄트머리로 밀어내고 싶었다. 그 어떤 고통에 시달리더라도, 반드시 이 책은 완성되어야 한다고 말이다.

아동학대 사건은 피해 아동의 나이, 고향, 혹은 가해자와의 관계로 '사회적 이름'이 명명된다. 그래서 그 어떤 범죄보다도 더 참혹하고 잔인하며 끔찍하다. 이 책은 그런 범죄들의 피해자들 곁에 선 한 사람의 용기 있는 경험담이자, 우리가 절대 잊지 말아야 할 사건들의 유일한 기록이다. 그래서 그 어느 책보다 귀하고 귀하다.

—— 피디 이동원

〈그것이 알고싶다〉 '정인아 미안해' 2부작 연출

잊혀지지 않을 권리
ⓒ 공혜정 2024

초판 1쇄 인쇄   2024년 10월 22일
초판 1쇄 발행   2024년 10월 30일

지은이 공혜정
펴낸이 최아영

편집 최아영	펴낸곳 느린서재
교정 서남희	출판등록 2021-000049호
독자 모니터 방정아	전화 031-431-8390
디자인 신용진	팩스 031-696-6081
표지그림 신동진	전자우편 calmdown.library@gmail.com
본문그림 박재인	인스타 @calmdown_library
마케팅 이 책을 읽은 누군가	뉴스레터 calmdownlibrary.stibee.com
인쇄제본 넥스트프린팅	블로그 blog.naver.com/calmdown_library

ISBN   979-11-93749-10-4 03330